全国技工院校新能源汽车检测与维修专业教材

（中／高级技能层级）

混合动力汽车发动机检测与维修

人力资源社会保障部教材办公室　组织编写

主　编　梁永浩
副主编　周潭生
罗　浩

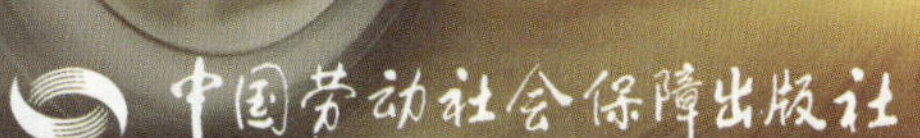

简介

本书主要内容包括混合动力汽车发展概况、混合动力汽车发动机的检修、混合动力汽车发动机电控系统的检修、混合动力汽车发动机故障诊断与排除。

本书内容丰富、通俗易懂、实用性强，适用于职业院校新能源汽车检测与维修专业的教学使用，也可作为新能源汽车技术人员培训教材及参考用书。

本书由梁永浩任主编，周潭生、罗浩任副主编，梅亚利、沈玮、温裕标、王玉凤参与编写。

图书在版编目（CIP）数据

混合动力汽车发动机检测与维修 / 人力资源社会保障部教材办公室组织编写；梁永浩主编. -- 北京：中国劳动社会保障出版社，2021

全国技工院校新能源汽车检测与维修专业教材：中、高级技能层级

ISBN 978-7-5167-2303-6

Ⅰ.①混… Ⅱ.①人…②梁… Ⅲ.①混合动力汽车－发动机－检修－技工学校－教材 Ⅳ.①U469.7

中国版本图书馆CIP数据核字（2021）第079877号

中国劳动社会保障出版社出版发行

（北京市惠新东街 1 号　邮政编码：100029）

*

北京市白帆印务有限公司印刷装订　　新华书店经销

787 毫米 ×1092 毫米　16 开本　11.5 印张　203 千字

2021 年 7 月第 1 版　　2023 年 1 月第 2 次印刷

定价：35.00 元

营销中心电话：400-606-6496

出版社网址：http://www.class.com.cn

http://jg.class.com.cn

前言

PREFACE

2012年6月，国务院颁布《节能与新能源汽车产业发展规划（2012—2020年）》，其中对新能源汽车进行了定义：新能源汽车是指采用新型动力系统，完全或主要依靠新型能源驱动的汽车，本规划所指新能源汽车主要包括纯电动汽车、插电式混合动力汽车及燃料电池汽车。

随着国家不断推动新能源汽车的发展，目前我国新能源汽车保有量已经突破百万，成为新能源汽车产销量第一的国家。

相对于传统汽车而言，新能源汽车大量使用高压电，这对维护和维修工作提出了更高的要求。为了满足全国技工院校新能源汽车检测与维修专业的教学需求，人力资源社会保障部教材办公室组织有关学校的骨干教师和行业、企业专家，在充分调研企业生产和学校教学情况的基础上，开发了本套新能源汽车检测与维修专业教材。

教材体系

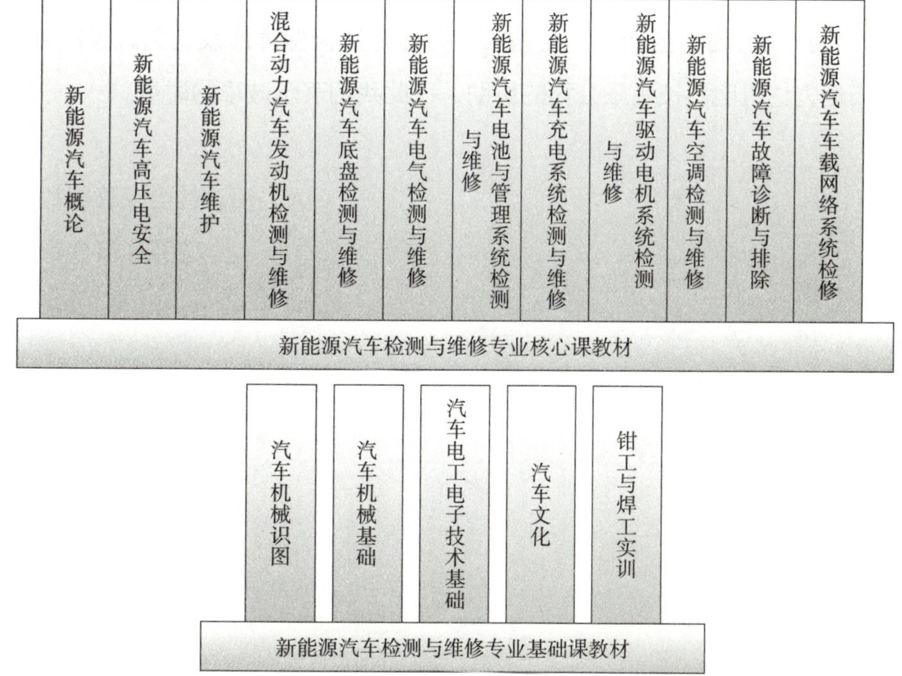

编写特色

◆ 紧贴企业实际情况　通过行业、企业调研，掌握企业对新能源汽车检测与维修专业人才的岗位需求和技能要求，确定人才培养目标（中级 / 高级），构建科学合理的课程体系。根据课程教学目标，合理确定学生应具备的知识与能力结构；充分考虑企业生产实际，选择当前市面上广泛使用的新能源车型进行教学。

◆ 体现行业技术发展　根据相关专业领域的最新发展，在教材中充实新知识、新技术、新设备、新材料等方面的内容，体现教材的先进性。采用最新的国家技术标准，使教材内容更加科学和规范。

◆ 符合学生阅读习惯　在教材内容的呈现形式上，较多地利用实物照片和表格等形式将知识点生动地展示出来，力求让学生更直观地理解和掌握所学内容。部分教材采用四色印刷，图文并茂，增强了教材内容的表现效果。

教学服务

本套教材配有习题册和方便教师上课使用的多媒体电子课件等教学资源，可以通过中国技工教育网（http：//jg.class.com.cn）下载。另外，在部分教材中针对教材中的教学重点和难点制作了微视频等多媒体资源，学生使用移动终端扫描二维码即可在线观看相应内容。

致谢

本次教材编写工作得到了北京、黑龙江、辽宁、江苏、浙江、湖南、山东、山西、福建、广东、广西等省、自治区、直辖市人力资源社会保障厅及有关院校的大力支持，以及深圳市信力达机电科技有限公司的协助，在此我们表示诚挚的谢意。

人力资源社会保障部教材办公室

2020 年 6 月

目 录

CONTENTS

模块一
混合动力汽车发展概况

课题一 | 混合动力汽车发展背景及趋势

学习目标

1. 了解新能源汽车的发展历程。
2. 了解混合动力汽车的定义。
3. 掌握混合动力汽车的分类及特点。

相关理论

一、新能源汽车的发展历程

随着科技的进步和经济的发展，汽车产业蓬勃发展，汽车保有量急剧增长，带来了石油能源消耗过快和环境污染的问题。交通领域的能源消耗是造成全球温室气体排放以及局部环境污染的主要原因之一，低碳环保已经成为一种国际趋势，交通能源向新能源的转型顺应国际趋势，正在迅速推进。选择和使用新能源汽车作为一种新的出行方式，越来越多地被寻常百姓的家庭所接受。

汽车在人们的生产生活过程中，特别是交通领域中，是非常重要的生产生活资料，使用非常广泛，而传统的内燃机（又称发动机）汽车以燃烧汽油或柴油为能量来源，且燃料利用率低，产生的尾气废气排放还会带来严重的空气污染。近几年来，我国汽车产业发展迅猛，汽车生产和销售量已位居世界排名的前列，我国已成为世界上最主要的汽车产销国和出口国之一。但我国所面临的交通能源问题和石油安全问题也变得十分严峻，实现交通能源系统动力的转型势在必行。寻找清洁、环保、利用率更高的清洁能源已变得迫在眉睫，新能源汽车已成为传统燃油汽车转型的新方向。

新能源汽车目前主要包括纯电动汽车、燃料电池汽车和混合动力汽车。其中，燃料电池汽车由于其燃料的生成、储存和配置等方面的技术屏障，以现在的汽车工业水平还无法大规模生产。目前，新能源汽车的发展趋势是零排放的纯电动汽车和超低排放的混合动力汽车。纯电动汽车虽然具有零污染、零排放的巨大优势，但却受制于续航里程短和充电桩少，纯电动汽车的销售数量还不多。混合动力汽车同时具有内燃机汽车和纯电动汽车两者的优点，不仅具有可观的续航里程，而且具有较低的燃油消耗量和尾气排放量，所以在纯电动汽车解决动力电池技术瓶颈实现大规模商业化生产之前，混合动力汽车成为有效的过渡汽车种类。

二、混合动力汽车的定义

混合动力汽车是指拥有至少两种动力源，使用其中一种或多种动力源提供部分或者全部动力的汽车。混合动力汽车驱动系统由两个或多个能同时运转的单个驱动系统联合组成，车辆的行驶功率依据实际的车辆行驶状态由驱动系统单独或共同提供。因各个组成部件、布置方式和控制策略的不同，形成了多种分类形式。混合动力车辆的节能、低排放等特点引起了汽车界的极大关注，并成为汽车研究与开发的一个重点。混合动力装置既发挥了发动机持续工作时间长、动力性能好的优点，又可以发挥电动机无污染、低噪声的好处，两者“并肩战斗”，取长补短，汽车的热效率可提高 10% 以上，废气排放可减少 30% 以上。

国际电工技术委员会对混合动力汽车的定义为：在特定的工作条件下，可以从两种或两种以上的能量存储器、能量源或能量转化器中获取驱动能量的汽车，其中至少一种存储器或转化器要安装在汽车上。

混合动力汽车介于传统内燃机汽车与纯电动汽车之间，是两种动力汽车的中间产物，如图 1-1-1 所示。与纯电动汽车相比，混合动力汽车上配置有发动机；与传统汽车相比，混合动力汽车上又增加了动力电池和电动机。

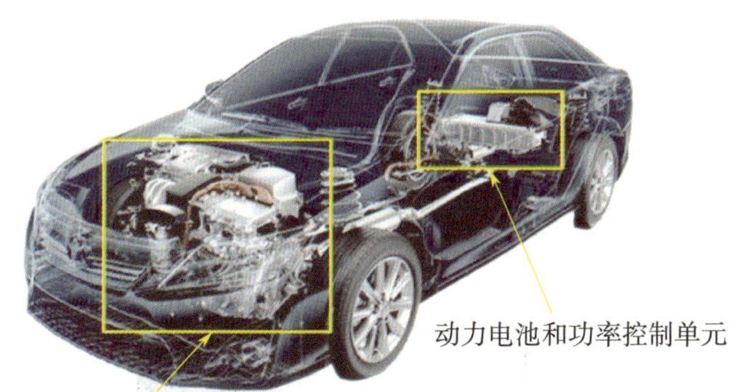

图 1-1-1　混合动力汽车的结构简图

从广义上讲，混合动力汽车是指装备有两种具有不同特点驱动装置的车辆。由于内燃机在汽车上的成功应用，使之成为首选的驱动装置，另外还有一个辅助驱动装置，它具有良好的变工况特性，能够进行功率的平衡、能量的再生与存储。

从狭义上讲，混合动力汽车是指同时装备两种动力源的汽车。通过在混合动力汽车上使用电动机，使得动力系统可以按照整车的实际运行工况要求灵活调控，而内燃机保持在综合性能最佳的区域内工作，从而降低油耗与排放。换言之，可以认为混合动力汽车通常是指既有车载动力电池提供电力驱动，又装有一个相对小型内燃机的汽车。

三、混合动力汽车的发展历程

自 20 世纪 90 年代开始，混合动力汽车的研发引起了各国的重视，尤其是在日本和美国，许多汽车企业对混合动力汽车进行研发，率先掌握了混合动力汽车的核心技术。我国各大汽车集团近些年也致力于混合动力汽车研发，目前已能自主制造混合动力汽车，在技术研发方面正迎头追赶美国、日本。纵观混合动力汽车的发展历程，主要分为三个阶段。

第一阶段是非插电式混合动力，又称为油电混动（HEV），它以内燃机为主要动力来源，电力驱动作为辅助手段，不需要对车辆进行充电，操作模式与普通燃油车别无二致，车内的电池容量与电动机功率都比较小，在汽车起步、低速、短距离等情况下发挥作用，通过制动时的动能回收、适当减轻发动机负荷等方式来降低油耗。早在 1997 年 12 月，丰田汽车公司就推出了世界上第一款批量生产的混合动力汽车普锐斯，如图 1-1-2 所示。

第二阶段则属于插电式混动（PHEV），与油电混动最大的区别在于它可进行外部充电。这种车型同样兼备内燃机、电动机和动力电池，其搭载的蓄电池组容量大，能够保证纯电动模式的续航，同时两套不同的驱动系统可以相互支撑，为彼此保驾护航，当燃油耗尽时可以进入纯电动模式，电能枯竭后也能转换为普通模式。普遍认为，插电式混动是从燃油车向电动车过渡的关键阶段。中国比亚迪汽车公司生产的混合动力汽车“秦”（见图 1-1-3）是插电式混动的典型代表。

图 1-1-2　第一款混合动力汽车普锐斯

图 1-1-3　比亚迪混合动力汽车“秦”

第三阶段则是增程式混动（EREV），其最大的特点是与插电式混动相比，有着更简单的结构和更高效的性能，因为插电式混动采用并联式或者混联式混合动力形式，保留了较多的传统机械部件，结构上更复杂；而增程式混动汽车的串联式动力形式大大降低了工程的复杂性。EREV 车型的纯电续航里程要普遍高于 PHEV 车型很多，因为在大多数工况下，EREV 的工作模式都优先使用纯电动行驶，在电池组有电的情况下，发动机几乎不会工作。当电池组电量不足时，发动机才会开始运转。美国别克汽车公司生产的 VELITE 5（见图 1-1-4）是增程式混动（EREV）的典型代表。

图 1-1-4　别克混合动力汽车 VELITE 5

四、混合动力汽车的分类

1. 按驱动连接方式分类

根据驱动连接方式进行分类，一般把混合动力汽车分为三类：串联式混合动力汽车、并联式混合动力汽车、混联式混合动力汽车。

（1）串联式混合动力汽车

如图 1-1-5 所示，串联式混合动力由发动机、发电机和电动机三部分动力总成组成，它们之间用串联方式组成串联式混合动力单元系统，发动机驱动发电机发电，电能通过变压器输送到动力电池或电动机，由电动机通过变速机构驱动汽车。小负荷时由动力电池带动电动机来驱动车轮，大负荷时由发动机带动发电机发电来驱动电动机。当车辆处于启动、加速、爬坡工况时，发动机、动力电池共同向电动机提供电能；当车辆处于低速、滑行、怠速工况时，则由动力电池驱动电动机，当动力电池缺电时则由发动机给发电机发电，发电机再向动力电池充电。串联式混合动力结构适用于城市内频繁起步和低速运行工况，可以将发动机调整在最佳工况点附近稳定运转，通过调整动力电池和电动机的输出来达到调整车速的目的，使发动机避免了怠速和低速运转的工况，从而提高了发动机的效率，减少了废气排放。但是它的缺点是能量几经转换，机械效率较低。

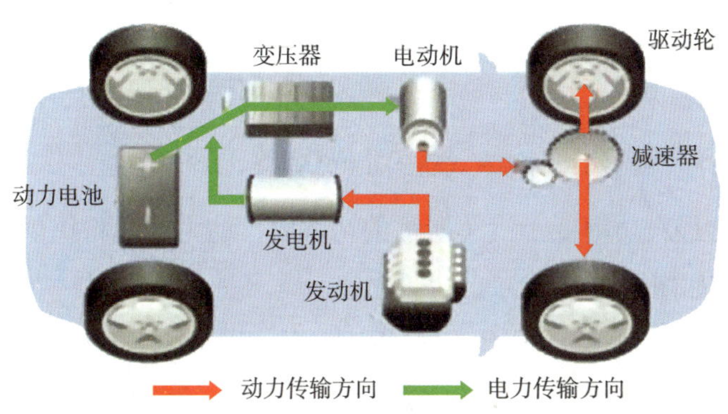

图 1-1-5　串联式混合动力汽车的动力形式

1）基本组成。主要由发动机、发电机、电动机和动力电池组成。

2）工作原理。完全由电动机提供动力来驱动汽车，发动机只作为发电机的动力源。

3）特点。发动机一直在最佳状态工作，减少了尾气的排放污染；能量转换效率低；所需动力电池容量大、体积大。

4）应用。适合城市低转速下频繁起步和低速行走的公交车。

5）工作过程

①串联式混合动力汽车在市区低速行驶时，如果动力电池完全充满电，则选用纯电池驱动方式。其工作过程示意图如图 1-1-6 所示。

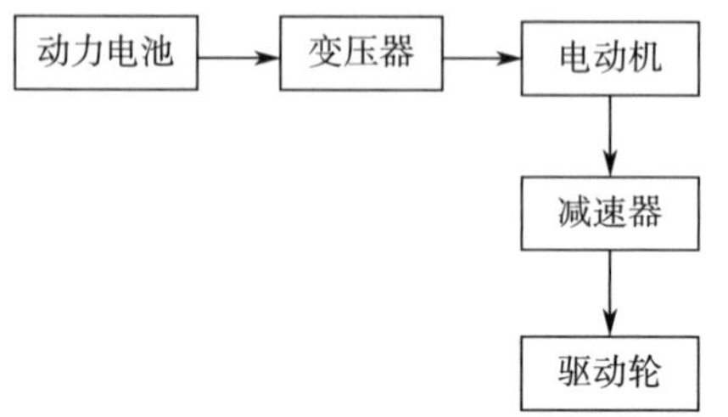

图 1-1-6　串联式混合动力汽车工作过程示意图一

②当动力电池电量较低时，发动机被启动，并将其设置在最大功率工作点上，发动机输出的功率与汽车所需功率的差值将通过发电机为动力电池充电。其工作过程示意图如图 1-1-7 所示。

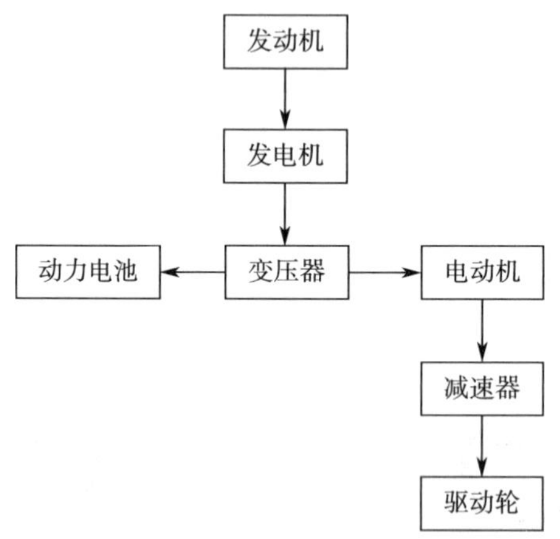

图 1-1-7　串联式混合动力汽车工作过程示意图二

③当发动机的最大功率低于汽车所需的功率时，动力电池将提供这部分差额功率。其工作过程示意图如图 1-1-8 所示。

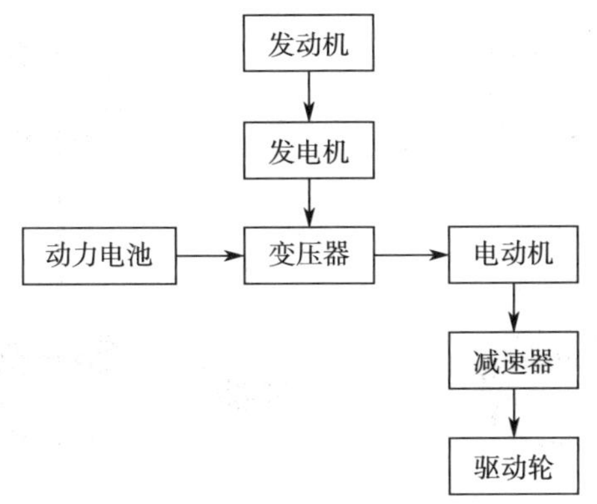

图 1-1-8　串联式混合动力汽车工作过程示意图三

④在制动或减速时，电动机起到发电机的作用，使部分动能转化为电能存储到动力电池中。其工作过程示意图如图 1-1-9 所示。

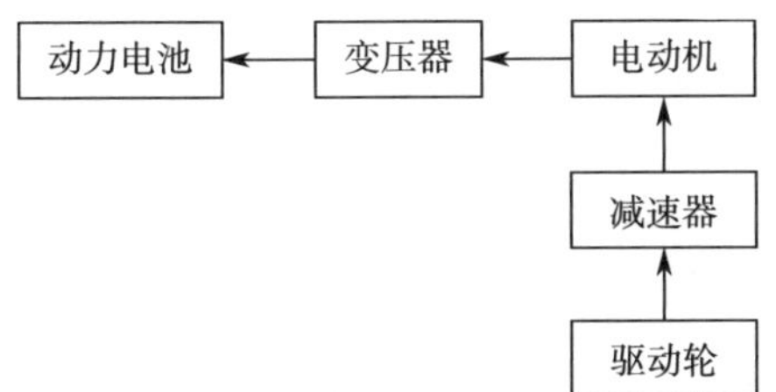

图 1-1-9　串联式混合动力汽车工作过程示意图四

（2）并联式混合动力汽车

如图 1-1-10 所示，并联式混合动力汽车的发动机和电动机共同驱动汽车，发动机与电动机分属两套系统，可以分别独立地向系统提供扭矩，在不同的路面上既可以共同驱动汽车，又可以单独驱动汽车。当汽车加速爬坡时，电动机和发动机能够同时向传动机构提供动力，一旦汽车车速达到巡航速度，汽车将仅依靠发动机维持该速度。电动机既可以作为电动机，又可以作为发电机使用。它既可以把动力电池的电能转化为机械能驱动汽车，又可以把发动机的剩余动力转化为电能，向动力电池充电。由于没有单独的发电机，发动机可以直接通过传动机构驱动车轮，这种装置更接近传统的汽车驱动系统，机械效率损耗与普通汽车差不多，得到比较广泛的应用。

1）基本组成。主要由发动机、电动机和动力电池等部件组成。

2）工作原理。以发动机为主动力，以电动机作为辅助动力，两者共同驱动车辆，或各自单独驱动车辆。

3）特点

①动力强。

②能量转换效率高。

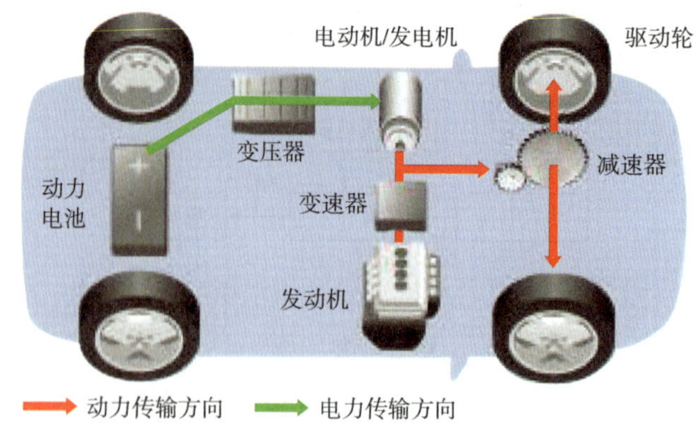

图 1-1-10　并联式混合动力汽车的动力形式

③发动机功率比较小，汽车燃油经济性得以提高。

④排放污染高于串联式混合动力汽车。

⑤需要变速装置和动力复合装置，结构较为复杂。

4）应用。适合高速公路等稳定行驶路况。

5）工作过程

①起步或加速阶段，发动机提供总功率的一部分，电动机辅助提供功率，实现强有力的加速动力。其工作过程示意图如图 1-1-11 所示。

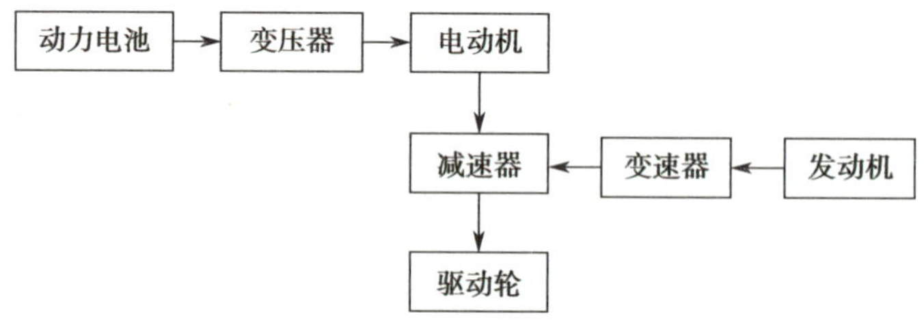

图 1-1-11　并联式混合动力汽车工作过程示意图一

②在市区低速行驶时，动力电池在充满电的情况下，则选用纯电动驱动方式。其工作过程示意图如图 1-1-12 所示。

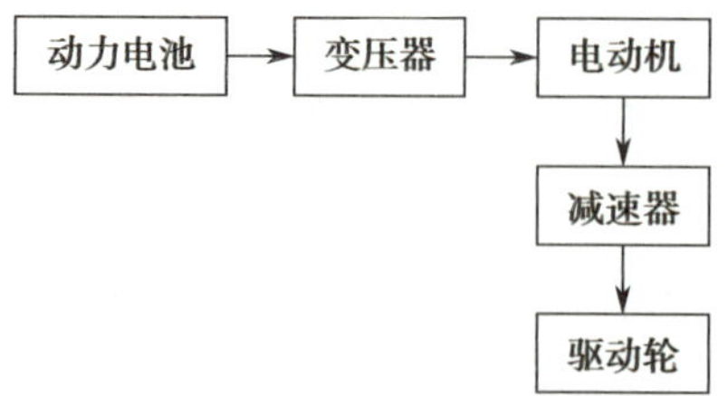

图 1-1-12　并联式混合动力汽车工作过程示意图二

③如果动力电池电量不足，发动机启动，并将其设置在最大功率工作点上，发动机输出功率的差值将通过电动机为动力电池充电。其工作过程示意图如图 1-1-13 所示。

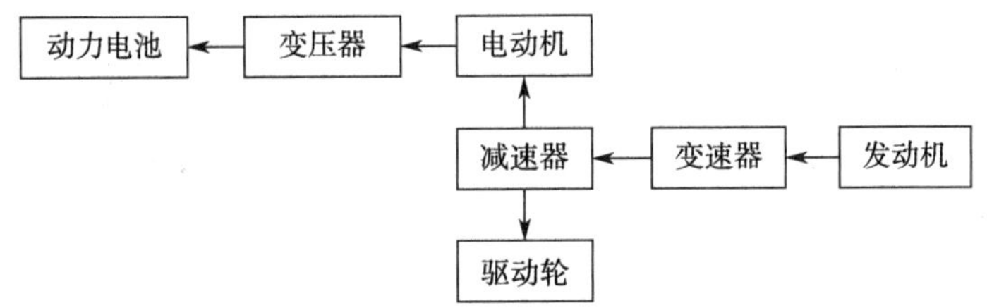

图 1-1-13 并联式混合动力汽车工作过程示意图三

④在高速行驶时，电动机关闭，发动机单向向驱动轮输出动力。其工作过程示意图如图 1-1-14 所示。

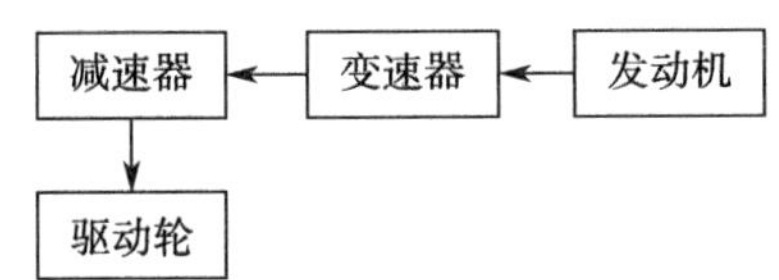

图 1-1-14 并联式混合动力汽车工作过程示意图四

⑤在制动或减速时，电动机将多余的能量转化为电能储存到动力电池中，发动机停止工作，减少能量消耗，提高充电效率。其工作过程示意图如图 1-1-15 所示。

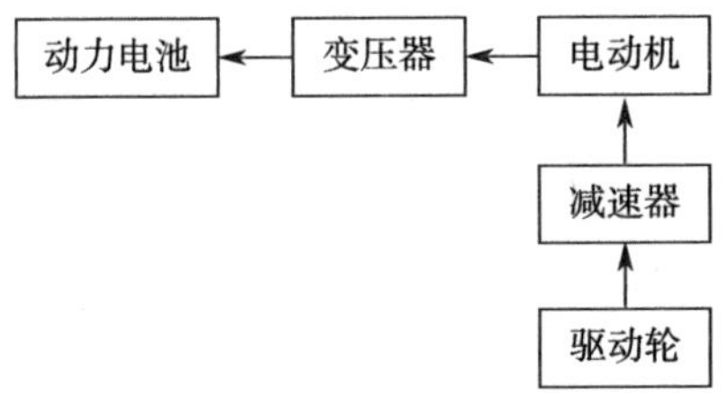

图 1-1-15 并联式混合动力汽车工作过程示意图五

（3）混联式混合动力汽车

如图 1-1-16 所示，混联式混合动力也称为串并联式混合动力，其集合了串联式和并联式的优点而设计，可以最大限度地发挥串联式与并联式各自的优点，如在车辆行驶中，系统可以通过动力分配装置，一方面由电动机单独驱动车辆，另一方面再由发动机来自主地发电。目前市场上合资品牌的混合动力汽车大多数采用这种设计类型。

1）混联式混合动力汽车的基本组成。主要由发动机、发电机、电动机、动力分离装置和动力电池等部件组成。

2）混联式混合动力汽车的工作原理。低速时是串联方式工作，高速时是并联方式工作。

3）混联式混合动力汽车的特点

①动力电池的体积、质量、成本都比较小。

②发动机总在最高效率下工作，具有良好的燃油经济性。

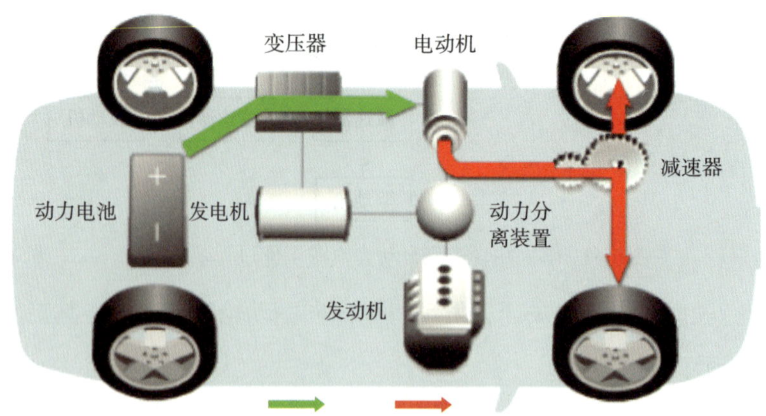

图 1-1-16　混联式混合动力汽车的动力形式

③需要配备两套驱动系统，机构复杂。

④动力控制系统技术含量高，机构复杂。

⑤整车成本较高。

4）混联式混合动力汽车的应用范围。在高速道路及城市低速场合均适用。

5）工作过程

①汽车启动时，发动机不工作，动力电池经变压器和电动机将电能转化为机械能，启动汽车（点火启动时，发动机运转，直至充分预热）。其工作过程示意图如图 1-1-17 所示。

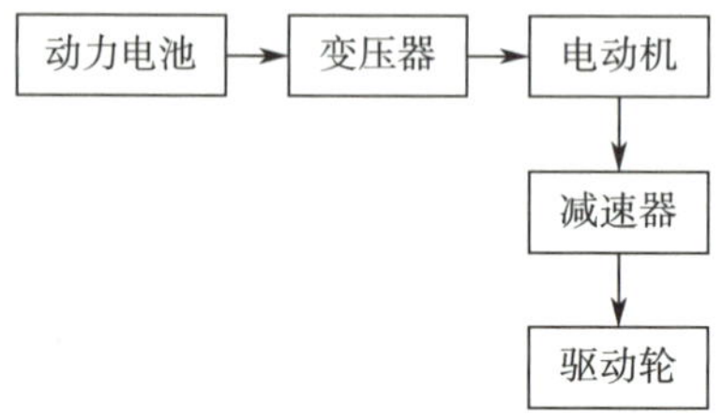

图 1-1-17　混联式混合动力汽车工作过程示意图一

②低速、中速行驶时，由高效利用能量的电动机驱动行驶。发动机仍然不工作，汽车工作模式同启动模式一样，仍为纯电动模式。其工作过程示意图如图 1-1-18 所示。

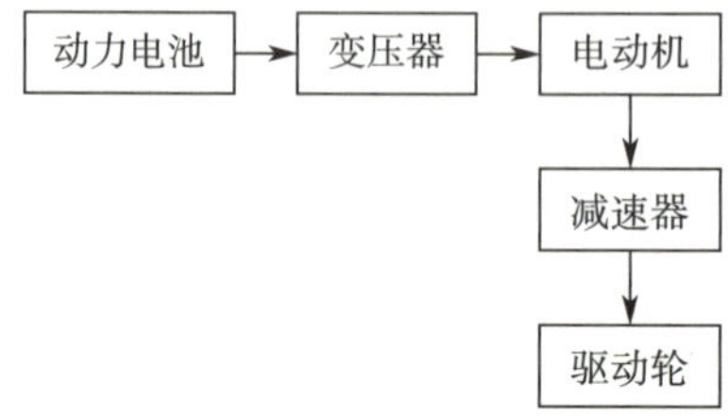

图 1-1-18　混联式混合动力汽车工作过程示意图二

③一般行驶时，由发动机产生的动力直接驱动车轮，依照驾驶状况部分动力被分配给发电机。由发电机产生的动力来驱动电动机和辅助发动机。动力电池的电量少时，发动机输出功率会被提高以加大发电量，给动力电池充电。其工作过程示意图如图 1-1-19 所示。

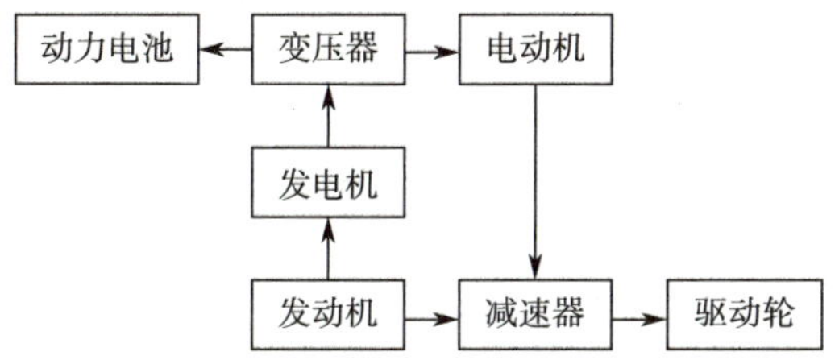

图 1-1-19　混联式混合动力汽车工作过程示意图三

④全速行驶时，利用双动力来获得更高一级的加速。在需要强劲加速力（如爬陡坡及超车）时，动力电池也提供电力，来加大电动机的驱动力。通过发动机和电动机双动力的结合使用，混合动力系统得以实现与高一级发动机同等水平的强劲而流畅的加速性能。其工作过程示意图如图 1-1-20 所示。

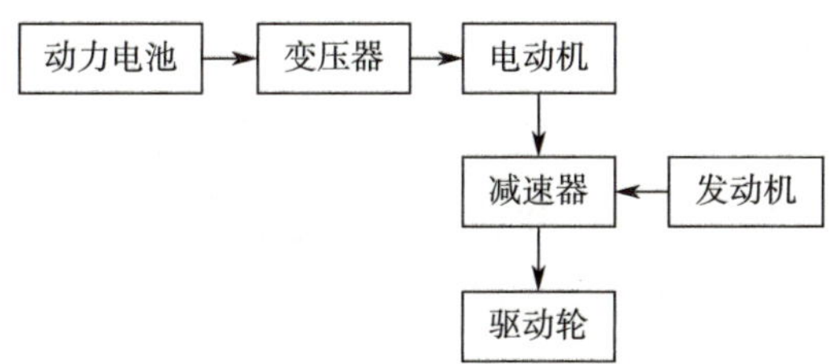

图 1-1-20　混联式混合动力汽车工作过程示意图四

⑤减速 / 能量再生时，将减速时的能量回收到动力电池中再加以利用。在踩制动踏板和松开加速踏板时，系统用车轮的旋转力带动电动机运转，将其作为发电机使用。减速时通常作为摩擦散失掉的能量，在此被转换成电能，回收到动力电池中再进行利用。其工作过程示意图如图 1-1-21 所示。

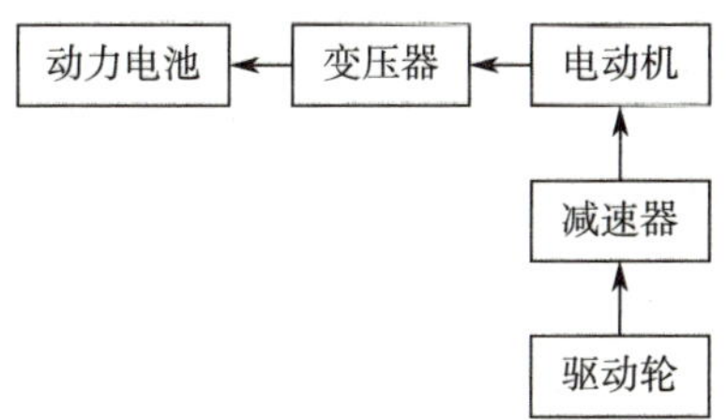

图 1-1-21　混联式混合动力汽车工作过程示意图五

⑥停车时，发动机、电动机、发电机全部自动停止运转，不会因怠速而浪费能量。

2. 按混合程度分类

对现有混合动力汽车进行分类还可以使用混合程度这个概念，这是目前市场销售中常用的习惯分类方式。按混合动力汽车中驱动电机的有效功率占车辆驱动系统总功率的百分比这个概念，可以将市场上的混合动力汽车分为轻度混合动力、中度混合动力和重度混合动力三个等级。

（1）轻度混合动力

轻度混合动力汽车也称轻混汽车，轻度混合动力的车辆混合程度低，没有发动机的帮助，设计在车辆中的电动机是不能够单独驱动车辆行驶的。轻度混合动力一般采用 36 V、42 V 电池组，并搭载一个低功率的启动机 / 发电机通过曲轴传动带来辅助发动机。从严格意义上来说，轻度混合动力并不能算是混合动力，因为车辆只靠单一的发动机动力行驶，其电池输出能量只起辅助作用，一般只用于车辆自动启停、发动机启动平滑辅助和制动能量回收。轻度混合动力驱动系统设计的优点是成本小，但同时节省的燃油也少，一般只能省油 8%~15%。

（2）中度混合动力

中度混合动力的车辆一般采用 100 V 以上的动力电池，混合度在 30% 左右。与轻度混合动力系统的不同之处在于，中度混合动力系统采用的是高压动力电池和电动机。在车辆加速或者大负荷工况时，电动机能够辅助发动机驱动车辆，补充发动机本身动力输出的不足，提高整车性能。这种系统的混合程度较高，在城市循环工况下可以节省燃油 20%~30%。

（3）重度混合动力

重度混合动力也称强混，系统通常采用 272~650 V 的高压系统，混合度在 50% 以上，在城市循环工况下节油 30%~50%。其特点是动力系统以发动机为基础动力，以动力电池为辅助动力，采用的电动机功率更为强大，完全可以满足车辆在起步和低速时的动力要求。

重度混合动力车型在低速时就像纯电动汽车一样，支持纯电动行驶；在急加速和爬坡运行工况下车辆需要较大的驱动力时，电动机和发动机同时对车辆提供动力。

思考与练习

1. 简述混合动力汽车的分类。
2. 简述串联、并联和混联三种混合动力汽车各自的特点。

课题二 | 混合动力汽车发动机概述

学习目标

1. 掌握发动机的分类及基本术语。
2. 掌握发动机主要参数的含义。
3. 认识混合动力汽车发动机的组成及工作过程。

相关理论

一、发动机基本要素的认识

发动机是汽车的动力源，是将其他形式的能量转化为机械能的机器。发动机的作用是把输入气缸内燃烧产生的热能转化为机械能并输出机械动力。迄今为止，除为数不多的电动汽车外，汽车发动机都是热能动力装置，或简称热机，现代汽车发动机应用最广泛、数量最多的是水冷式四行程往复活塞式发动机。

1. 发动机的分类

（1）按使用燃料分类

1）汽油发动机。汽油发动机是点燃式，优点是易启动，质量小，噪声小；缺点是动力储备较小，排气污染较重，经济性较差。适用于中小型车辆。

2）柴油发动机。柴油发动机是压燃式，优点是动力性好，经济性好，排气污染较轻；缺点是质量大，噪声大，维修复杂。适用于中型以上载重车。

3）其他燃料发动机。有氢燃料发动机、天然气燃料发动机等。优点是经济性好，排气污染小；缺点是燃料不易储存。适用于轿车和城市客车。

（2）按工作行程分类

1）二行程发动机。二行程发动机是指发动机在一个循环工作过程中，活塞往复两个行程并对外做功一次的发动机。其结构简单，经济性差，排气污染较重，适用于轻便摩托车。

2）四行程发动机。四行程发动机是指在一个循环工作过程中，活塞往复四个行程并对外做功一次的发动机。其动力性好，经济性好，排气污染较轻，广泛用于各种车辆。

（3）按冷却方式分类

1）水冷发动机。水冷发动机是指利用在气缸体和气缸盖冷却水套中进行循环的冷却液作为冷却介质进行冷却的发动机。其冷却均匀，工作可靠，冷却效果好，被广泛地应用于各种车辆。

2）风冷发动机。风冷发动机是指利用流动于气缸体与气缸盖外表面散热片之间的空气作为冷却介质进行冷却的发动机，适用于轻便摩托车。

（4）按气缸数目分类

1）单缸发动机。仅有一个气缸的发动机称为单缸发动机。

2）多缸发动机。有两个及两个以上气缸的发动机称为多缸发动机，如双缸、三缸、四缸、五缸、六缸、八缸、十二缸等都是多缸发动机。现代车用发动机多采用四缸、六缸、八缸发动机。

（5）按气缸排列方式分类

1）直列式发动机。直列式发动机的特点是各个气缸排成一列，一般垂直布置，但为了降低发动机的高度，有时也把气缸布置成倾斜（倾斜式）甚至水平（对置式）状。其气缸体结构简单，加工容易，但长度和高度较大。

2）V 形发动机。V 形发动机将气缸排成两列，使气缸夹角小于 180°，其特点是缩短了发动机的长度，降低了发动机的高度，提高了气缸体的刚度，质量有所减小，但宽度增加，形状复杂，加工困难。

3）W 形发动机。W 形发动机是在 V 形发动机的基础上将两侧的气缸进行小角度的错开而形成的。其特点是缩短了长度，降低了高度，曲轴也可更短些，质量也可小些，但宽度却更大了。由于发动机由一个整体分为两部分，在运动时振动很大。

2. 发动机的基本术语

发动机的基本术语有上止点、下止点、活塞行程、曲柄半径、气缸工作容积、燃烧室容积、气缸总容积等，如图 1-2-1 所示为发动机基本术语示意图。

（1）上、下止点（见图 1-2-1a）

上止点是活塞离曲轴回转中心最远处，是活塞最高位置。下止点是活塞离曲轴回转中心最近处，是活塞最低位置。

（2）活塞行程

活塞行程是指上、下止点间的距离，用 S 表示，单位为 mm。行程也称为冲程。

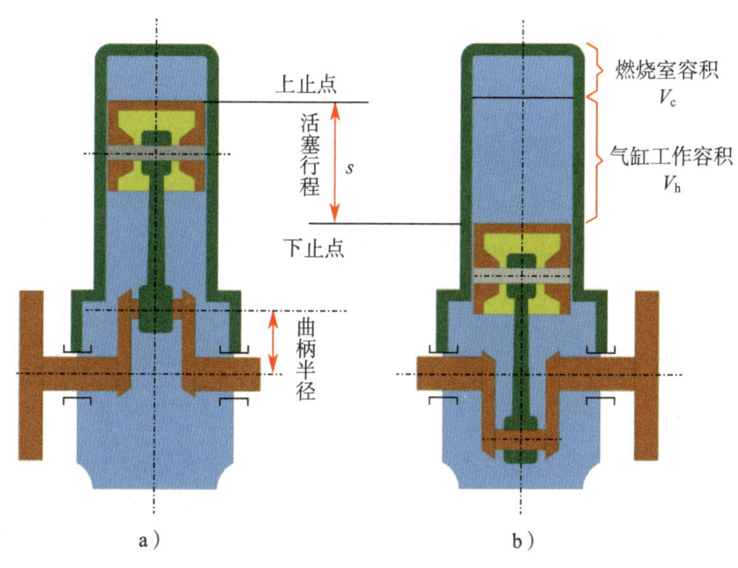

图 1-2-1　发动机基本术语示意图

a）上、下止点　b）燃烧室容积、气缸工作容积

（3）曲柄半径

曲柄半径是指与连杆大头相连接的曲柄销的中心线到曲轴回转中心线的距离，用 R 表示，单位为 mm。

（4）气缸工作容积（见图 1-2-1b）

气缸工作容积是指活塞从一个止点移动到另一个止点所扫过的容积，用 V_h 表示。其计算公式为：

$$V_h=\frac{\pi D^2 s}{4\times 10^6}$$

式中　V_h——气缸工作容积，L；

D——气缸直径，mm；

s——活塞行程，mm。

（5）燃烧室容积

燃烧室容积是指活塞位于上止点时活塞顶上方的气缸空间容积，用 V_c 表示，单位为 L。

（6）气缸总容积

气缸总容积是指活塞位于下止点时，活塞顶上方的气缸空间容积，是气缸工作容积和燃烧室容积之和，用 V_a 表示，单位为 L。其计算公式为：

$$V_a=V_h+V_c$$

3. 发动机的主要参数

（1）压缩比

压缩比是气缸总容积与燃烧室容积之比，用 ε 表示。压缩比表示气缸内的气体被压缩的程度。压缩比越大，压缩终了时气缸内的气体压力和温度就越高。一般车用汽油发动机的压缩比为 6～10，柴油发动机的压缩比为 15～22。

（2）发动机排量

发动机排量为发动机所有气缸工作容积的总和，用 V_L（单位为 L）表示。

（3）工作循环

活塞式发动机的工作循环是由进气、压缩、做功和排气四个工作过程组成的封闭过程。每次经过这四个工作过程，发动机将燃料燃烧的热能转化为机械能，称为发动机的一个工作循环。

（4）发动机工况

发动机在某一时刻的运行状况简称工况，以该时刻发动机输出的有效功率和曲轴转速表示。曲轴转速（用 n 表示，单位为 r/min）即为发动机转速。

4. 发动机型号编制规则

通常，汽车在出厂的时候，发动机都带有自身的铭牌，从铭牌上一般可以看出汽车生产厂家的名称或品牌图案、生产日期、汽车型号、主要参数等内容，汽车修理工和其他从业人员有时可以通过查看发动机铭牌，确认某些参数。发动机型号或铭牌一般位于发动机机体（见图 1-2-2）上，为了便于发动机的生产管理和使用，在国家标准《内燃机产品名称和型号编制规则》（GB/T 725—2008）中，发动机型号由阿拉伯数字、汉语拼音字母或国际通用的英文缩略字母组成（见图 1-2-3），型号编制优先选用表 1-2-1、表 1-2-2 和表 1-2-3 中规定的字母，允许制造商根据需要选用其他字母，但不得与表 1-2-1、表 1-2-2 和表 1-2-3 中规定的字母重复。

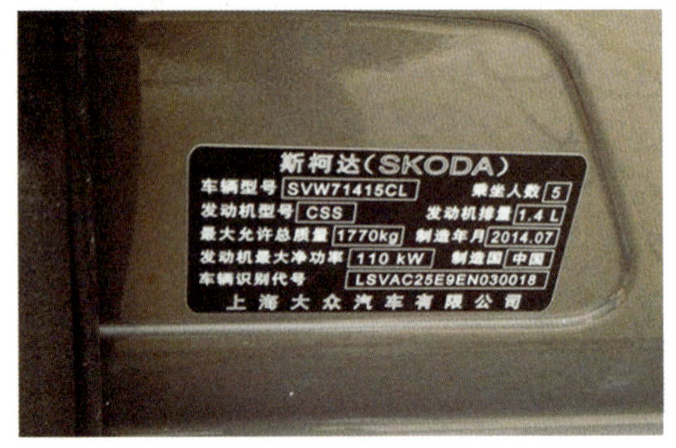

图 1-2-2　某款发动机的型号

5. 发动机型号表示方法

发动机型号包括下列四部分，如图 1-2-3 所示。

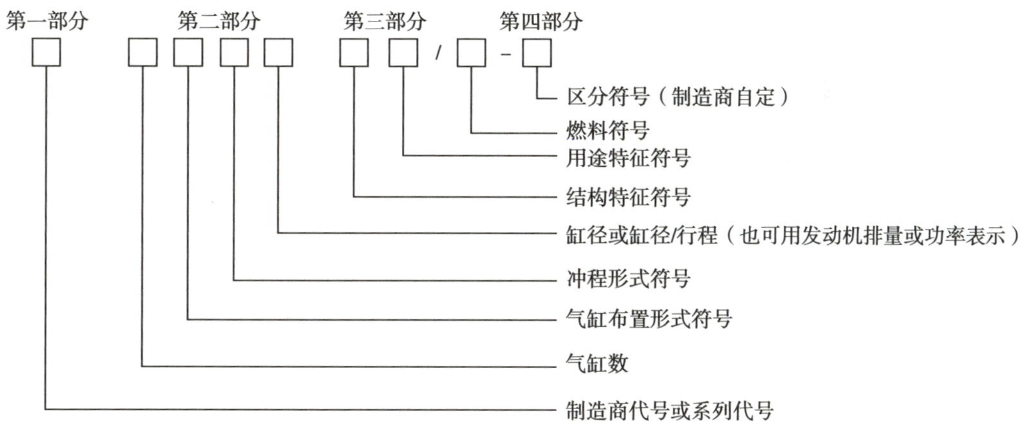

图 1-2-3　发动机型号表示方法

第一部分：由制造商代号或系列代号组成。本部分代号由制造商根据需要选择 1 ~ 3 位字母表示。

第二部分：由气缸数、气缸布置形式符号、冲程形式符号、缸径或缸径 / 行程组成。

（1）气缸数用 1 ~ 2 位数字表示。

（2）气缸布置形式符号按表 1-2-1 规定。

（3）冲程形式为四冲程时符号省略，二冲程用 E 表示。

（4）缸径符号一般用缸径或缸径 / 行程数字表示，也可用发动机排量或功率表示。其单位由制造商自定。

第三部分：由结构特征符号和用途特征符号组成，其符号分别按表 1-2-2 和表 1-2-3 的规定。

第四部分：区分符号。同系列产品需要区分时，允许制造商选用适当符号表示。第三部分和第四部分可用“-”分隔。

表 1-2-1　气缸布置形式符号

符号	含义
无符号	多缸直列及单缸
V	V 形
P	卧式
H	H 形
X	X 形

注：其他布置形式符号见 GB/T 1883.1。

表 1-2-2　结构特征符号

符号	结构特征
无符号	冷却液冷却
F	风冷
N	凝气冷却
S	十字头式
Z	增压
ZL	增压中冷
DZ	可倒转

表 1-2-3　用途特征符号

符号	用途
无符号	通用型及固定动力（或制造商自定）
T	拖拉机
M	摩托车
G	工程机械
Q	汽车
J	铁路机车
D	发电机组
C	船用主机、右机基本型
CZ	船用主机、左机基本型
Y	农用三轮车（或其他农用车）
L	林业机械

注：内燃机左机和右机的定义按 GB/T 726 的规定。

6. 发动机型号示例

（1）柴油发动机型号

1）G12V190ZLD——12 缸、V 形、四冲程、缸径 190 mm、冷却液冷却、增压中冷、发电用（G 为系列代号）。

2）R175A——单缸、四冲程、缸径 75 mm、冷却液冷却（R 为系列代号、A 为区分符号）。

3）YZ6102Q——6 缸直列、四冲程、缸径 102 mm、冷却液冷却、车用（YZ 为扬州柴油机厂代号）。

4）8E150C-1——8 缸、直列、二冲程、缸径 150 mm、冷却液冷却、船用主机、右机基本型（1 为区分符号）。

5）JC12V26/32ZLC——12 缸、V 形、四冲程、缸径 260 mm、行程 320 mm、冷却液冷却、增压中冷、船用主机、右机基本型（JC 为济南柴油机股份有限公司代号）。

6）12VE230/300ZCZ——12 缸、V 形、二冲程、缸径 230 mm、行程 300 mm、冷却液冷却、增压、船用主机、左机基本型。

7）G8300/380ZDZC——8 缸、直列、四冲程、缸径 300 mm、行程 380 mm、冷却液冷却、增压可倒转、船用主机、右机基本型（G 为系列代号）。

（2）汽油发动机型号

1）IE65F/P——单缸、二冲程、缸径 65 mm、风冷、通用型。

2）492Q/P-A——4 缸、直列、四冲程、缸径 92 mm、冷却液冷却、汽车用（A 为区分符号）。

（3）燃气机型号

1）12V190ZL/T——12 缸、V 形、四冲程、缸径 190 mm、冷却液冷却、增压中冷、燃气为天然气。

2）16V190ZLD/MJ——16 缸、V 形、四冲程、缸径 190 mm、冷却液冷却、增压中冷、发电用、燃气为焦炉煤气。

（4）双燃料发动机

1）G12V190ZLS——12 缸、V 形、缸径 190 mm、冷却液冷却、增压中冷、燃料为柴油 / 天然气双燃料（G 为系列代号）。

2）12V26/32ZL/SCZ——12 缸、V 形、缸径 260 mm、行程 320 mm、冷却液冷却、增压中冷、燃料为柴油 / 沼气双燃料。

二、混合动力汽车发动机的组成及工作过程

1. 混合动力汽车发动机的组成

发动机是一种由许多机构和系统组成的复杂机器。无论是汽油发动机还是柴油发动机；无论是四行程发动机还是二行程发动机；无论是单缸发动机还是多缸发动机，要完

成能量转换，实现工作循环，保证发动机长时间连续正常工作，都必须具备以下机构和系统。汽油发动机由两大机构和五大系统组成，即由曲柄连杆机构、配气机构和燃料供给系统、润滑系统、冷却系统、点火系统、启动系统组成；柴油发动机由两大机构和四大系统组成，即由曲柄连杆机构、配气机构和燃料供给系统、润滑系统、冷却系统、启动系统组成，柴油发动机是压燃的，不需要点火系统。

（1）曲柄连杆机构

曲柄连杆机构是发动机实现工作循环、完成能量转换的主要运动零件。它由机体组、活塞连杆组和曲轴飞轮组等组成。在做功行程中，活塞承受燃气压力，在气缸内做直线运动，通过连杆转换成曲轴的旋转运动，并从曲轴对外输出动力。而在进气、压缩和排气行程中，飞轮释放能量，又把曲轴的旋转运动转化成活塞的直线运动。

（2）配气机构

配气机构的作用是根据发动机的工作顺序和工作过程，定时开启和关闭进、排气门，使可燃混合气或空气进入气缸，使废气从气缸内排出，实现换气过程。

（3）燃料供给系统

汽油发动机燃料供给系统的作用是根据发动机的要求，配制一定数量和浓度的混合气供入气缸，并将燃烧后的废气从气缸内排出到大气中；柴油发动机燃料供给系统的作用是将柴油和空气分别供入气缸，在燃烧室内形成混合气并燃烧，最后将燃烧后的废气排出。

（4）冷却系统

冷却系统有水冷却系统和风冷却系统两种，现代汽车一般都采用水冷却系统。其作用是将受热机件的热量扩散到大气中去，从而保证发动机在适宜的温度下正常工作。

（5）润滑系统

润滑系统的作用是向相对运动的零部件表面输送定量清洁的润滑油（俗称机油），以实现液体摩擦，减小摩擦阻力，减轻机件的磨损，并清洗、冷却摩擦表面，延长发动机的使用寿命。

（6）启动系统

混合动力汽车发动机的启动系统异于传统汽车发动机的启动系统。它可以在汽车静止时（动力电池电荷量不足时）启动发动机，或在汽车行驶过程中（动力电池电荷量不足时或汽车工况需要）启动发动机。

（7）点火系统

点火系统是汽油发动机所独有的，按控制方式不同又分为传统点火系统和电子控制点火系统两种。其作用是按规定时刻向气缸内提供电火花，以点燃气缸中的可燃混合气。柴油发动机由于其混合气能自行着火燃烧，故没有点火系统。

2. 混合动力汽车发动机的工作过程

混合动力汽车发动机一个工作循环包括四个活塞行程：进气行程、压缩行程、做功行程和排气行程。发动机的一个工作循环期间，活塞在上、下止点间往复移动了四个行程，相应地，曲轴旋转了两周。如图 1-2-4 所示为四行程汽油发动机进气行程、压缩行程、做功行程和排气行程工作过程模拟。

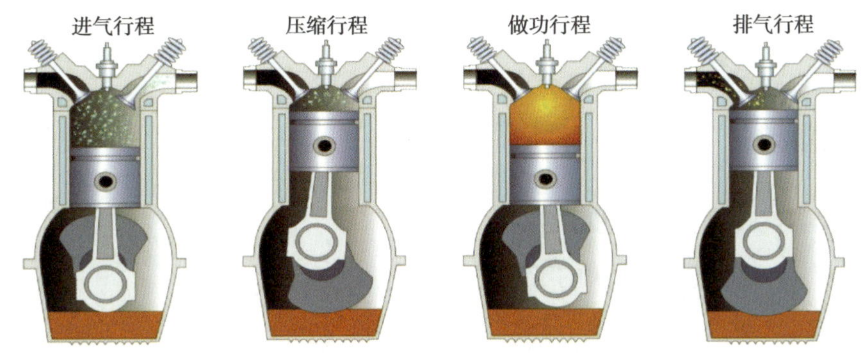

图 1-2-4 汽油发动机的工作过程

（1）进气行程

在这个过程中，发动机的进气门开启，排气门关闭。随着活塞从上止点向下止点移动，活塞上方的气缸容积增大，从而使气缸内的压力降到大气压力以下，即在气缸内造成真空吸力，这样空气便经由进气管道和进气门被吸入气缸，同时喷油嘴喷出雾化的汽油与空气充分混合。在进气终了时气缸内的气体压力为 0.075～0.09 MPa，而此时气缸内可燃混合气的温度已经升高到 90～130 ℃。

（2）压缩行程

为使吸入气缸的可燃混合气能迅速燃烧，以产生较大的压力，从而使发动机排气，发出较大功率，必须在燃烧前将可燃混合气压缩，使其容积缩小、密度加大、温度升高，即需要有压缩过程。在这个过程中，进、排气门全部关闭，曲轴推动活塞由下止点向上止点移动一个行程，即压缩行程。此时混合气压力会增加到 0.6～1.2 MPa，温度为 330～430 ℃。

（3）做功行程

在这个过程中，进、排气门仍旧关闭。当活塞接近上止点时，火花塞发出电火花，点燃被压缩的可燃混合气。可燃混合气燃烧后，释放出大量的热能，此时燃气的压力和温度迅速提高，其所能达到的最大压力为 3～5 MPa，相应的温度则高达

1 900～2 500 ℃。高温高压的燃气推动活塞由上止点向下止点运动，通过连杆使曲柄旋转并输出机械能，除了维持发动机本身继续运转外，其余即用于对外做功。在活塞的运动过程中，气缸内容积增大，气体压力和温度都迅速下降，在此行程终了时压力降至0.3～0.5 MPa。

（4）排气行程

当做功行程接近终了时，排气门开启，靠废气的压力进行自由排气，活塞到达下止点后再向上止点移动时，将废气强制排到大气中，这就是排气行程。在此行程中，气缸内压力稍微高于大气压力，为 0.105～0.115 MPa。当活塞到达上止点附近时，排气行程结束，此时的废气温度为 630～930 ℃。

思考与练习

1. 简述混合动力汽车发动机的组成。
2. 简述混合动力汽车发动机的工作过程。

模块二
混合动力汽车发动机的检修

课题一 | 曲柄连杆机构的检修

学习目标

1. 掌握曲柄连杆机构的作用及组成。
2. 掌握机体组、活塞连杆组及曲轴飞轮组零件的构造及工作原理。
3. 能够对曲柄连杆机构的零件进行拆装及检修。

相关理论

混合动力汽车发动机曲柄连杆机构与传统燃油汽车发动机曲柄连杆机构没有本质区别。曲柄连杆机构是发动机的主要运动机构，其功用是将活塞的往复运动转化为曲轴的旋转运动，同时将作用于活塞上的力矩转变为曲轴对外输出的转矩，以驱动车轮转动。

曲柄连杆机构由机体组、活塞连杆组、曲轴飞轮组组成。

曲柄连杆机构的工作特点是：发动机工作时，曲柄连杆机构直接与高温、高压气体接触，曲轴的旋转速度很高，活塞往复运动的速度相当大，同时，曲柄连杆机构工作时还与可燃混合气和燃烧废气接触，且受到化学腐蚀作用，润滑困难。可见，曲柄连杆机构的工作条件相当恶劣，它要承受高温、高压、高速和化学腐蚀作用，此外，还要承受各种交变力的作用。

一、机体组的结构与检修

1. 机体组的作用

机体组是发动机的装配基体，它支撑着发动机的运动部件，安装着各种附件，承受着发动机工作时产生的内、外作用力，因而机体组要有足够的强度，以承受在标定负荷甚至在一定超载负荷下的各种作用力；要有足够的刚度，使发动机在工作时各部分的变形小，且对于冷却液、机油和燃烧气体有良好的耐腐蚀性。

2. 机体组的结构

发动机机体组主要由气门室盖、气缸盖、气缸体、气缸套、曲轴箱和油底壳等组成，以上元件接合面都有密封垫。如图 2-1-1 所示为机体组的结构。

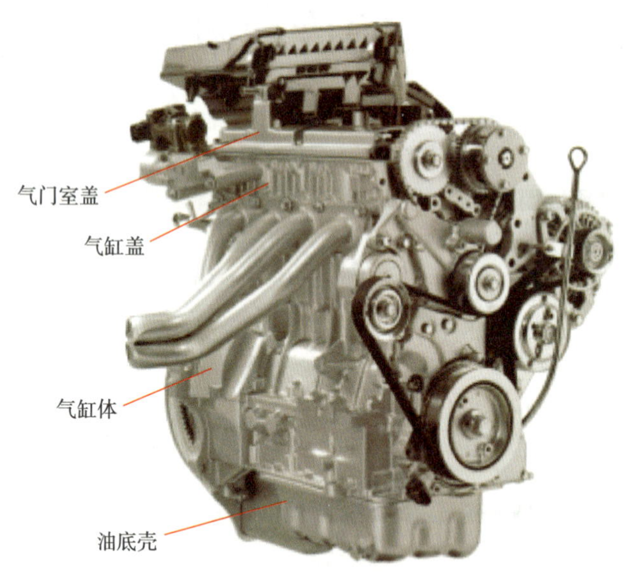

图 2-1-1　机体组的结构

（1）气门室盖

气门室盖也叫气缸盖罩，如图 2-1-2 所示。它安装在气缸盖上面，上面通常有火花塞承孔。气门室盖衬垫起到密封作用，以防止发动机机油渗漏。有些车型采用塑料制成的气门室盖，以减小汽车质量。

有的气门室盖内部装有油气分离器，用于分离机油和废气，使废气通过气门室盖的

曲轴箱通风管及进气道进入气缸。气门室盖上还有机油加注孔，以方便添加机油。机油加注孔盖紧固后加注孔上应无泄漏，否则将引起发动机其他故障。

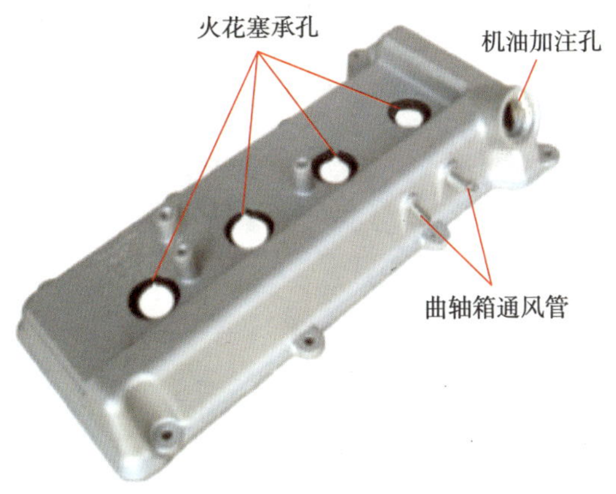

图 2-1-2　气门室盖

（2）气缸盖

气缸盖位于发动机上部。直列式发动机只有一个气缸盖，而 V 形发动机有两个气缸盖。发动机气缸内会产生非常高的压力，而气缸盖就像高压锅的盖子，其利用非常平整的下端面来封闭气缸上部。

乘用车用的汽油发动机多采用整体式铝合金铸造气缸盖。如图 2-1-3 和图 2-1-4 所示，气缸盖还用于安装凸轮轴、进气门、排气门、火花塞等零部件。气缸盖安装在气缸体上面，在气缸盖上安装气门室盖。气缸盖内部有冷却液道，用于冷却其高温部分。气缸盖上还有机油进、回油道，进气、排气管道，气门挺柱承孔和火花塞座孔等。

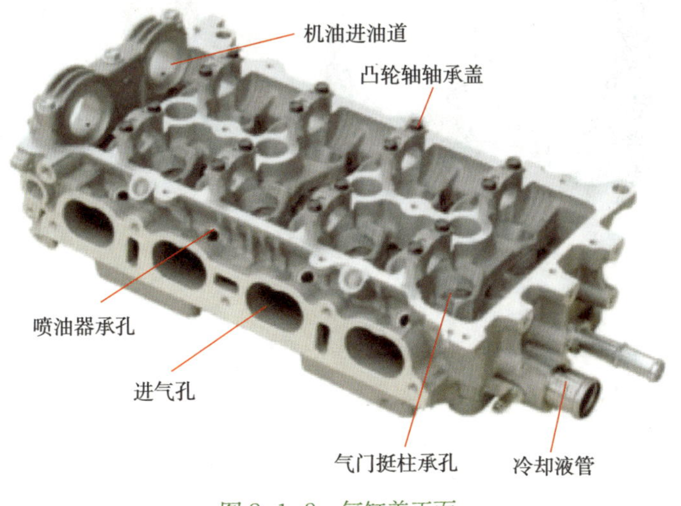

图 2-1-3　气缸盖正面

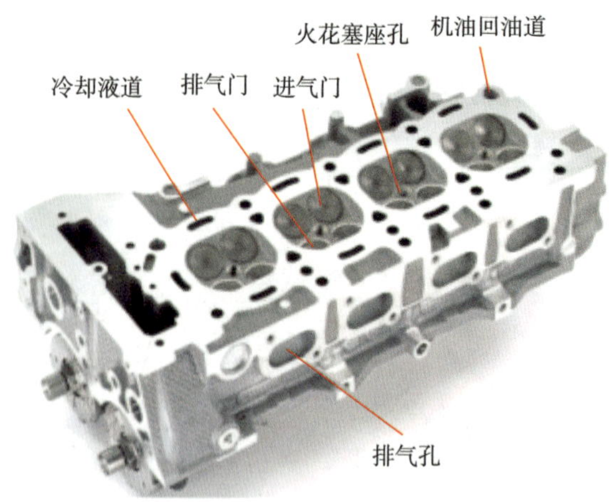

图 2-1-4　气缸盖背面

气缸盖衬垫装在气缸盖和气缸体之间，其作用是保证气缸盖与气缸体接触面的密封，防止漏气、漏水和漏油。气缸盖衬垫要有一定的弹性，同时要有好的耐热性和耐压性，在高温高压下不烧损、不变形。

安装气缸盖衬垫时，气缸盖衬垫上的孔要和气缸体上的孔对齐，尤其要注意气缸盖衬垫上机油进油孔要与气缸体上相应的机油进油孔对齐，如果气缸盖衬垫是对称的，有金属包边的面或印有批次号的一面要向上，如图 2-1-5 所示。

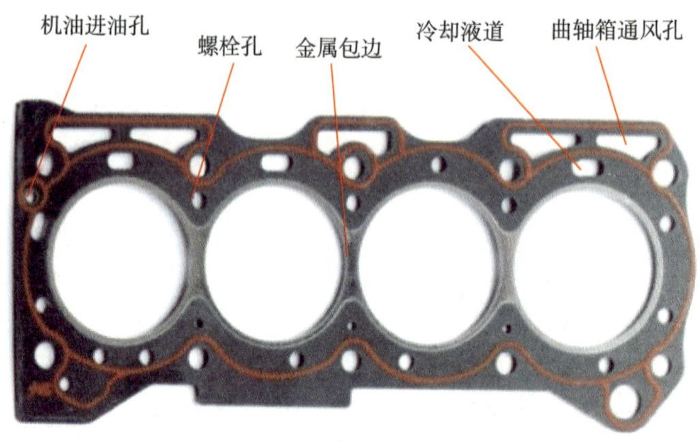

图 2-1-5　气缸盖衬垫

（3）气缸体

气缸体是发动机的主要骨架，其上部使用螺栓连接气缸盖，其下部安装油底壳，中部是发动机的主要部分，即气缸。一般情况下，气缸体油底壳安装平面和曲轴旋转中心在同一高度，较为常用。如图 2-1-6 所示为气缸体的结构。活塞在气缸中往复运动，摩擦较大，燃料与废气又具有腐蚀性，所以气缸体必须能耐高温、耐腐蚀、耐磨损等。气缸盖和气缸体采用螺栓连接，一旦螺栓孔损坏，可能需要更换整个气缸体。

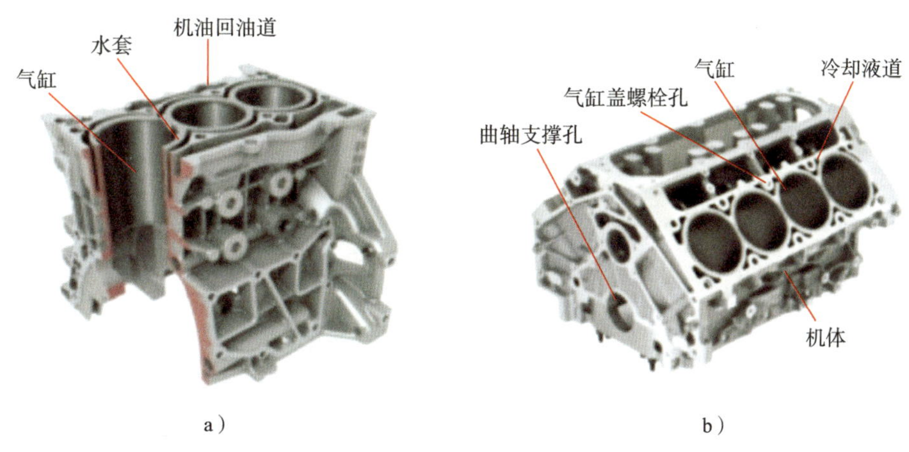

图 2-1-6 气缸体的结构

a）直列式气缸体 b）V 形气缸体

（4）气缸套

由于活塞在气缸中以极快的速度往复运动，因此气缸体耐磨性要很好。通常在气缸中镶入镀耐磨金属的气缸套，气缸套磨损后可以更换或维修。汽油发动机采用厚度较小的干式气缸套，它不与冷却液直接接触，如图 2-1-7a 所示。柴油发动机采用厚度大的湿式气缸套，它直接与冷却液接触，如图 2-1-7b 所示。整体式气缸体无气缸套，气缸磨损后通常需要更换气缸体。

图 2-1-7 气缸套结构

a）干式气缸套 b）湿式气缸套

（5）曲轴箱

曲轴箱的主要作用是保护和安装曲轴，如图 2-1-8 所示为平分式曲轴箱。混合动力汽车发动机的曲轴箱主要采用平分式结构，机体高度小，质量小，结构紧凑，便于加工及拆卸，但刚度和强度低。

（6）油底壳

油底壳如图 2-1-9 所示。其主要作用是储存机油并封闭曲轴箱。由于油底壳受力不大，一般用薄钢板冲压而成。油底壳底部还装有放油螺塞，通常放油螺塞上装有永久磁铁，以吸附机油中的金属屑，减少发动机的磨损。

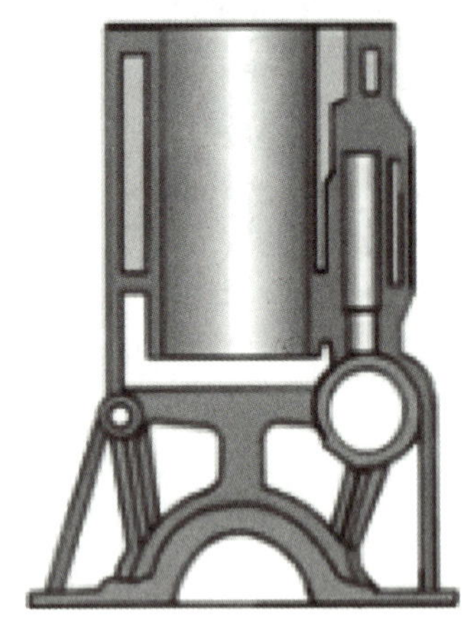

图 2-1-8　平分式曲轴箱

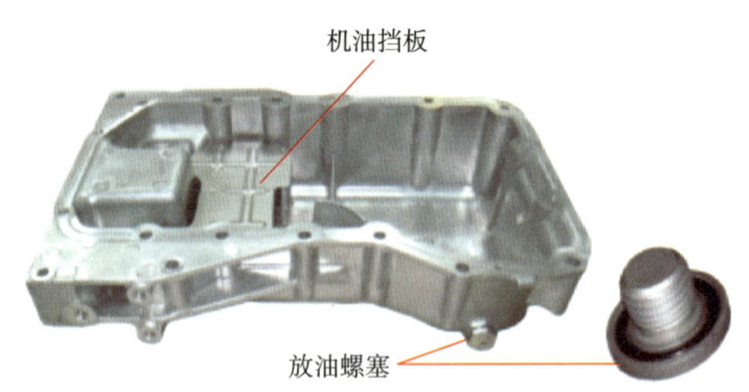

图 2-1-9　油底壳

3. 机体组的拆卸和安装

下面以发动机气缸盖为例，介绍机体组的拆卸和安装步骤，其拆卸步骤见表 2-1-1，安装步骤见表 2-1-2。

表 2-1-1　　发动机气缸盖拆卸步骤

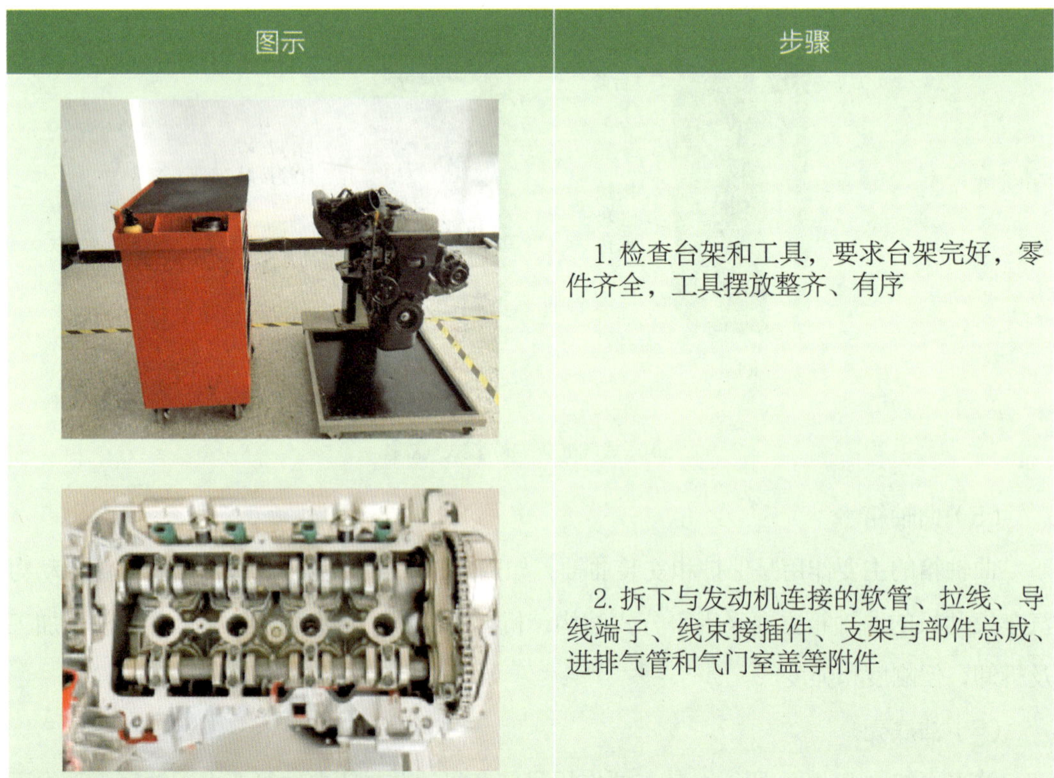

图示	步骤
	1. 检查台架和工具，要求台架完好，零件齐全，工具摆放整齐、有序
	2. 拆下与发动机连接的软管、拉线、导线端子、线束接插件、支架与部件总成、进排气管和气门室盖等附件

续表

图示	步骤
	3. 用专用工具（套筒）和扭力扳手释放气缸盖螺栓扭力，次数应为 2 ~ 3 次，直至螺栓扭力完全被释放 注意：释放扭力时要用手拉扭力扳手，不能推扭力扳手，以防受伤
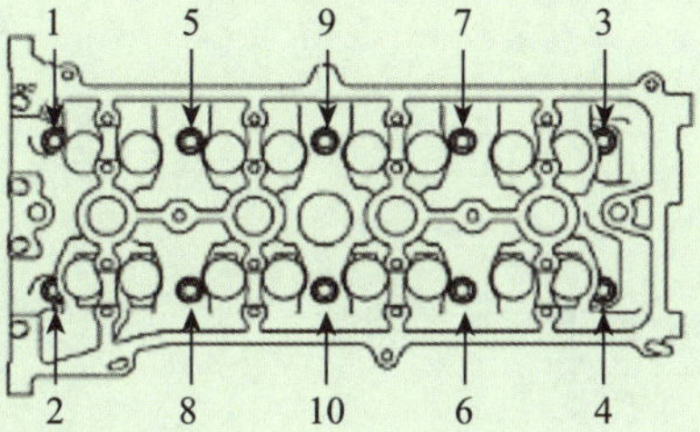 1 5 9 7 3 2 8 10 6 4	4. 用双六角扳手按图中数字 1 ~ 10 的顺序均匀地松开并拆下 10 个气缸盖螺栓
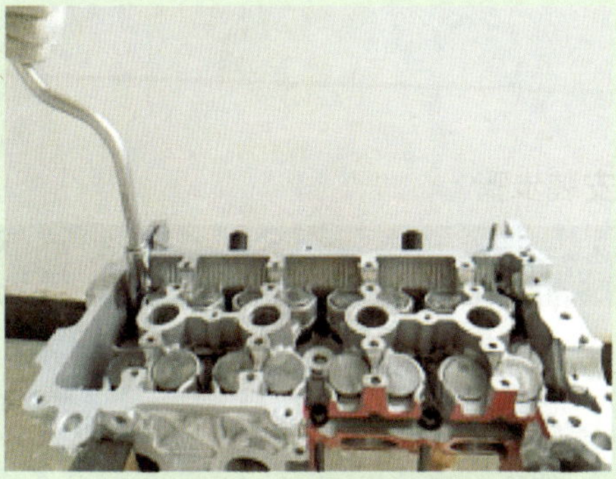	5. 用弓形杆（摇把）旋松气缸盖螺栓
	6. 取出气缸盖螺栓并摆放好

续表

图示	步骤
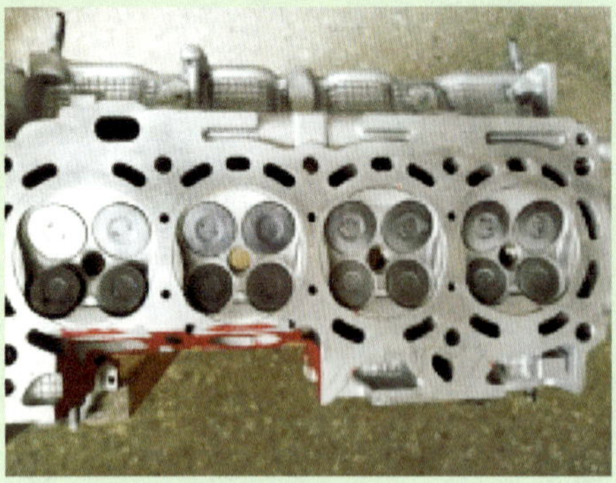	7. 取下气缸盖，并将气缸盖倒置放在垫布的木头上
	8. 取下气缸盖衬垫

表 2-1-2　　发动机气缸盖安装步骤

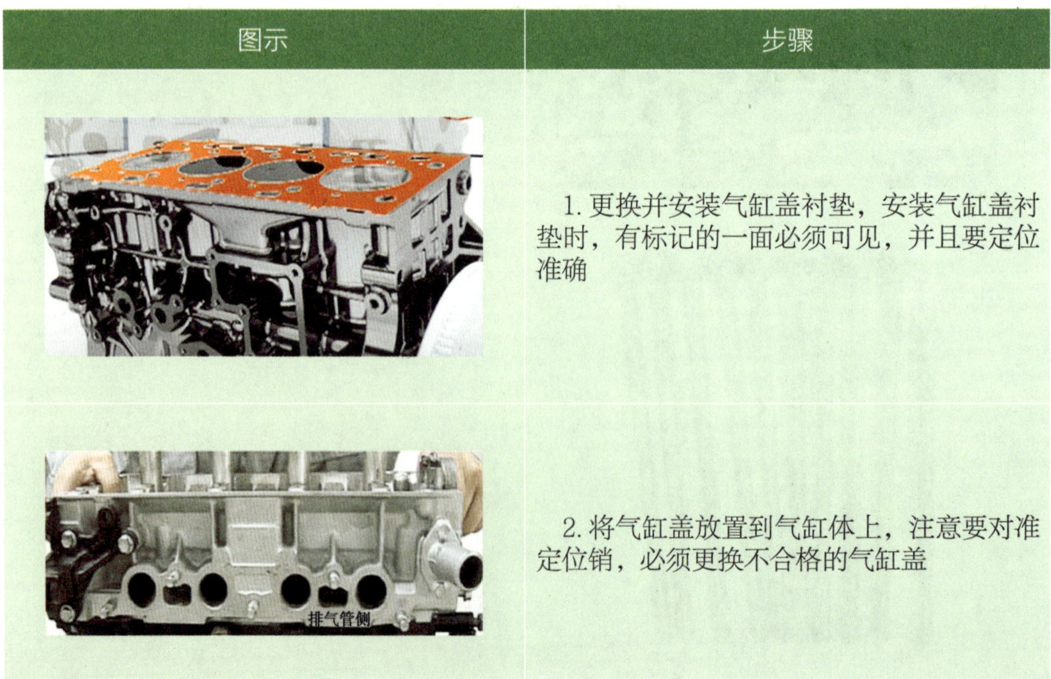

图示	步骤
	1. 更换并安装气缸盖衬垫，安装气缸盖衬垫时，有标记的一面必须可见，并且要定位准确
	2. 将气缸盖放置到气缸体上，注意要对准定位销，必须更换不合格的气缸盖

续表

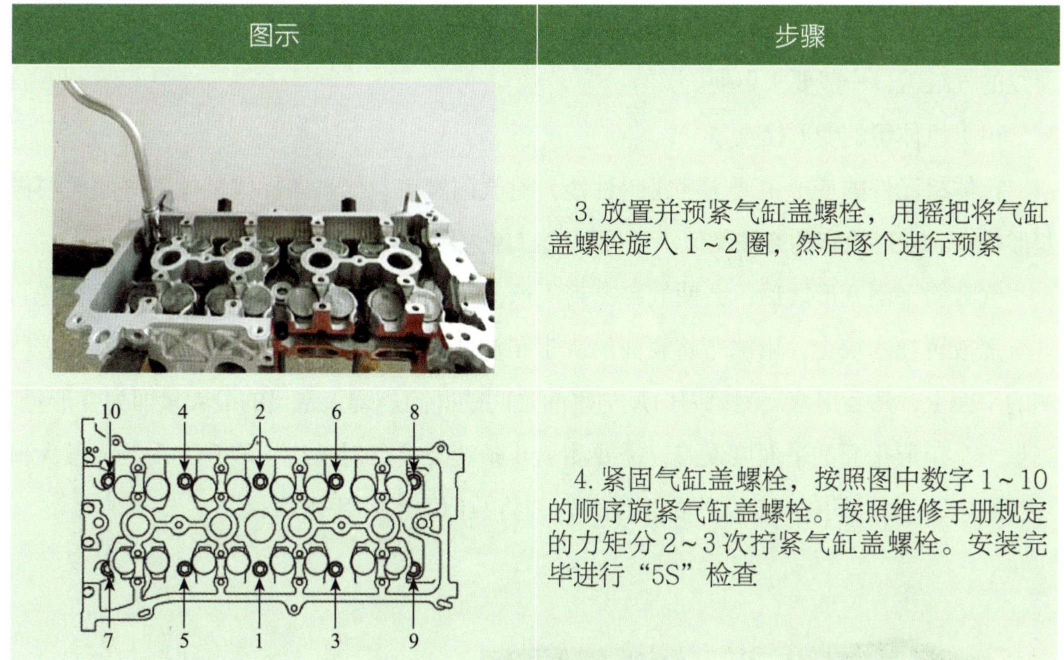

图示	步骤
	3. 放置并预紧气缸盖螺栓，用摇把将气缸盖螺栓旋入 1 ~ 2 圈，然后逐个进行预紧
	4. 紧固气缸盖螺栓，按照图中数字 1 ~ 10 的顺序旋紧气缸盖螺栓。按照维修手册规定的力矩分 2 ~ 3 次拧紧气缸盖螺栓。安装完毕进行“5S”检查

4. 机体组的检测

将机体组零件进行彻底的清洗，清洗完毕按顺序摆放。在清洗过程中，需要目视检查零部件有无明显裂纹、磨损、腐蚀等损伤，清除零部件表面的积炭，不要损伤零部件。机体组气缸体与气缸盖的主要损伤形式有裂纹、磨损和变形等。

（1）机体组的基础检查

检查气门导管孔、气门座圈是否松动，检查气缸盖各个接合面是否有腐蚀、裂纹、伤痕等其他形式的损坏。

（2）检查孔道是否堵塞

使用类似如图 2-1-10 所示的气动风枪检查孔道疏通情况，若发现有堵塞现象，必须清洗疏通。用压缩气体检查气缸盖和气缸体上的机油道、冷却液道、进气口、排气口是否堵塞，并检查以上位置有无腐蚀的小孔等。

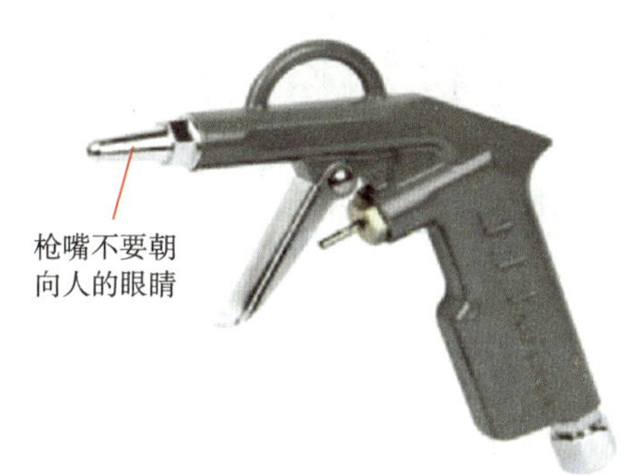

图 2-1-10　气动风枪

（3）机体组元件裂纹的检查

气缸体和气缸盖产生裂纹的部位通常发生在主轴承、气缸套承孔、气缸盖螺栓孔、火花塞承孔等处。清洗气缸体或气缸盖，并清理衬垫上的残留物。用渗透剂均匀喷涂在待检查位置，等待 5 ~ 15 min，使用清洗剂将喷涂部位清洗干净，用显像剂对燃烧室、火花塞螺纹口、排气口处保持 150 ~ 300 mm 距离均匀喷涂，等待几分钟即可显示缺陷。对于有裂纹的气缸盖，一般要求更换。

（4）机体组的变形检查

机体组元件的变形主要影响密封性能，对气门室盖、气缸盖、气缸体各平面需要做变形检查。变形检查的方法类似，下面以气缸盖为例介绍变形情况的检查。

气缸盖平面变形之后，会使气缸密封不严。测量气缸盖平面度误差的时候，首先将气缸盖放置在木块上，用抹布将表面的灰尘和油渍擦拭干净。再将刀口尺放在气缸盖待测的平面上，然后用塞尺测量刀口尺与平面之间的间隙。塞入塞尺的最大量即为变形量。测量一个矩形平面的平面度误差，需要测量 4 条边及 2 条对角线，取 6 次测量的最大值（见图 2-1-11）。测量气缸盖平面度误差，并将数值填入表 2-1-3。

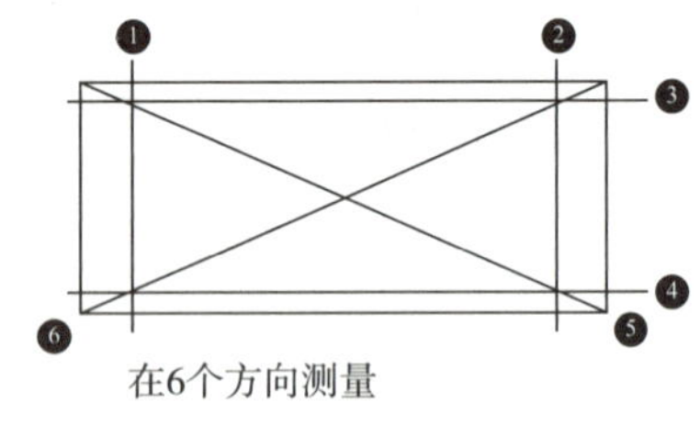

图 2-1-11　气缸盖平面度误差测量

表 2-1-3　　气缸盖平面度误差测量记录表

气缸盖平面度误差 /mm	第一测量位置	第二测量位置	第三测量位置	第四测量位置	第五测量位置	第六测量位置
气缸盖 50 mm × 50 mm 范围内的平面度误差						
气缸盖整个平面的平面度误差						
气缸盖最大平面度误差						

注：技术要求为整个平面的平面度误差≤0.10 mm。

（5）气缸磨损程度的检查

测量气缸磨损程度的目的是确定发动机是否需要大修，以及确定修理尺寸的级别。气缸的磨损程度是确定发动机是否需要大修的主要依据。

气缸的磨损程度主要用量缸表来测量。测量每个气缸轴向上、中、下三个断面的径向尺寸，通常只测量沿曲轴的纵横两个方向，即可得到气缸的最大磨损量以及圆度误差和圆柱度误差。气缸磨损的测量步骤见表 2-1-4，将测量到的数据填入表 2-1-5。

表 2-1-4　　气缸磨损的测量步骤

图示	步骤
	1. 清洁气缸
	2. 清洁游标卡尺并校零，用游标卡尺测量气缸的直径
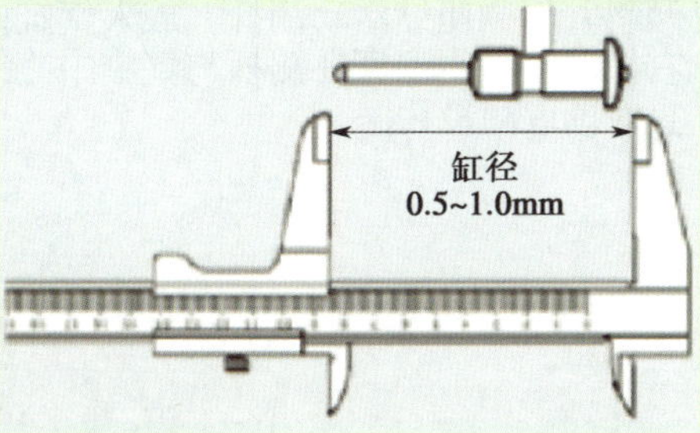	3. 安装量缸表，按照被测气缸的标准尺寸选择合适的接杆

续表

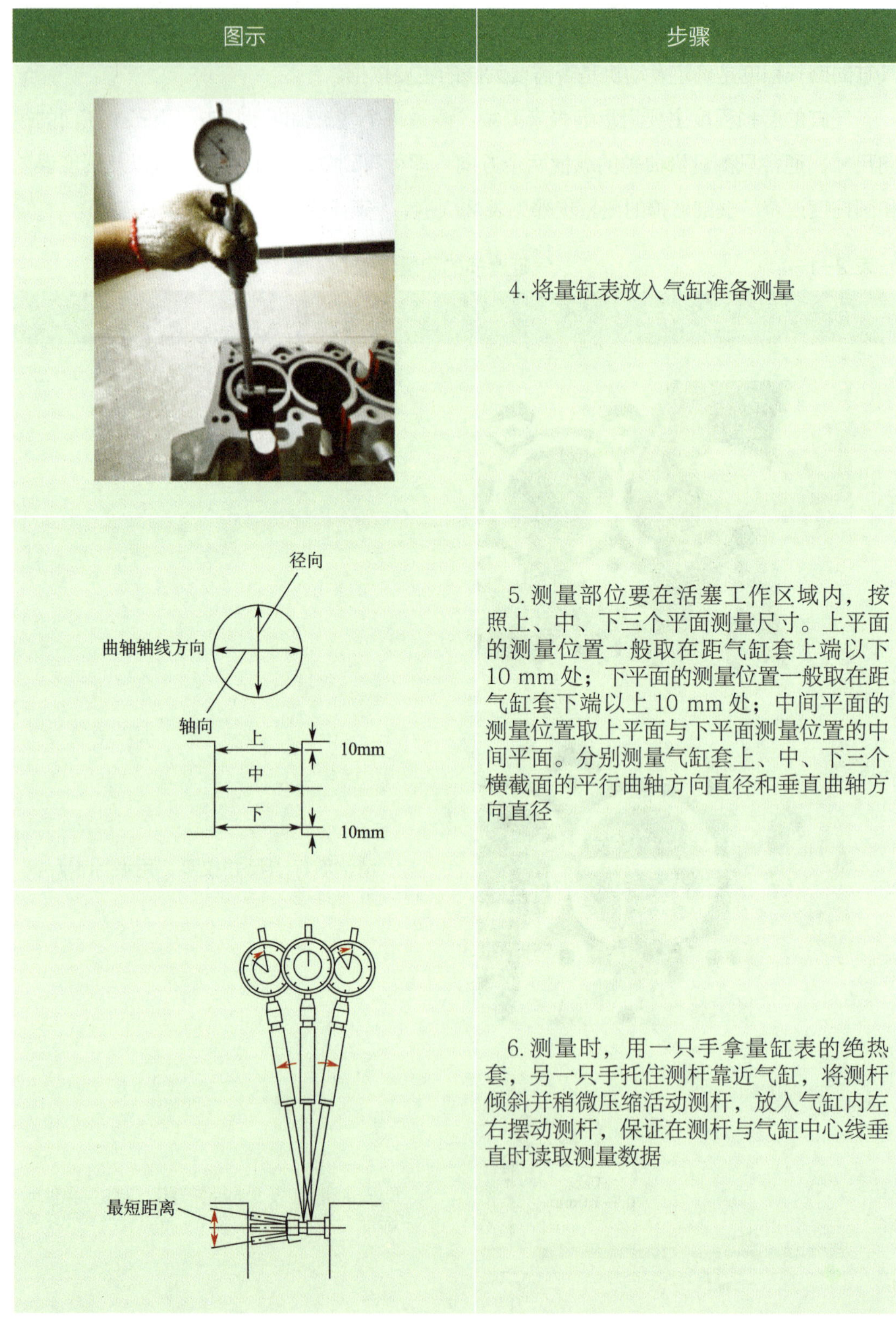

图示	步骤
	4. 将量缸表放入气缸准备测量
	5. 测量部位要在活塞工作区域内，按照上、中、下三个平面测量尺寸。上平面的测量位置一般取在距气缸套上端以下 10 mm 处；下平面的测量位置一般取在距气缸套下端以上 10 mm 处；中间平面的测量位置取上平面与下平面测量位置的中间平面。分别测量气缸套上、中、下三个横截面的平行曲轴方向直径和垂直曲轴方向直径
	6. 测量时，用一只手拿量缸表的绝热套，另一只手托住测杆靠近气缸，将测杆倾斜并稍微压缩活动测杆，放入气缸内左右摆动测杆，保证在测杆与气缸中心线垂直时读取测量数据

表 2-1-5　　气缸磨损测量记录表

发动机型号		修理尺寸	标准　　mm	第　缸
方向位置	平行曲轴方向	垂直曲轴方向	计算圆度及圆柱度	
上部	mm	mm	mm	
中部	mm	mm	mm	
下部	mm	mm	mm	
最大圆度误差		mm		
最大圆柱度误差		mm	是否超过使用极限	
最大磨损直径		mm	处理意见	

圆度误差、圆柱度误差的计算和修理尺寸的确定：

圆度误差为横截面最大半径与最小半径之差。气缸套横截面最大直径为垂直曲轴方向直径，最小直径为平行曲轴方向直径，圆度误差为这两个直径之差的一半。

圆柱度误差是指任一垂直截面最大半径与最小半径之差。气缸套圆柱度误差为所有测量尺寸中直径最大值与直径最小值之差的一半。

气缸需要修理的标志是当气缸磨损超过允许的限度（即圆度误差、圆柱度误差超过允许的极限）时，必须修理气缸或更换气缸套。修理气缸的方法是用镗缸机在气缸壁上切削掉一层金属，然后用研磨机把气缸磨削至规定尺寸，通过加大直径的方法，保证气缸的圆度、圆柱度等几何精度和表面粗糙度符合要求。再选配直径加大了的活塞和活塞环，达到标准的配合间隙，从而使气缸的密封性能达到或接近新发动机的水平。

二、活塞连杆组的结构与检修

1. 活塞连杆组的作用

活塞连杆组的作用是将燃烧过程中获得的动力传递给曲轴，其主要由活塞、活塞环（包括气环和油环）、活塞销、连杆、连杆轴瓦等组成，如图 2-1-12 所示。

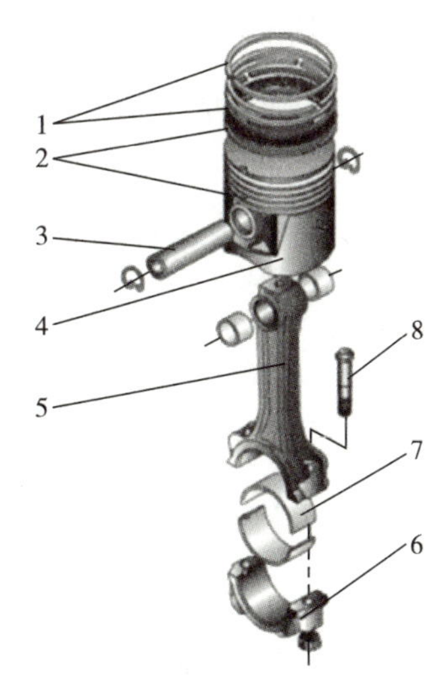

图 2-1-12　活塞连杆组的组成

1—气环　2—油环　3—活塞销　4—活塞　5—连杆　6—连杆盖　7—连杆轴瓦　8—连杆螺栓

2. 活塞连杆组的结构

（1）活塞

活塞的主要作用是承受燃烧气体压力，并将此压力通过活塞销传给连杆，以推动曲轴旋转。此外，活塞顶部与气缸盖、气缸壁组成燃烧室。

活塞是发动机中工作条件最严酷的零件。作用在活塞上的有气体力和往复惯性力。活塞顶与高温燃烧气体直接接触，使活塞顶的温度很高。活塞在侧压力的作用下沿气缸壁面高速滑动，由于润滑条件差，因此，摩擦损失大，磨损严重。

很多发动机通过改变活塞顶部凹坑的尺寸来调节发动机的压缩比，在活塞的顶部设置了各种形状不规则的浅碗形凹坑，与气缸盖上的凹坑组成结构紧凑的多球形燃烧室。如图 2-1-13 所示，活塞可视为由顶部、头部和裙部三部分构成。

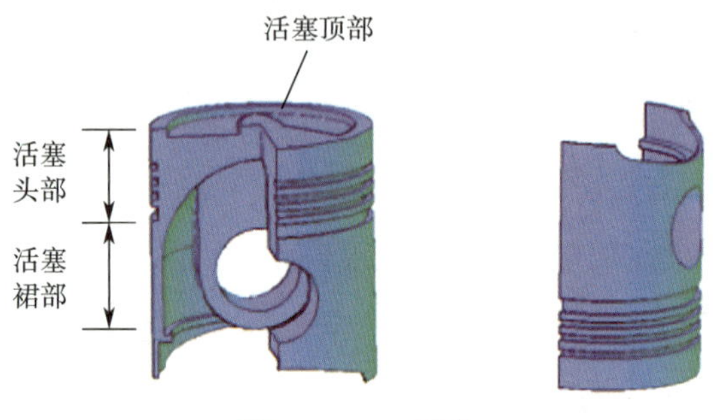

图 2-1-13　活塞

1）活塞顶部。活塞顶部是燃烧室的组成部分，其形状与选用的燃烧室形式有关。汽油发动机活塞顶部形状如图 2-1-14 所示。为防止活塞在上止点附近与气门发生碰撞干涉，有些活塞顶部与气门对应的位置上设有凹坑。活塞顶部标有一定的记号，如箭头、三角、缺口等，装配时记号应朝向发动机前方。

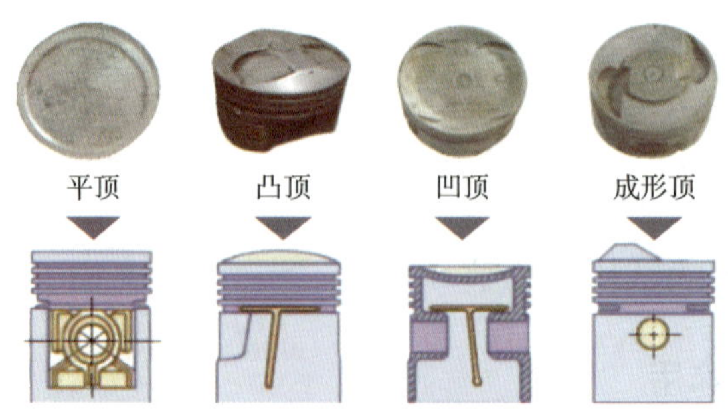

图 2-1-14　汽油发动机活塞顶部形状

2）活塞头部。活塞头部是指活塞下环槽以上的部分。其主要作用如下：

①承受气体压力，并传给连杆。

②与活塞环一起实现气缸的密封。

③将活塞顶部所吸收的热量通过活塞环传导到气缸壁上。

活塞头部切有若干道用以安装活塞环的环槽。汽油发动机活塞上一般有 2～3 道环槽，上面两道用于安装气环，下面一道用于安装油环。在油环槽底面钻有许多径向小孔，被油环从气缸壁上刮下来的多余机油可以经过这些油孔流回油底壳。

3）活塞裙部。活塞裙部是指自油环槽下端面起至活塞最下端的部分，它包括装活塞销的销座孔，对活塞在气缸内的往复运动起导向作用，并承受侧压力。

（2）活塞销

活塞销的作用是连接活塞与连杆小头，将活塞承受的气体作用力传给连杆。

（3）活塞环

活塞环按其作用可分为气环和油环两大类，如图 2-1-15 所示。

气环的作用是保证活塞与气缸壁之间的密封，防止气缸中的高温、高压燃烧气体大量漏入曲轴箱，同时还将活塞顶部的热量传导到气缸壁，再由冷却液带走。一般发动机上每个活塞装有 1～2 道气环。

油环用来刮除气缸壁上多余的机油，并在气缸壁上布上一层均匀的油膜，这样既可防止机油蹿入气缸燃烧，又可减小活塞、活塞环与气缸的磨损和摩擦阻力。活塞环是发动机中使用寿命最短的零件之一。当活塞环损坏或失效时，将出现发动机启动困难、功率不足、曲轴箱压力升高、机油消耗增大、排气冒蓝烟等不良状况。

图 2-1-15　活塞环的类型

（4）连杆

连杆的作用是连接活塞与曲轴，连杆小头通过活塞销与活塞相连，连杆大头与曲轴的连杆轴颈相连。连杆将活塞承受的力传给曲轴，推动曲轴转动，从而将活塞的往复运动变为曲轴的旋转运动。

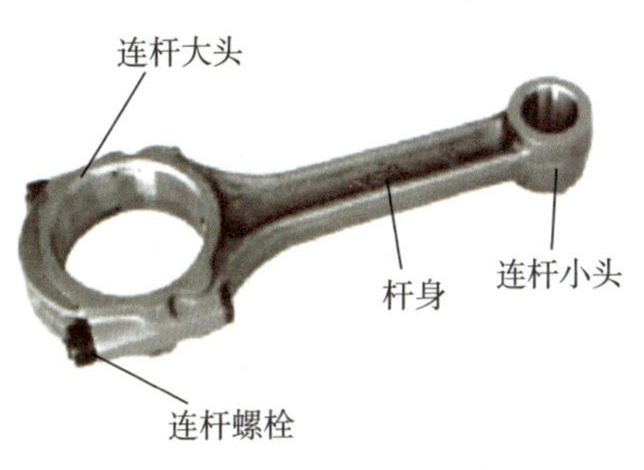

图 2-1-16　连杆的结构

连杆的结构如图 2-1-16 所示，连杆由连杆小头、杆身和连杆大头（包括连杆盖、连杆轴瓦和连杆螺栓）三部分组成。

连杆小头用来安装活塞销，以连接活塞。活塞销为全浮式的，连杆小头孔内一般压放减摩的青铜衬套或铁基粉末冶金衬套，工作时，活塞销和衬套之间有相对转动。

连杆杆身断面为工字形，其刚度大、质量小，适于模锻。有的在杆身内加工有油道，用来润滑小头衬套或冷却活塞。

连杆大头除了应具有足够的刚度外，还应外形尺寸小、质量小，拆卸发动机时能从气缸上端取出。连杆大头是剖开的，连杆盖用螺栓或螺柱紧固。

连杆轴承也称连杆轴瓦（俗称小瓦），它装在连杆大头内，作用是保护连杆轴颈及连杆大头孔。现代发动机所用的连杆轴承是由钢背和减摩层组成的分开式薄壁轴瓦，如图 2-1-17 所示。

图 2-1-17　连杆轴承

为了防止连杆轴承在工作中发生转动或轴向移动，在连杆轴承的剖分面上分别冲压出高于钢背面的两个定位凸键。装配时，这两个凸键分别嵌入在连杆大头和连杆盖上的相应凹槽中。在连杆轴承内表面上还加工有油槽，用于储油，以保证可靠润滑。

3. 活塞连杆组的拆卸和安装

（1）所需器材和用具

丰田凯美瑞混合动力汽车发动机若干台，机油少许；活塞连杆组总成若干套；常用工具若干套；丰田凯美瑞混合动力汽车维修专用工具若干套；丰田凯美瑞混合动力汽车维修手册。

（2）注意事项

1）拆卸、安装活塞时一定要注意检查上面的记号，若无记号，拆卸前必须做标记。

2）安装活塞销时，要使用专用工具并将活塞销加热到 60 ℃进行。

3）拆下的零件要按顺序放好，并注意不要损坏零件。

（3）操作步骤

活塞连杆组的拆卸步骤见表 2-1-6，活塞连杆组的安装步骤见表 2-1-7。

表 2-1-6　　活塞连杆组的拆卸步骤

图示	步骤
	1. 旋转发动机，使发动机横置
	2. 调整活塞连杆组的位置，让一缸活塞处于压缩上止点位置
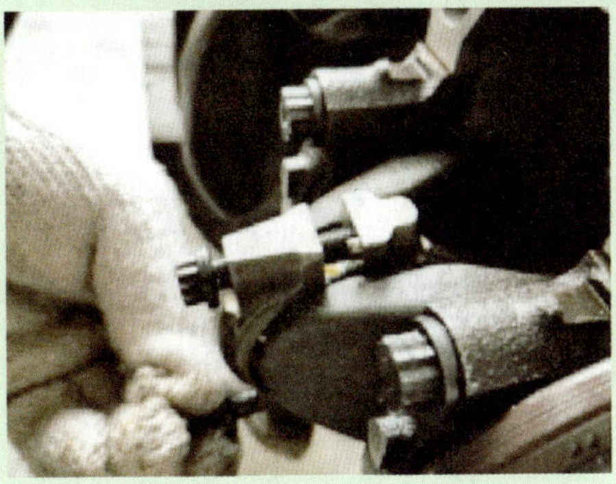	3. 观察活塞连杆组安装标记，在拆卸前应找到安装标记，在连杆盖和连杆大头上面有装配标记
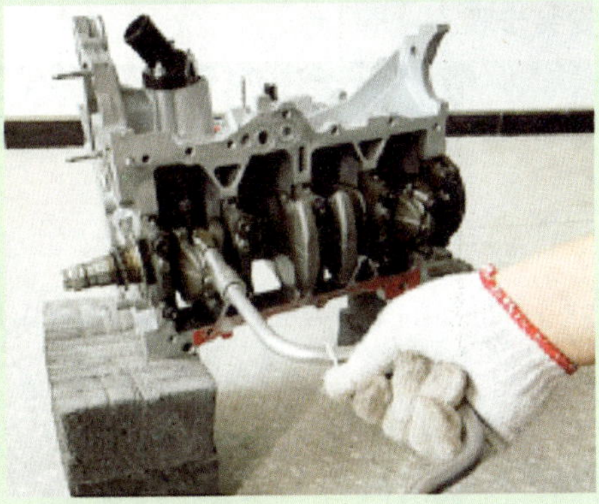	4. 拆卸连杆螺栓，使用摇把配合专用套筒快速拆卸连杆螺栓，注意不要使连杆螺栓掉落

续表

图示	步骤
	5. 取下连杆盖及轴瓦，并按顺序摆放好
	6. 取出活塞和连杆。用木棍将活塞和连杆一起推出气缸，并取下轴瓦。注意活塞不能落地，活塞头部冒出气缸时应用左手及时接住，当心不要使轴瓦脱落
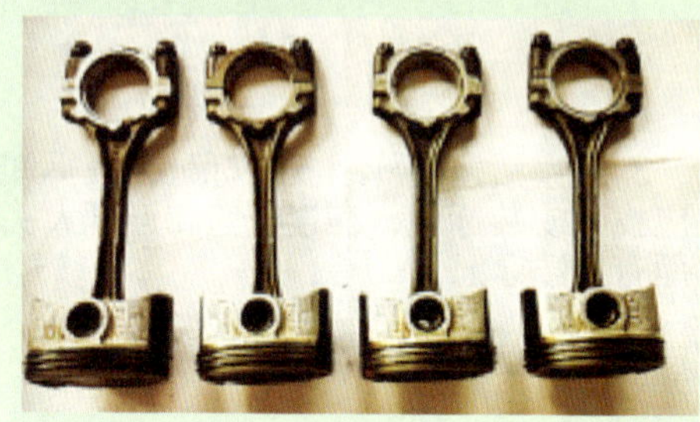	7. 拆卸其余活塞连杆组。用相同的方法拆卸其余的活塞连杆组，先拆卸 1、4 缸活塞连杆组，旋转曲轴 180°；再拆卸 2、3 缸活塞连杆组，将拆下的活塞连杆组配对，按顺序摆放整齐

表 2-1-7　　活塞连杆组的安装步骤

图示	步骤
	1. 彻底清洁活塞连杆组零件，并用压缩空气吹干净

续表

图示	步骤
	2. 清洁并润滑各气缸壁。旋转发动机，使缸体保持竖直状态，并在气缸壁上涂抹机油进行润滑
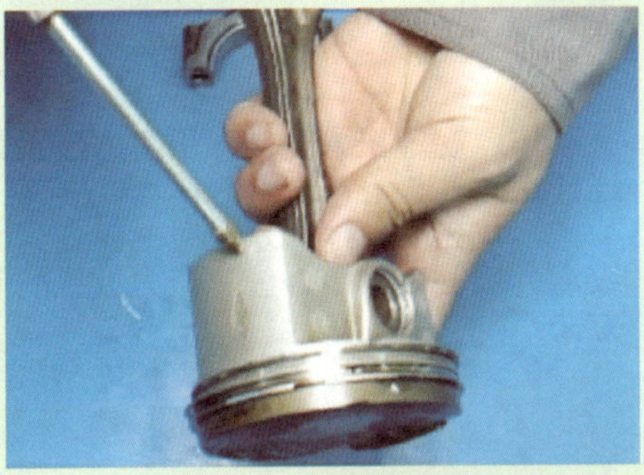	3. 清洁并润滑活塞连杆组，润滑活塞裙部、活塞环及连杆轴承的内表面
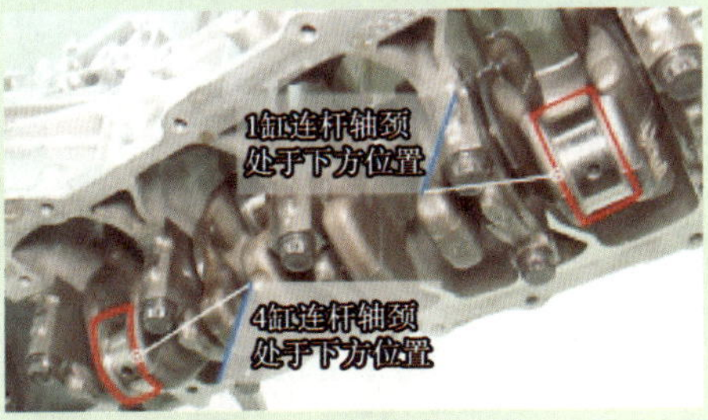	4. 转动曲轴使 1、4 缸连杆轴颈处于下方位置
	5. 放入 1 缸活塞，使 1 缸活塞标记朝前
	6. 用活塞箍包住活塞环并夹紧抱箍，使活塞环压缩到足够小，将连杆与活塞一起先放入相应气缸约 1/3，再用木棍将活塞推入气缸。依次安装各缸活塞

续表

图示	步骤
	7. 安装连杆盖及连杆螺栓。连杆盖必须与连杆对应，且连杆盖的标记必须指向发动机前方
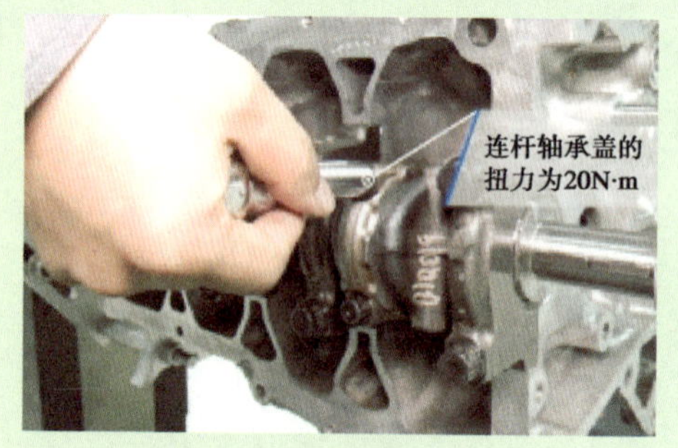	8. 按照规定扭力要求，用扭力扳手紧固连杆螺栓 提示：在安装连杆螺栓时，应先润滑螺纹混合接触表面，并注意扭力扳手的使用方法
	9. 转动曲轴两周，检查并确认曲轴转动顺畅

4. 活塞连杆组的检测

（1）活塞环的拆装

1）拆卸活塞环。用活塞环装卸钳拆下活塞环，用汽油清洗活塞连杆组各零件，用钢丝疏通各油孔油道，清除污垢，然后用高压气体吹干。

2）安装活塞环。如图 2-1-18 所示，要用活塞环装卸钳依次装好第一道气环、第二道气环和第三道油环（组合环）。注意使各环开口相互错开，如有三道活塞环，各环开口应沿圆周成 120° 夹角互相错开；如有四道活塞环，第一、二道互错

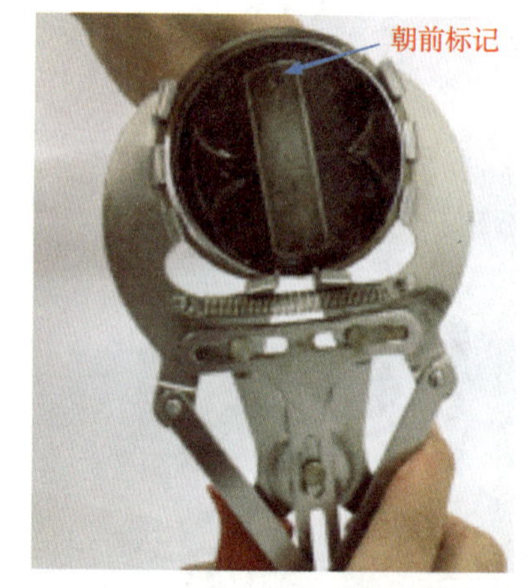

图 2-1-18　用活塞环装卸钳拆装活塞环

180° 角，第二、三道互错 90° 角，第三、四道互错 180° 角，各环开口不要朝着活塞受侧压的方向，以避免可燃混合气从活塞环的开口间隙中漏出。

（2）活塞的损伤形式

活塞的损伤形式主要是磨损，包括活塞环槽的磨损、活塞裙部的磨损以及活塞销座孔的磨损。活塞刮伤、顶部烧蚀和脱顶等属于非正常的损伤形式。

1）活塞环槽的磨损。活塞环槽是活塞的最大磨损部位，其中第一道环槽磨损最为严重。

2）活塞裙部的磨损。活塞裙部的磨损普遍较小，当活塞裙部与缸壁间隙过大时，发动机易出现敲缸故障，并伴有严重的蹿油现象。

3）活塞销座孔的磨损。活塞在工作时，由于气体压力和交变惯性力的作用，使活塞销与座孔之间产生磨损。其最大磨损发生在座孔的上下方向，即垂直于活塞销座孔与活塞轴线平行的方向，导致活塞销与座孔配合松旷，出现活塞销异响故障。

（3）活塞环的检测

发动机工作时，活塞、活塞环等都会产生热膨胀。因此，活塞环在安装时应留有端隙、侧隙、背隙三处间隙，以防止活塞环卡死在环槽和气缸中，确保其密封性能。端隙又称开口间隙，一般为 0.25～0.50 mm；第一道环因工作温度高，故其端隙比其余几道环大。侧隙又称边隙，第一道环因工作温度高，取值为 0.04～0.10 mm；其他气环一般为 0.03～0.07 mm；普通油环的侧隙较小，一般为 0.025～0.07 mm；组合式油环没有侧隙。背隙一般为 0.30～0.40 mm，普通油环的背隙比较大。为了便于测量，维修中以环的厚度与环槽的深度差来表示背隙，此值比理论值小。

1）活塞环漏光度的检测

①将活塞环平放在已修好的气缸内，用活塞顶部推平活塞环。

②在活塞环上盖一个比气缸直径略小的硬纸板做成的遮光板，在气缸下部放置灯光照明。

③观察活塞环外圆与气缸壁之间是否漏光。

④用塞尺和量角器测量其漏光度，应符合技术要求。

活塞环开口处左右对应圆心角 30° 范围内不允许漏光，同一活塞环上漏光不应多于两处，每处漏光弧长所对应的圆心角不得超过 25°；同一活塞环上漏光弧长所对应的圆心角总和不得超过 45°；漏光缝隙不得大于 0.03 mm。

2）活塞环“三隙”的检测

①活塞环端隙检测。如图 2-1-19 所示，端隙是活塞环置于气缸内，在环的开口处

呈现的间隙（也叫“开口间隙”）。端隙能防止活塞环受热膨胀而卡死在气缸内。一般每100 mm缸径，温度最高的第一环的端隙为0.25～0.50 mm；其余各道环温度较低，端隙为0.20～0.40 mm。检测活塞环端隙的方法是：先将活塞环平整地放在待装配的气缸内，用活塞头部将活塞环推平（对未加工的气缸应推到磨损最小处），然后用塞尺插入活塞环开口处进行测量。

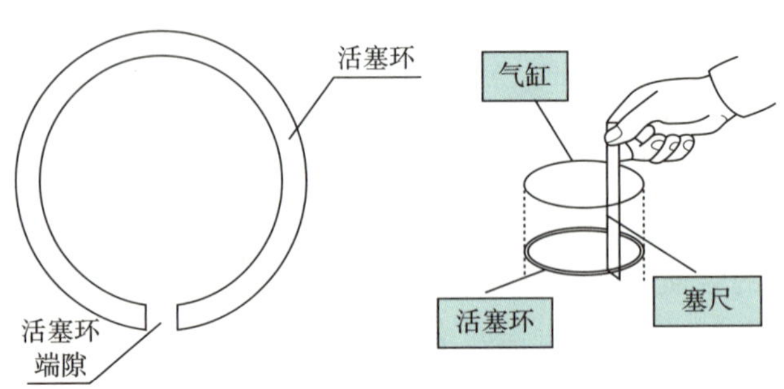

图2-1-19　测量活塞环的端隙

②活塞环侧隙检测。侧隙是指装入活塞后，活塞环端面与活塞环槽之间的间隙（见图2-1-20）。侧隙过大，将使活塞环的泵油作用加剧，活塞环易疲劳破碎，加速活塞环的断裂，增加机油消耗；侧隙过小，会使活塞环卡死在活塞环槽内，活塞环的弹力极度减弱，冲击应力加剧，不但使气缸密封性能降低，也容易使活塞环断裂。检测侧隙的方法是，将活塞环放在活塞环槽内，使活塞环围绕槽滚动一周，活塞环应能自由滚动，既不能松动，又不能有阻滞现象。

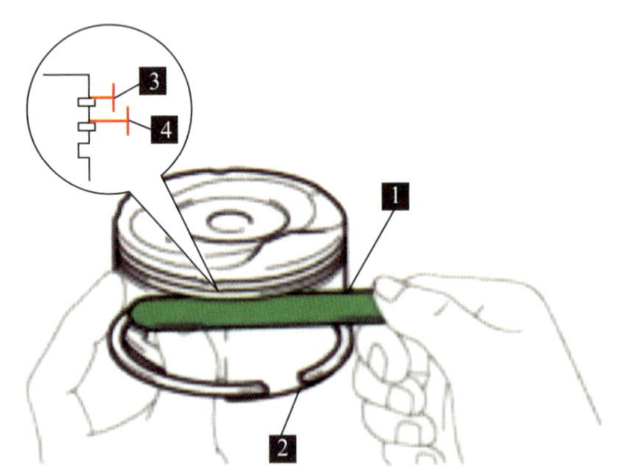

图2-1-20　测量活塞环的侧隙

1—塞尺　2—活塞环　3—第一道气环侧隙　4—第二道气环侧隙

③活塞环背隙检测。背隙是指活塞与活塞环装入气缸后，活塞环背部与活塞环槽底之间的间隙，一般为0.5～1 mm。为了测量方便，通常以槽深和环宽之差来表示。

三、曲轴飞轮组的结构与检修

1. 曲轴飞轮组的结构

如图 2-1-21 所示，曲轴飞轮组主要由曲轴、飞轮以及其他零件（曲轴正时齿轮、轴瓦、止推片、V 形传动带轮）和附件组成。发动机结构和性能要求不同，其零件和附件的种类及数量也有所不同。

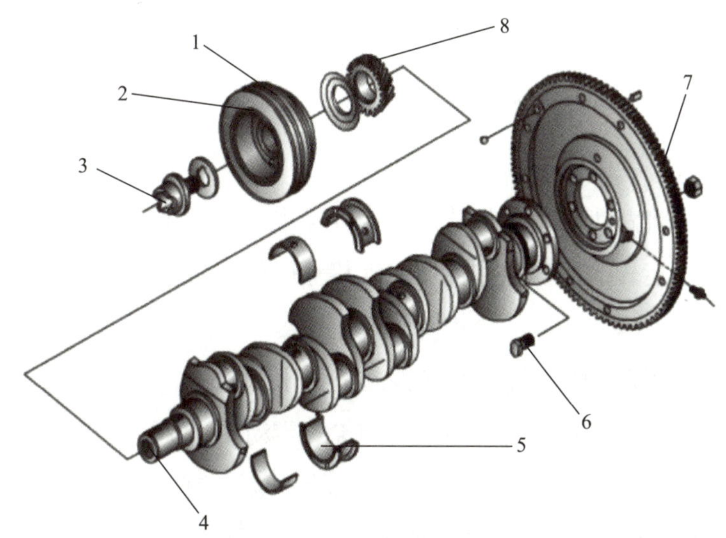

图 2-1-21 曲轴飞轮组组成示意图

1—传动带轮 2—扭转减振器 3—启动爪 4—曲轴 5—主轴瓦
6—飞轮螺栓 7—飞轮 8—正时齿轮

在发动机工作时，气缸内最高温度在 2 226 ℃以上，最高压力为 5～9 MPa，现代汽车发动机最高转速为 4 000～6 000 r/min，其线速度很高。此外，与可燃混合气和燃烧废气接触的机件（如气缸、气缸盖、活塞等）还将受到化学腐蚀作用。因此，曲柄连杆机构是在高温、高压、高速以及有化学腐蚀的条件下工作的。

（1）曲轴

曲轴的基本结构包括前端轴、主轴颈、连杆轴颈、曲柄、平衡重及后端凸缘等。一个连杆轴颈和它两端的曲柄及主轴颈构成一个曲拐，如图 2-1-22 所示。曲轴的曲拐数取决于气缸的数目和排列方式。直列发动机曲轴的曲拐数等于气缸数；V 形发动机曲轴的曲拐数等于气缸数的一半。

在每个连杆轴颈两边都有一个主轴颈的，称为全支撑曲轴，显然全支撑曲轴的主轴颈数比连杆轴颈数多一个；主轴颈数少于连杆轴颈的，称为非全支撑曲轴。全支撑曲轴的优点是可以提高曲轴的刚度，且主轴承的负荷较小，多用于柴油发动机和负荷较大的汽油发动机；非全支撑曲轴结构简单且长度较短，多用于中、小负荷汽油发动机。

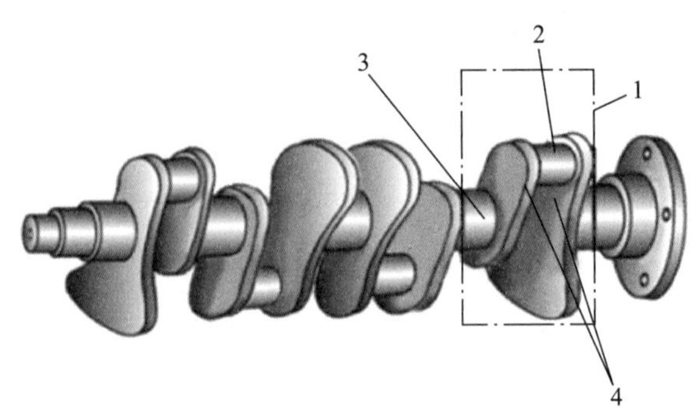

图 2-1-22　曲轴的结构

1—一个曲拐　2—连杆轴颈　3—主轴颈　4—曲柄

（2）飞轮

飞轮的作用是将做功行程的部分能量储存起来，以便在其他行程带动曲柄连杆机构工作；提高曲轴运转的均匀性和克服发动机短时的超负荷；将发动机的动力传给离合器。

飞轮是一个转动惯量很大的圆盘，在它的外缘上压有一个启动用的齿圈，在发动机启动时飞轮与启动机齿轮啮合，带动曲轴旋转。为保证在有足够转动惯量的前提下尽可能减小飞轮质量，应使飞轮的大部分质量集中在轮缘上，因而轮缘通常做得宽而厚，如图 2-1-23 所示。

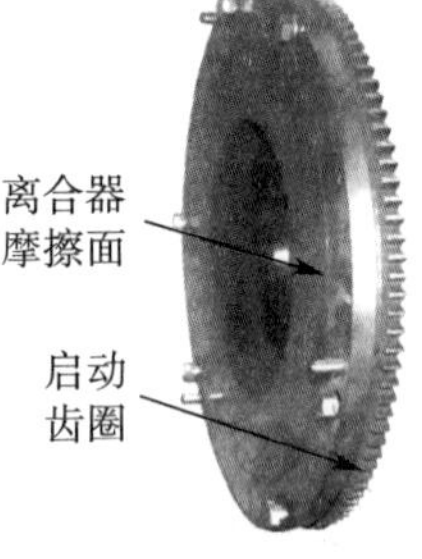

图 2-1-23　飞轮

飞轮上一般有一缸点火正时标记，以便校准点火正时。各类型发动机的正时标记有不同的形式。

飞轮与曲轴装配后应进行动平衡，否则在旋转时因质量不平衡而产生的离心力将引起发动机的振动并加速主轴颈的磨损。为避免装歪，使平衡受到破坏，飞轮与曲轴之间应有严格的相对位置，用定位销和不对称的螺栓予以保证。

2. 曲轴飞轮组的拆卸及安装

（1）所需器材和用具

混合动力汽车发动机台架若干，机油少许；常用工具、量具若干套；丰田轿车专用工具若干套；相关挂图或图册若干。

（2）注意事项

1）正确使用工具、量具，严格遵守操作规程，并注意操作安全。

2）转动曲轴时，防止将手伸入曲轴箱内，也不要将物品放在里面。

3）拆卸曲轴主轴承盖时，注意拆卸前检查标记，拆下的轴承盖（盖与瓦不要分离）

按顺序放好。

4）注意曲轴与飞轮的相对安装位置。

（3）操作步骤

曲轴飞轮组的拆卸步骤见表 2-1-8，曲轴飞轮组的安装步骤见表 2-1-9。

表 2-1-8 曲轴飞轮组的拆卸步骤

图示	步骤
	1. 拆下曲轴主轴承盖紧固螺栓。将气缸体倒置在工作台上，用扭力扳手旋松主轴承盖螺栓，按“从两端到中间”的顺序拆下曲轴主轴承盖紧固螺栓
	2. 取下主轴承盖。利用两个螺栓前后摇晃轴承盖，然后取下主轴承盖
	3. 取下曲轴。平行地抬起曲轴，不要磕碰，并将曲轴放置在 V 形架上

续表

图示	步骤
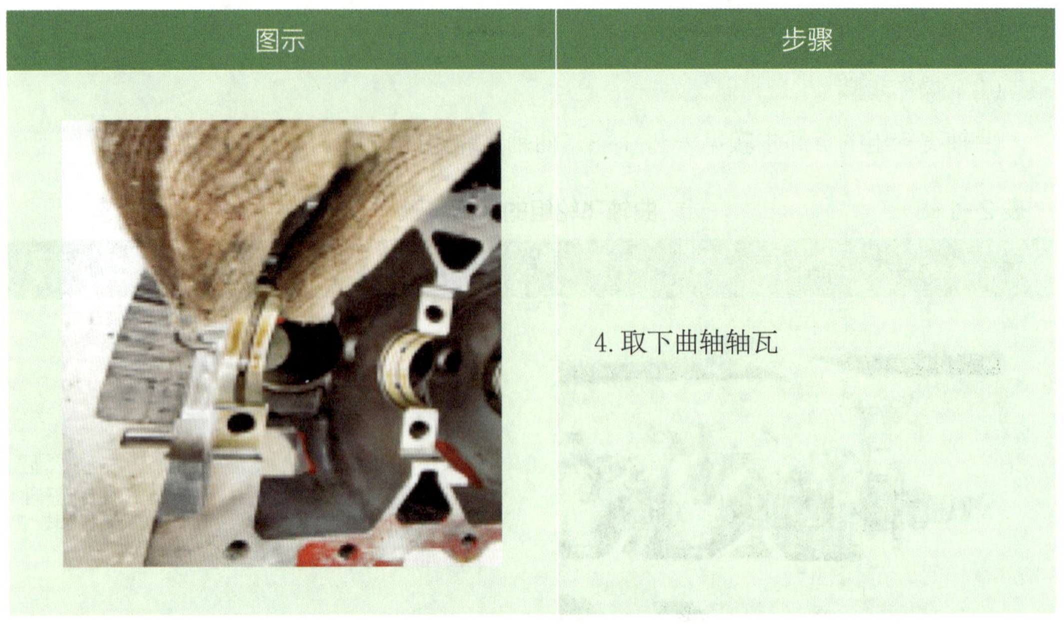	4. 取下曲轴轴瓦

表 2-1-9 曲轴飞轮组的安装步骤

图示	步骤
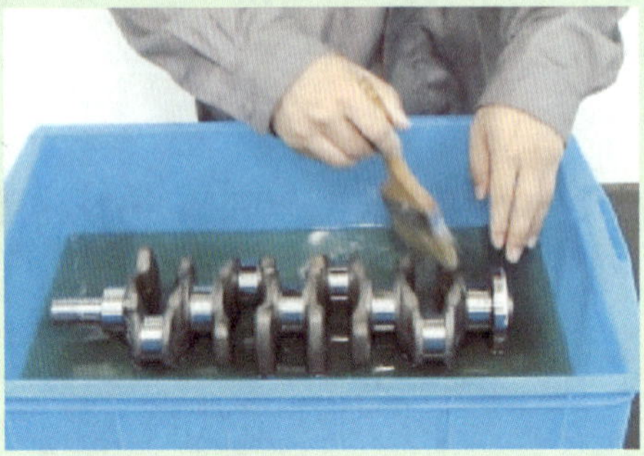	1. 用煤油将气缸体、曲轴、轴承座及轴瓦等零部件清洗干净，并用风枪将其吹干
	2. 按照拆卸时的位置标记安装各轴承的上轴瓦

续表

图示	步骤
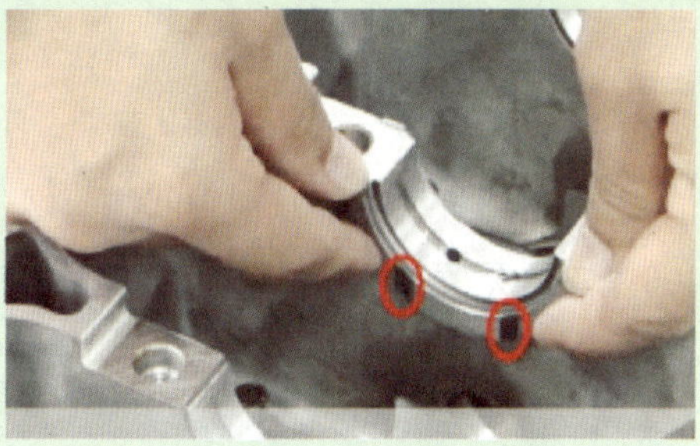	3. 安装第三道主轴承的止推片
	4. 用机油将主轴颈表面和连杆轴颈清理干净，并在曲轴各道主轴颈上涂抹机油
	5. 安装曲轴时，将曲轴平行放入气缸体内，不可磕碰，并注意曲轴前后端方向
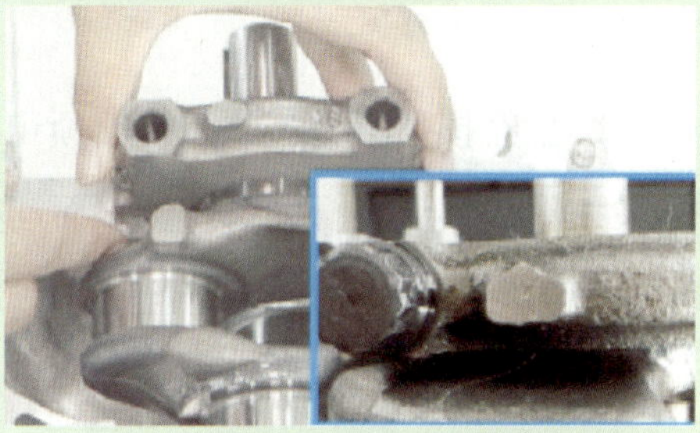	6. 清洁主轴承盖，并在轴承盖上轴瓦内表面涂抹机油 注意：主轴承盖按顺序及方向放入对应的轴承座上
	7. 预紧轴承盖螺栓时，先用手把每一个螺栓旋入 1~2 圈，再用橡胶锤将轴承盖敲到底，然后用摇把按照标记的数字以 10~1 的顺序成对预紧轴承盖螺栓

续表

图示	步骤
	8. 用扭力扳手按照从“中间往两端”的顺序成对紧固轴承盖螺栓，再根据维修手册的要求分次紧固
	9. 转动曲轴，检查安装情况

3. 曲轴的损伤与检测

（1）曲轴的损伤

曲轴的损伤形式主要包括各轴颈磨损、曲轴弯曲和扭曲、轴颈表面产生裂纹或曲轴断裂、曲轴齿轮键槽及带轮键槽磨损。

损伤主要发生在曲轴主轴颈和连杆轴颈的部位，且磨损是不均匀的。主轴颈和连杆轴颈径向最大磨损部位相互对应，即各主轴颈的最大磨损靠近连杆轴颈一侧，而连杆轴颈的最大磨损部位在主轴颈一侧。另外，曲轴轴颈沿轴向还有锥形损，与连杆轴颈油道的油流相悖的一侧磨损严重。各轴颈不同方向的磨损导致主轴颈同轴度破坏，容易造成曲轴断裂。

（2）曲轴磨损的检测

一般根据圆柱度误差确定轴颈是否需要修磨，同时也可确定修理尺寸。

测量通常按磨损规律进行，先在轴颈磨损最大的部位测量，找出最小直径；然后在轴颈磨损最小的部位测量，找到最大直径。主轴颈和连杆轴颈磨损后，其圆度、圆柱度误差超出标准要求时，应进行曲轴的光磨修理。

1）弯曲变形检测。检测弯曲变形应以两端主轴颈的公共轴线为基准，检查中间主轴颈的径向圆跳动误差，检测时将曲轴两端主轴颈分别放置在检验平板 V 形架上，将百分

表触头垂直抵在中间主轴颈上，慢慢转动一圈，百分表指针所指示的最大读数与最小读数之差即为主轴颈的径向圆跳动误差。

2）扭曲变形检测。曲轴扭曲变形的检测是将连杆轴颈转到水平位置上，用百分表分别测定同一方向上两个轴颈的高度差，这个高度差即为扭曲变形量（见图 2-1-24）。

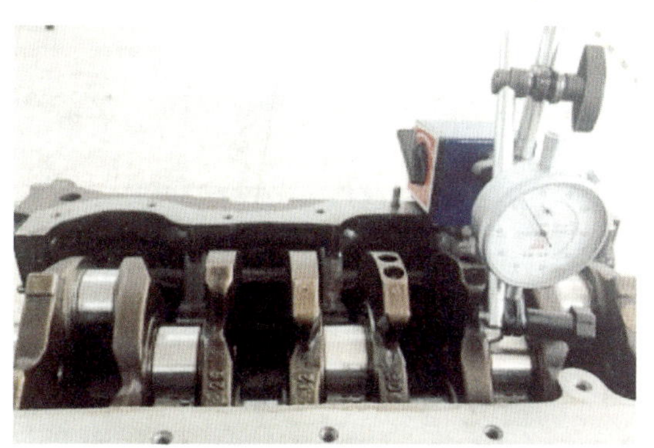

图 2-1-24 曲轴扭曲变形的检测

（3）曲轴轴向间隙和顶隙的检测

1）轴向间隙的检测。曲轴轴向间隙的检测可采用百分表或塞尺进行。将百分表触头顶在曲轴平衡重上，用撬棍前后撬动曲轴，观察表针摆动数值，该数值即为曲轴轴向间隙。或用塞尺将曲轴撬向一端，再用塞尺检查推力轴承和曲轴止推片之间的间隙，即为曲轴轴向间隙。

2）顶隙的检测。首先清洁曲轴主轴颈、连杆轴颈、轴瓦和轴承盖，将塑料条（或软金属丝）放置在曲轴轴颈上（不要将油孔盖住），盖上轴承盖并按规定扭力拧紧螺栓。注意不要转动曲轴。然后取下轴承盖和塑料条，用被压扁的塑料条和样条宽度相对照，查得与塑料条宽度（或测量软金属丝厚度）对应的间隙值，该数值即为曲轴的顶隙。如果顶隙不符合规定，应重新选配轴承。

思考与练习

1. 简述曲柄连杆机构的作用。
2. 发动机在工作过程中对活塞的要求有哪些？

课题二 | 配气机构的检修

学习目标

1. 掌握发动机配气机构的工作原理。
2. 熟练识别并叙述发动机配气机构的构成元件位置及功能。
3. 能完成配气机构的检修。

相关理论

混合动力汽车发动机配气机构与传统汽车发动机配气机构并无差别。

一、配气机构的功能和分类

1. 配气机构的功能

目前，四行程汽车发动机都采用气门式配气机构。其作用是按照发动机各缸的工作顺序和工作循环的要求，定时开启和关闭各缸的进、排气门，使新气（汽油与空气的混合气）进入气缸，废气从气缸排出。

进入气缸内的新鲜可燃混合气（也称进气量）对发动机性能的影响很大。进气量越多，发动机的有效功率和转矩越大。因此，配气机构首先要保证进气充分，进气量尽可能多。同时，废气要排除干净，因为气缸内残留的废气越多，进气量将会越少。

配气机构主要由气门组和气门传动组两部分组成。如图 2-2-1 所示为配气机构的组成。

2. 配气机构的分类

（1）按气门组布置位置分类

按气门组的布置位置不同，配气机构可分为顶置式和侧置式两种（见图 2-2-2），目前广泛采用的是顶置式结构，即进、排气门置于气缸盖内，倒挂在气缸顶上。

（2）按凸轮轴位置分类

按凸轮轴的位置不同，配气机构分为凸轮轴下置式、凸轮轴中置式和凸轮轴上置式，

如图 2-2-3 所示。

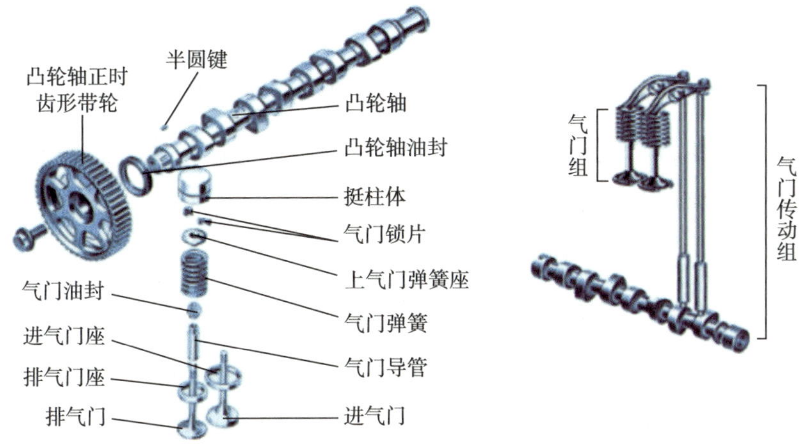

图 2-2-1 配气机构的组成

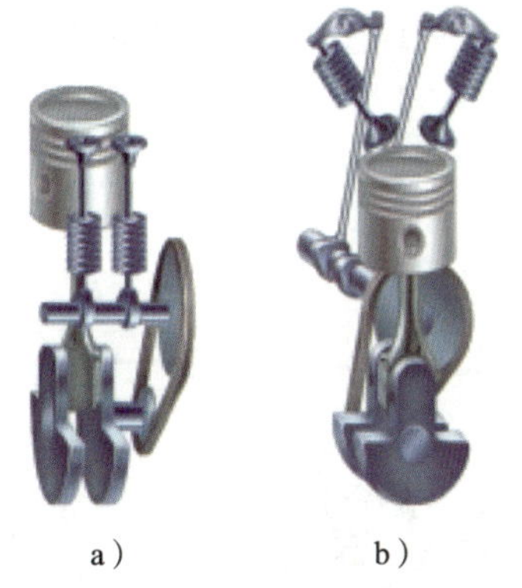

图 2-2-2 气门组的布置方式

a）气门组侧置 b）气门组顶置

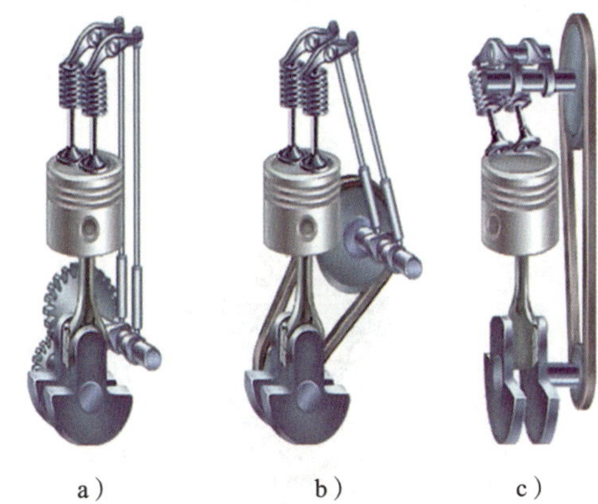

图 2-2-3 凸轮轴的布置形式

a）凸轮轴下置式 b）凸轮轴中置式 c）凸轮轴上置式

1）凸轮轴下置式。如图 2-2-3a 所示，凸轮轴下置式配气机构的凸轮轴置于曲轴箱内，平行布置在曲轴的一侧。由于曲轴和凸轮轴位置靠近，只用一对正时齿轮传动，传动机构比较简单。凸轮轴下置式配气机构多用于转速较低的发动机。

2）凸轮轴中置式。为减小气门传动组零件往复运动的惯性力，一些速度较高的发动机将下置式凸轮轴的位置抬高到气缸体的中上部，如图 2-2-3b 所示，这样缩短了传动零件的长度，称为凸轮轴中置式配气机构。

有些凸轮轴中置式配气机构的组成与凸轮轴下置式配气机构没有什么区别，只是推杆较短而已，如 YC6105Q、6110A，依维柯 8210.22S 等发动机都采用这种结构。

3）凸轮轴上置式。如图 2-2-3c 所示，凸轮轴上置式配气机构的凸轮轴直接布置在气缸盖上。凸轮轴直接通过摇臂来驱动气门，省去了推杆、挺柱，使往复运动质量大大减小，因此，这种配气机构适用于高速发动机。由于这种配气机构的凸轮轴离曲轴中心较远，因而采用链条传动或同步齿形带传动，使得正时传动机构较为复杂，而且拆装气缸盖也比较困难。

目前，在乘用车领域，上置式凸轮轴可分为以下两种形式。

①单顶置凸轮轴。单顶置凸轮轴（见图 2-2-4）在气缸盖内只设置一条凸轮轴。采用这一设计的直列式气缸发动机只需一条安放在气缸盖上方的凸轮轴，而 V 形气缸发动机则需要两条凸轮轴，分别安放在一侧气缸组之上。

单顶置凸轮轴能提高发动机转速，从而在输出扭矩相同的情况下提高发动机的输出功率。不过单顶置凸轮轴也有其缺点。由于进气门和排气门在进气道中位置不同，气门开闭时间的精确性会受到一定影响。

②双顶置凸轮轴。双顶置凸轮轴（见图 2-2-5）是一种在气缸盖内配备两条凸轮轴的气门排列形式。两条凸轮轴分别控制进气门和排气门。根据汽车发动机的构造不同（主要是气缸排列形式的不同），一台双顶置凸轮轴汽车发动机可最多拥有 2～4 条不等的凸轮轴。

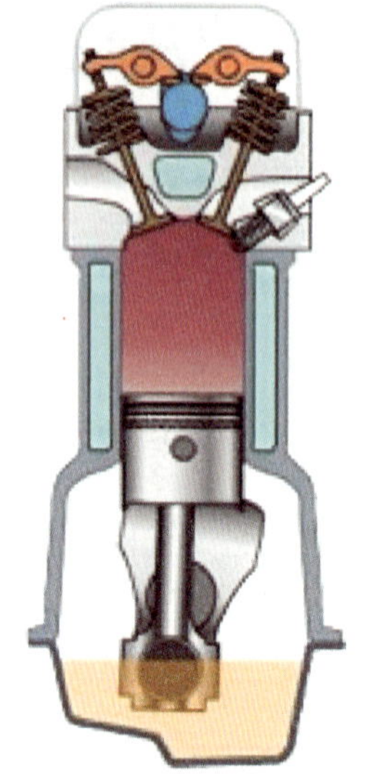

图 2-2-4　单顶置凸轮轴

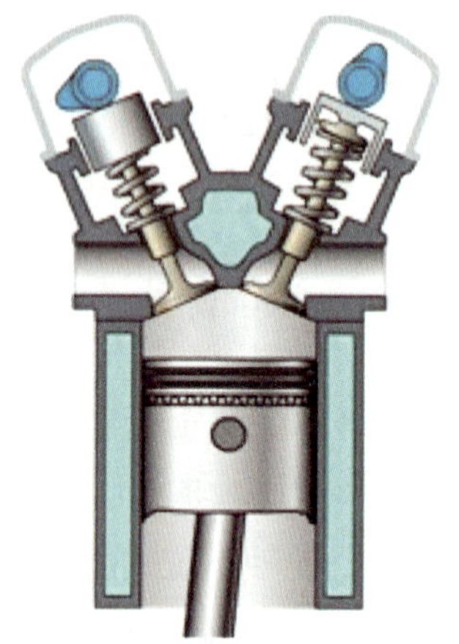

图 2-2-5　双顶置凸轮轴

（3）按凸轮轴的传动方式分类

按凸轮轴的传动方式不同，配气机构分为齿轮传动式、链条传动式和齿形带传动式，如图 2-2-6 所示。由于四行程发动机每完成一个工作循环，曲轴旋转两圈，而各缸只进、排气一次，即凸轮轴只需转一圈，所以曲轴与凸轮轴的传动比为 2∶1。

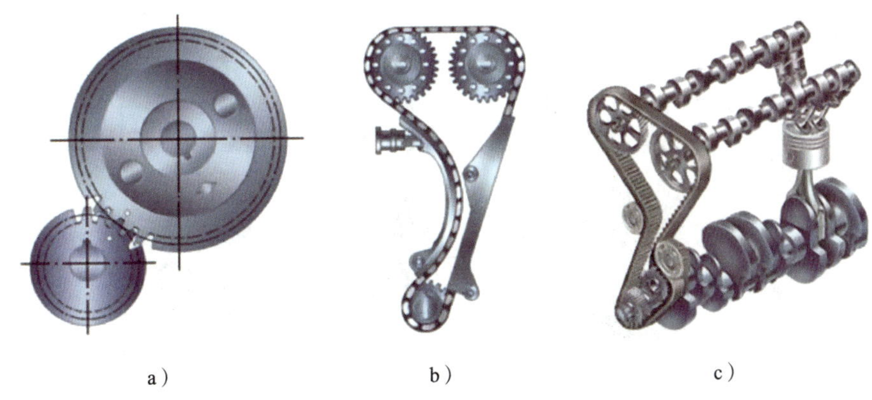

图 2-2-6　凸轮轴传动形式
a）齿轮传动式　b）链条传动式　c）齿形带传动式

1）齿轮传动式。凸轮轴下置式、中置式配气机构大多采用圆柱形正时齿轮传动。一般从曲轴到凸轮轴的传动只需一对正时齿轮，如图 2-2-6a 所示，齿轮传动式多用于汽油发动机中。

2）链条传动式。凸轮轴上置式配气机构的凸轮轴离曲轴较远，采用链条传动式或齿形带传动式。

采用链条传动时，在曲轴和凸轮轴上装有链轮，曲轴通过链条驱动凸轮轴，在链条侧面有张紧机构和链条导板，利用张紧机构调整链条张力。如图 2-2-6b 所示为链条传动式。其特点是工作可靠，使用寿命长，但工作噪声大，润滑、维修较为麻烦。

3）齿形带传动式。从 20 世纪 80 年代初开始，齿形带传动逐渐得到广泛使用。与链条传动相似，采用齿形带传动时，曲轴上的齿形带轮通过齿形带驱动凸轮轴上的齿形带轮，并用张紧轮调整齿形带张力，如图 2-2-6c 所示。齿形带由纤维和橡胶制成，一面具有齿形，另一面是平面。齿形带传动噪声小，不需要润滑。

（4）按发动机每缸气门数量的不同分类

一般发动机都采用每缸两个气门，即一个进气门和一个排气门的结构。这种结构在可能的条件下应尽量加大气门的直径，特别是进气门的直径，以改善气缸的换气性能。但是，由于受到燃烧室尺寸的限制，从理论上讲，最大气门直径一般不超过气缸直径的一半。

当气缸直径较大，活塞平均线速度较高时，每缸一进一排的气门结构无法满足发动机对换气的要求，为保证良好的换气质量，有些发动机采用每缸多气门结构：三气门、四气门或者五气门结构，如图 2-2-7 所示。

三气门发动机每缸两个进气门、一个排气门，排气门头部直径比进气门大。五气门发动机每缸三个进气门、两个排气门。这种结构能明显地增大进气量。

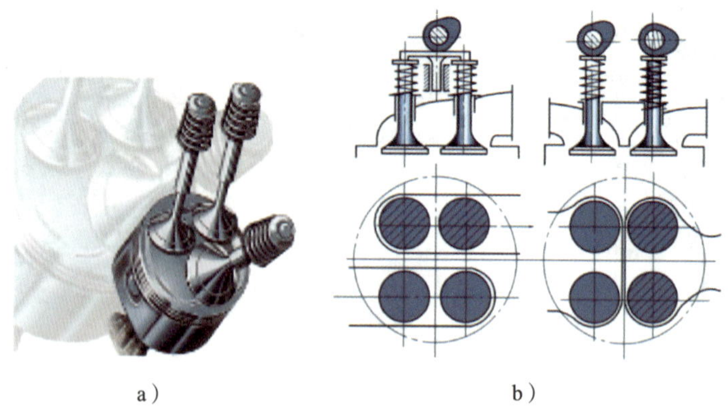

图 2-2-7 凸轮轴传动形式

a）三气门机构 b）四气门机构

四气门发动机的气门排列方式有两种：一种是同名气门排成两列，由一个凸轮轴通过 T 形驱动杆同时驱动，并且所有气门都可以由一根凸轮轴驱动。采用这种布置方式时，两同名气门在气道中的位置不同，可能会使两者的工作条件和工作效果不一致。另一种是同名气门排成一列，它弥补了上述缺点，但一般要用两根凸轮轴。

二、配气机构的组成与工作原理

1. 配气机构的组成

（1）气门组

1）气门组的功能和整体结构。气门组包括气门、气门座、气门导管、气门弹簧、气门锁片和气门油封等，如图 2-2-8 所示。其作用是保证实现气门对气缸的可靠密封。为保证实现气门对气缸的可靠密封，气门组应符合如下要求。

①气门头部与气门座贴合严密。

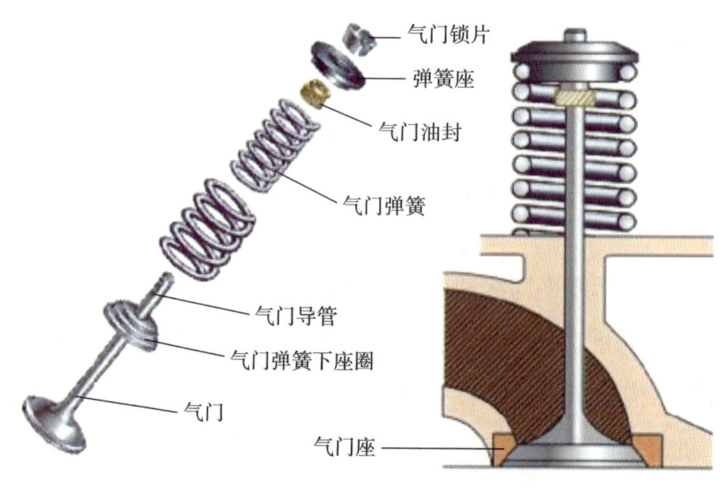

图 2-2-8 气门组

②气门导管对气门杆的上下运动有良好的导向。

③气门弹簧的两端面与气门杆的中心线互相垂直，以保证气门头部在气门座上不偏斜。

④气门弹簧的弹力足以克服气门及其传动件的运动惯性力，使气门能及时关闭，并保证气门紧压在气门座上。

2）气门的功能和结构。气门分为进气门和排气门两种。进气门和排气门分别用来开关进、排气通道。

气门的工作条件非常恶劣，气门直接与气缸内的高温燃烧气体接触，受热严重，而散热困难，因此气门温度很高。排气门最高温度为 776 ~ 926 ℃；进气门由于受到进气流的冷却，温度稍低，为 296 ~ 396 ℃。

气门承受气体压力和气门弹簧力的作用，以及配气机构运动件惯性力的作用，使气门落座时受到冲击。气门在润滑条件很差的情况下以极高的速度开闭，并在气门导管内做高速往复运动。

气门因在高温燃烧气体中与腐蚀性气体接触而易受到腐蚀。气门的工作条件很差，故要求气门材料必须具有足够的强度、刚度、硬度，能耐高温、耐腐蚀、耐磨损。

3）气门的构造。气门由头部和气门杆两部分组成，如图 2-2-9 所示。

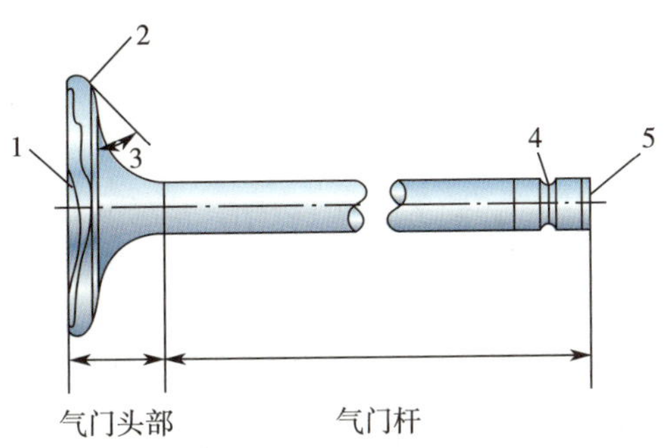

图 2-2-9　气门的构造

1—气门顶面　2—气门密封锥面　3—气门锥角　4—气门锁夹槽　5—气门尾端面

①气门头部。气门头部的形状有平顶、球面顶（凸顶）和喇叭形顶（凹顶）三种，如图 2-2-10 所示。平顶气门结构简单，制造容易，受热面积小，故应用最为广泛。球面顶气门刚度大，适用于排气门。喇叭形顶气门呈漏斗形，头部与杆部有较大的过渡圆弧，使气流阻力减小，但受热面积较大，故仅用于进气门。

②气门密封锥面。气门密封锥面是与杆身同心的圆锥面，用来与气门座接触，起到密封气道的作用。

气门密封锥面与气门顶面之间的夹角称为气门锥角，如图 2-2-11 所示。气门锥角有 30° 角和 45° 角两种，排气门气门锥角一般采用 45° 角，以保证受高温的排气门头部有足够的刚度；进气门气门锥角可采用 30° 角或 45° 角，采用 30° 角气门开启时通道断面较大，而采用 45° 角时维修方便。

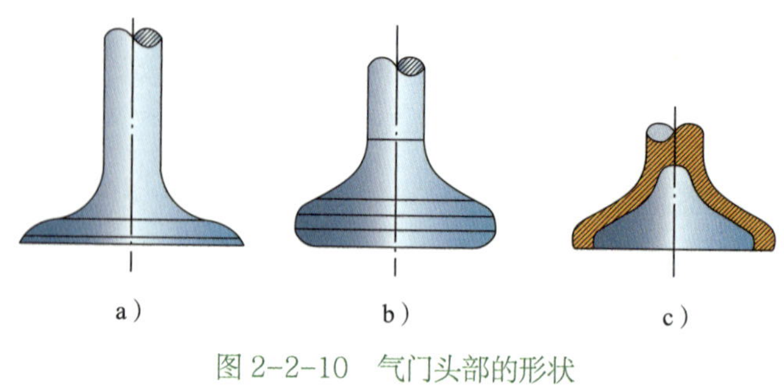

图 2-2-10　气门头部的形状

a）平顶　b）凸顶　c）凹顶

气门头部边缘与气门密封锥面之间应有一定的厚度，一般为 1 ~ 3 mm，以防止气门密封锥面在工作中受冲击损坏或被高温气体烧坏。

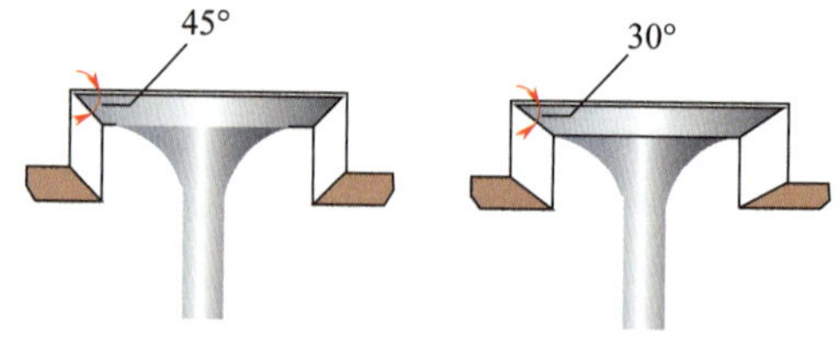

图 2-2-11　气门锥角

③气门杆。气门杆与气门导管配合，为气门运动导向和传热。气门杆身为圆柱形，气门杆的尾部结构随气门弹簧座的固定方式不同而异。

气门杆的尾部用来固定气门弹簧座，其结构随气门弹簧座的固定方式不同而异。常用的固定方式有锥形锁片式和锁销式两种：锥形锁片式在气门杆尾部开有不同形状的尾槽，将分成两半的锥形锁片卡住弹簧座的锥形孔；锁销式则在气门杆尾部制有径向孔，用来安装锁销。

4）气门座与气门座圈。进、排气道口与气门密封锥面直接贴合的部位称为气门座。

①气门座的作用。气门座与气门头部密封锥面配合对气缸起密封作用，同时气门头部的热量也经过气门座外传，起到对气门散热的作用。

②气门座的锥角。气门座的锥角由三个部分组成，其中，45°（或 30°）的锥面与气门密封锥面贴合。为保证密封可靠，同时又有一定的散热面积，要求接合面的宽度为 1 ~ 3 mm；15° 和 75° 锥角是用来修正工作锥面的宽度和密封带的上、下位置的，以使

其达到规定的要求。在安装气门前，还应采用与气门配对研磨的方法，以保证贴合得更紧密。

某些发动机的气门锥角比气门座锥角小 0.5°～1°，该角称为密封干涉角。这样做有利于走合期的磨合。走合期结束，干涉角逐渐消失，恢复全锥面接触。

5）气门导管

①气门导管的主要作用是为气门运动导向，以保证气门上下运动时不发生径向摆动而准确落座，同时起导热作用。

②气门导管的结构如图 2-2-12 所示。气门导管外圆与气缸盖导管承孔为过盈配合，导管内孔与气门杆为过渡配合。为了防止气门导管在使用过程中松脱，有的发动机对气门导管用卡环定位。气门杆与气门导管孔的配合间隙必须适当，一般为 0.05～0.12 mm。间隙过大，导向不好，散热不良；而间隙过小，热状态下可能会卡死。

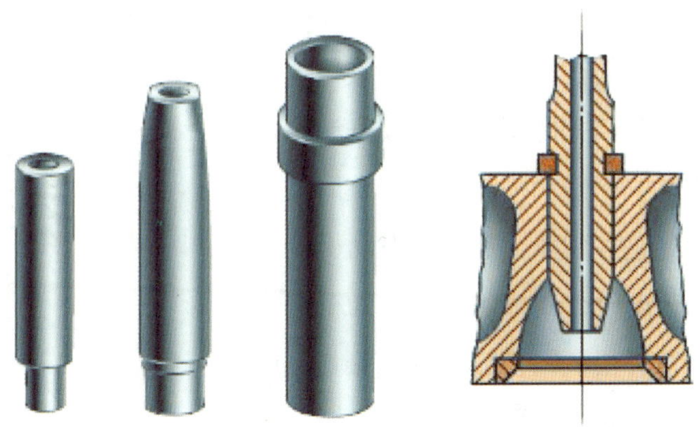

图 2-2-12 气门导管的结构

6）气门弹簧

①气门弹簧的作用。气门弹簧的作用是使气门与气门座紧密贴合，克服气门和气门驱动件所产生的惯性力的干扰，避免各零件彼此脱离而破坏配气机构的正常工作。

②气门弹簧应符合以下条件：必须有足够的预紧力，以保证气门迅速回座，保证气门和气门座密封；必须克服在气门开闭的过程中气门及传动零件产生的惯性力；高速度、长时间运转下具有良好的耐久性；保证气门不会产生跳动现象。

③气门弹簧的结构形式。当气门弹簧的工作频率与其固有的振动频率相等或为整数倍时，气门弹簧就会产生共振现象。共振时，配气相位将遭到破坏，使气门反跳，甚至使弹簧折断。为防止共振的发生，常采取以下气门弹簧结构形式（见图 2-2-13）。

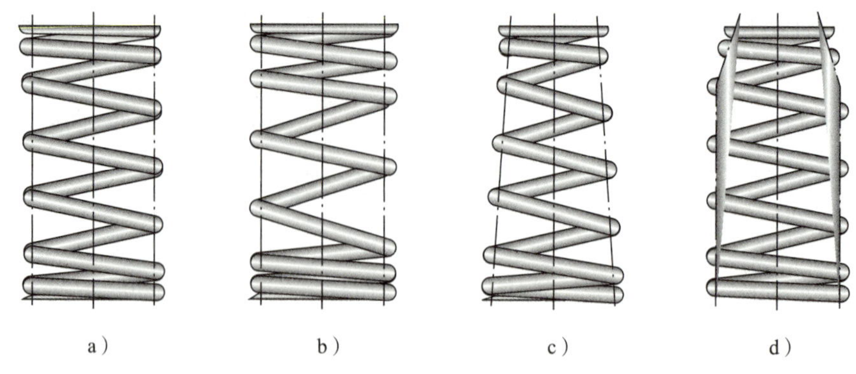

图 2-2-13　气门弹簧的结构形式

a）圆柱形、对称式气门弹簧　b）圆柱形、非对称式气门弹簧
c）锥形气门弹簧　d）半锥形气门弹簧

7）气门间隙

①气门间隙的含义。发动机工作时，气门将因温度升高而膨胀，如果气门及其传动件之间在冷态时无间隙或间隙过小，则在热态时气门及其传动件的受热膨胀势必引起气门关闭不严，造成发动机在压缩和做功行程中漏气而使功率下降，严重时甚至不易启动。为了消除这种现象，通常在发动机冷态装配（气门完全关闭）时，在气门与其传动机构中留有适当的间隙，以补偿气门受热后的膨胀量，这一间隙通常称为气门间隙，如图 2-2-14 所示。

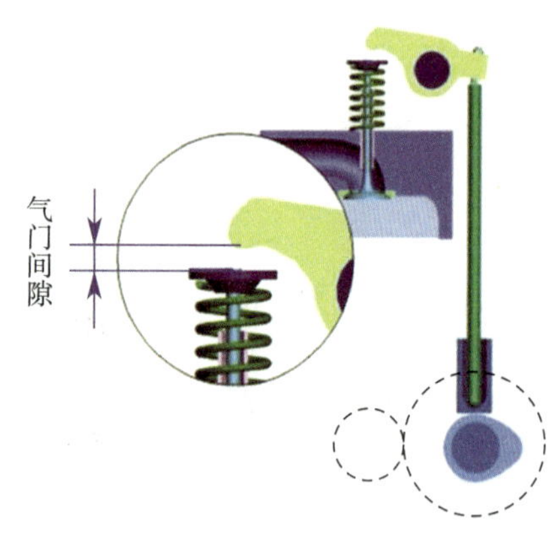

图 2-2-14　气门间隙

气门间隙的大小由发动机制造厂根据试验确定。一般在冷态时，进气门间隙为 0.25～0.35 mm，排气门间隙为 0.30～0.35 mm。

对采用液压挺柱的发动机，由于挺柱的长度能自动变化，以随时补偿气门的热膨胀量，故不需要预留气门间隙，也不需要调整气门间隙。

②气门间隙过大、过小的危害。气门间隙的大小对发动机的工作和性能影响很大。如果气门间隙过小，发动机在热态下可能因气门关闭不严而漏气，导致功率下降，甚至烧坏气门；如果气门间隙过大，则使传动零件之间以及气门和气门座之间产生撞击响声，并加速磨损，同时也会使气门开启的持续时间减少，使气缸的充气以及排气情况变坏。

（2）气门传动组

气门传动组的作用是使进、排气门按照规定的时刻开闭，并且保证有足够的开度。气门传动组主要由凸轮轴、凸轮、挺柱、摇臂和推杆等组成。

1）凸轮轴。凸轮轴使气门按一定的工作次序和配气相位及时开闭，并保证气门有足够的升程。凸轮轴轴承受周期性的冲击载荷。凸轮与挺柱之间的接触应力很大，相对滑动速度也很高，因此，凸轮轴工作表面的磨损比较严重。针对这种情况，凸轮轴轴颈和凸轮工作表面除应有较高的尺寸精度、较小的表面粗糙度和足够的刚度外，还应有较高的耐磨性和良好的润滑。

凸轮轴如图 2-2-15 所示，主要由凸轮和轴颈等组成。凸轮分为进气凸轮和排气凸轮两种。

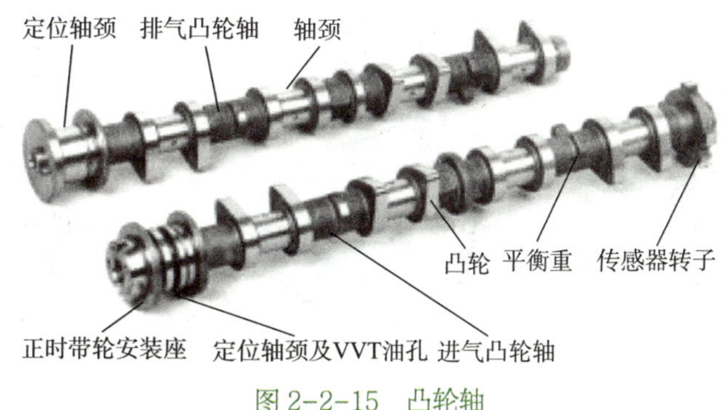

图 2-2-15　凸轮轴

2）凸轮。凸轮是凸轮轴的主要工作部分。凸轮轴上各缸的进气凸轮（或者排气凸轮）称为同名凸轮。各同名凸轮的相对角位置与凸轮轴旋转方向、发动机工作顺序及气缸数或做功间隔角有关。如果从发动机风扇端看凸轮轴逆时针方向旋转，则工作顺序为 1—3—4—2 的四缸发动机，其做功间隔角为 720°/4=180° 曲轴转角，相当于 90° 凸轮轴转角，即各同名凸轮间的夹角为 90°。

凸轮轴上同一缸的进、排气凸轮称为异名凸轮。异名凸轮相对角位置取决于配气相位及凸轮轴旋转方向。

进、排气门开启和关闭的时刻、持续时间以及开闭的速度等分别由凸轮轴上的进、排气凸轮控制。

凸轮的轮廓线是对称的，同名凸轮的轮廓线相同，异名凸轮的轮廓线不相同。使用一段时间后，由于凸轮的磨损，气门开启时间推迟，开启持续角减小，气门的升程有所降低，发动机的进气量减少。

3）挺柱。挺柱是凸轮的从动件，其作用是将来自凸轮的运动和作用力传给推杆或气门，同时还承受凸轮所施加的侧向力，并将其传给机体或气缸盖。

挺柱可分为机械挺柱和液力挺柱两大类，每一类中又有平面挺柱和滚子挺柱等多种结构形式。近年来，液力挺柱得到广泛应用。

①机械挺柱。机械挺柱的类型如图 2-2-16 所示。其中，平面挺柱由于结构简单，

质量小，在中小型发动机中应用比较广泛。球面挺柱由于接合面呈半球形状，可大大减小挺柱与凸轮间的摩擦，在中小型发动机中应用比较广泛。滚子挺柱的突出优点是摩擦和磨损小，但其结构比平面挺柱复杂，质量也比较大，多用于气缸直径较大的发动机。

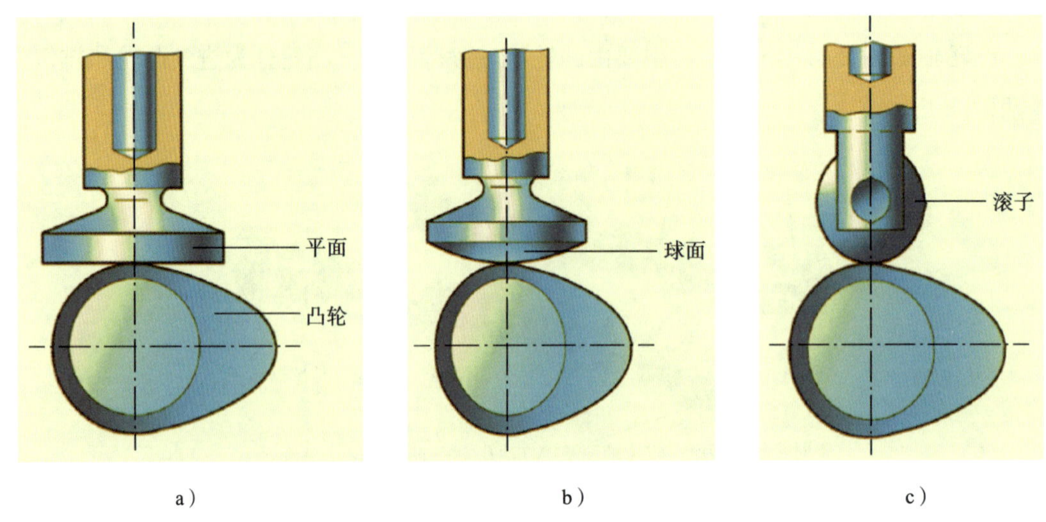

图 2-2-16　机械挺柱的类型

a）平面挺柱　b）球面挺柱　c）滚子挺柱

②液力挺柱。在配气机构中预留气门间隙将使发动机工作时配气机构产生撞击和噪声。为了消除这一弊端，有些发动机尤其是轿车发动机采用液力挺柱，借以实现零气门间隙。气门及其传动件因温度升高而膨胀，或因磨损而缩短，都可由液力作用来自行调整或补偿。液力挺柱如图 2-2-17 所示。

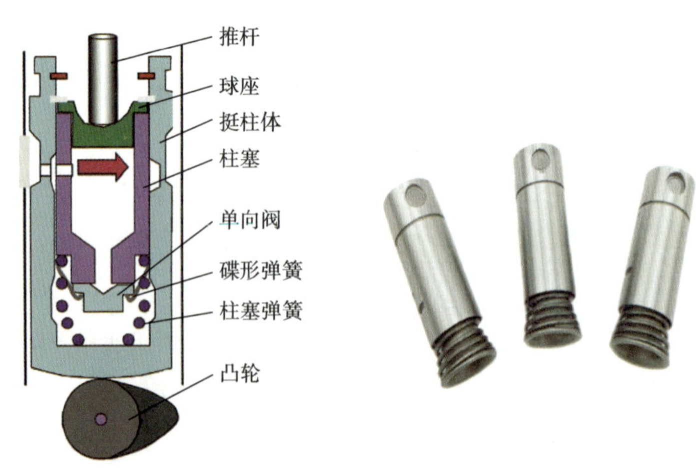

图 2-2-17　液力挺柱

2. 配气机构的工作原理

凸轮轴下置式配气机构如图 2-2-18 所示。发动机工作时，曲轴通过正时齿轮带动凸轮轴旋转。当凸轮轴上凸轮的凸起部分向上运动时，依次顶起气门挺柱、推杆和调整螺钉，使摇臂绕其轴摆转，摇臂的另一端便向下推动气门，气道被逐步打开，同时使气门弹簧受到压缩。当凸轮的凸尖上升到最高位置时，气门开度最大。当凸轮的凸尖离开挺柱以后，在气门弹簧弹力的作用下，气门开度逐渐减小，待气门及其传动件恢复原位后，气门关闭。发动机在压缩和做功行程中，气门在其弹簧张力的作用下严密关闭，使气缸密封。

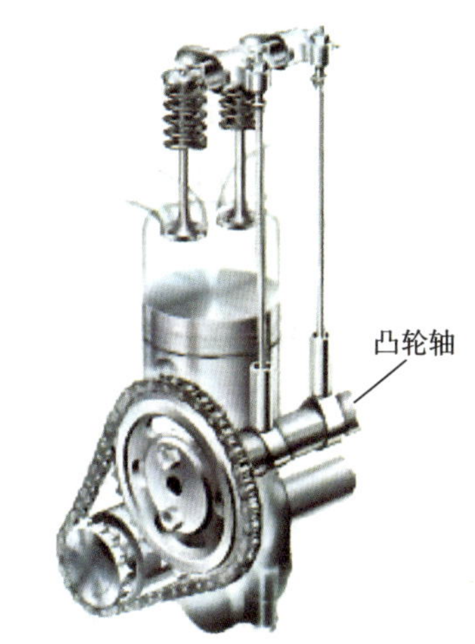

图 2-2-18　凸轮轴下置式配气机构

三、配气相位

配气相位就是用曲轴转角表示的进、排气门的开闭时刻和开启的持续时间。通常用曲轴转角的环形图来表示配气相位，这种图形称为配气相位图，如图 2-2-19 所示。

在介绍四行程发动机工作原理时，把气门的开闭时间与活塞行程、曲轴转角三者之间的关系做了理论上的简化，就是把进、排气过程都看作是在活塞的一个行程内，即曲轴转动 180° 角内完成的，进、排气门的开关时刻正好在活塞的上、下止点处。但实际情况并非如此，由于现代汽车发动机的转速都很高，为了保证气缸进气充分、排气彻底，气门实际开启和关闭时刻并不是正好在活塞的上、下止点处，而是适当地提前和延迟。

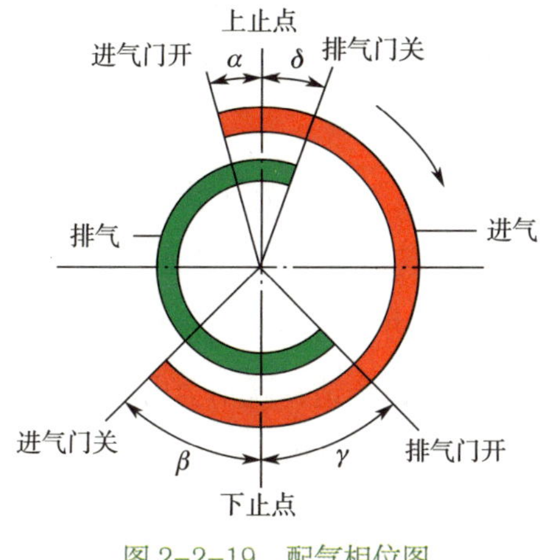

图 2-2-19　配气相位图

1. 进气门的配气相位

（1）进气提前开启角和延迟关闭角

在排气行程接近终了，活塞到达上止点之前，进气门便开始开启。从进气门开始开启到上止点所对应的曲轴转角 α 称为进气提前开启角，α 一般为 10°～30°，经过进气行程直到活塞越过下止点一定时间后，进气门才关闭。从下止点到进气门关闭所对应的曲轴转角 β 称为延迟关闭角，β 一般为 40°～80°。

可见，整个进气过程持续的时间（持续角）相当于曲轴转角为 α+180°+β。

（2）进气门早开和迟关的目的

进气门早开，活塞到达上止点开始向下止点运动时，进气门已有一定开度，使新鲜气体顺利进入气缸。进气门迟关可充分利用气流的惯性和气缸内外的压力差继续进气，加上进气门早开和迟关，增加了进气时间。可见，进气门早开、迟关能增大气缸的充气量。

2. 排气门的配气相位

（1）排气提前开启角和延迟关闭角

在做功行程的后期，活塞到达下止点之前，排气门便开始开启。从排气门开始开启到下止点所对应的曲轴转角 γ 称为排气提前开启角，γ 一般为 40°～80°。经过排气行程直到活塞越过上止点一定时间后，排气门才关闭。从上止点到排气门关闭所对应的曲轴转角 δ 称为排气延迟关闭角，δ 一般为 10°～30°。

可见，整个排气过程持续的时间（持续角）相当于曲轴转角为 γ+180°+δ。

（2）排气门早开和迟关的目的

排气门早开，使废气能利用自身压力迅速、自由地排出气缸，减小排气行程活塞上行的阻力，可缩短废气在气缸内的停留时间，防止发动机过热。排气门迟关，可利用废气压力和废气流的惯性继续排气，加上排气门早开和迟关延长了排气时间。所以，排气门早开、迟关可以使气缸内的废气排除得更为干净。

（3）气门重叠与气门重叠角

由于进气门早开和排气门迟关，出现了在上止点附近的一段时间内进气门和排气门同时开启的现象，这种现象称为气门重叠，对应的曲轴转角（α+δ）称为气门重叠角。

气门重叠现象是不可避免的。由于新鲜气流和废气气流都有各自的流动惯性，在短时间内不会改变流向，只要角度选择合适，就不会出现废气倒流进气道和新鲜气体随废气一起排出的现象。相反，进入气缸内部的新鲜气体可增大气缸内的气体压力，有利于废气的排出。

3. 配气相位的检查与调整

每台发动机对配气相位值都有要求，配气相位值符合要求就能保证发动机动力性要求，但在使用和维修过程中，因磨损、装配调整不当会改变配气相位，导致发动机的动力性下降、经济性变差及排放恶化。因此，在发动机修理后，一定要检查并调整配气相位。

配气相位的检查方法有检查气门控制点和检查气门重叠开度两种方法。

检查气门控制点是在调整好气门间隙的基础上，找出各气门控制点相对曲轴转角与标准配气相位角进行比较，来判断配气相位是否正确。

检查气门重叠开度，同样应先调整好气门间隙，将 1 缸（或 6 缸）活塞摇到压缩行程上止点位置，用塞尺插入气门与气门座接合面来测量气门重叠期的微开量，并把各缸的微开量值分别记录好，再与该机型标准配气相位进行比较，来判断配气相位的准确性。

四、配气机构的拆装

1. 气门组的拆装

气门组的拆装步骤见表 2-2-1。

表 2-2-1　　气门组的拆装步骤

图示	步骤
	1. 将拆除外围附件的气缸盖置于工作台上
	2. 用气门专用工具压下气门弹簧，用吸棒取出气门锁片，并取下气门弹簧座和气门弹簧

续表

图示	步骤
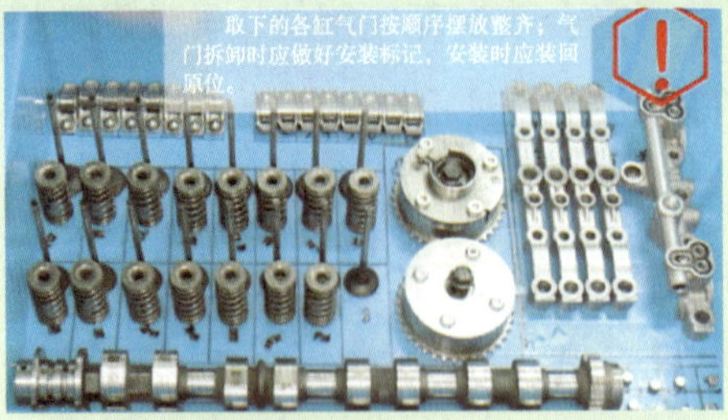 取下的各缸气门按顺序摆放整齐；气门拆卸时应做好安装标记，安装时应装回原位。	3. 拆下其他气门组件，按顺序摆放整齐，并做好安装标记
	4. 用专用工具拆下气门油封并摆放整齐
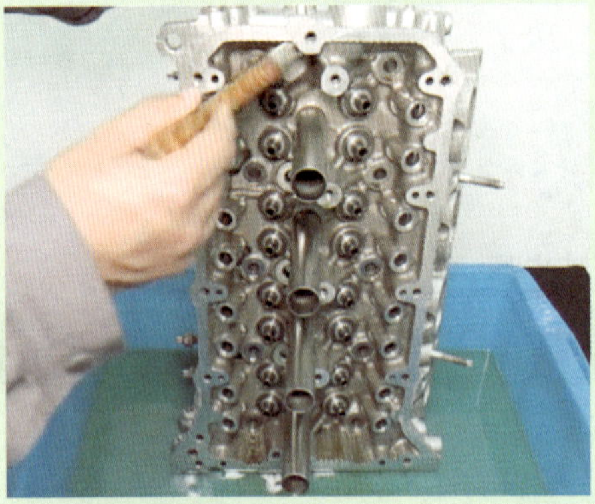	5. 清洗气缸盖和气门组件，并用压缩空气吹干净
	6. 在新气门油封上涂抹适量的机油，然后用专用工具将气门油封直接推入气门导管衬套中 注意：①进、排气门油封颜色不一样，反向安装可能会导致故障；②气门油封不能重复使用
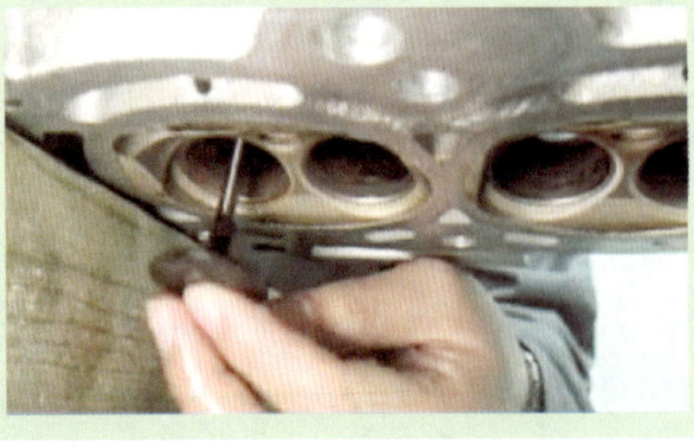	7. 在气门杆上涂抹适量机油，然后从燃烧室将气门杆插入气门导管衬套中 注意：按拆卸时的位置插入气门导管，并确保气门能平滑移动

续表

图示	步骤
	8. 将压缩弹簧和弹簧垫圈安装到气缸盖上，用专用工具压缩气门弹簧，然后将气门锁片安装在气门尾部的环槽中，最后松开专用工具使锁片锁止住
	9. 用同样的方法安装其他气门组件

2. 正时链条的安装

假设发动机基本附件已经拆除，按照以下步骤进行正时链条的安装，见表 2-2-2。

表 2-2-2　　　　正时链条的安装步骤

图示	步骤
	1. 转动曲轴，使第一缸活塞处于上止点位置，然后逆时针转动曲轴，使第一缸活塞偏离上止点位置

续表

图示	步骤
	2. 转动凸轮轴，使凸轮轴正时齿轮上的标记位于顶部 注意：转动凸轮轴时应使所有活塞离开上止点位置，以免损坏气门和活塞
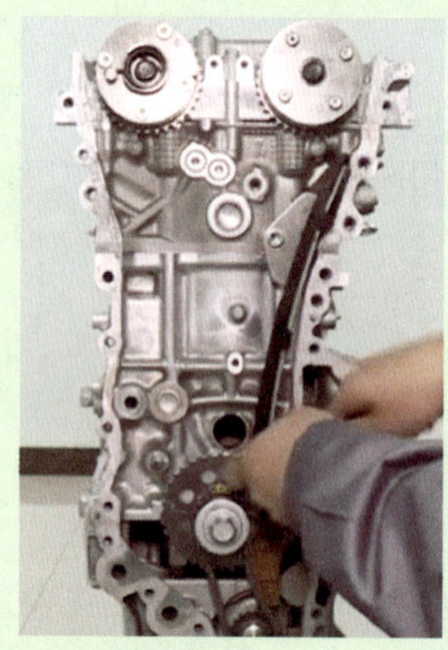	3. 安装 1、2 号链条振动阻尼器
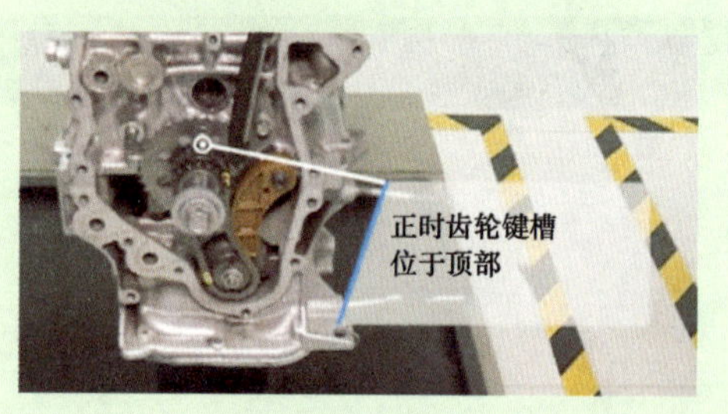	4. 顺时针转动曲轴，使正时齿轮键槽位于顶部，同时 1 号气缸活塞处于上止点位置，然后拆下曲轴传动带轮螺栓
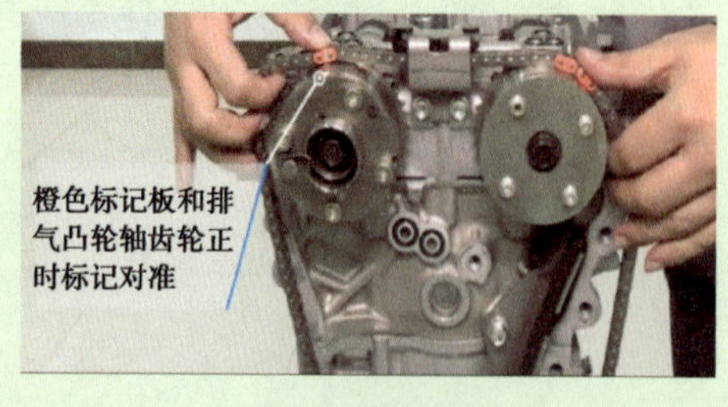	5. 检查排气凸轮轴正时齿轮上的正时标记，将链条安装到正时齿轮上，使橙色的链条标记对准齿轮上的正时标记

续表

图示	步骤
	6. 将链条穿过 1 号振动阻尼器后放在曲轴上
	7. 用扳手逆时针转动进气凸轮轴正时齿轮总成，使齿轮上的正时标记与正时链条上的橙色标记对准时安装链条。然后缓慢地顺时针旋转进气凸轮轴总成，以张紧链条，防止错位
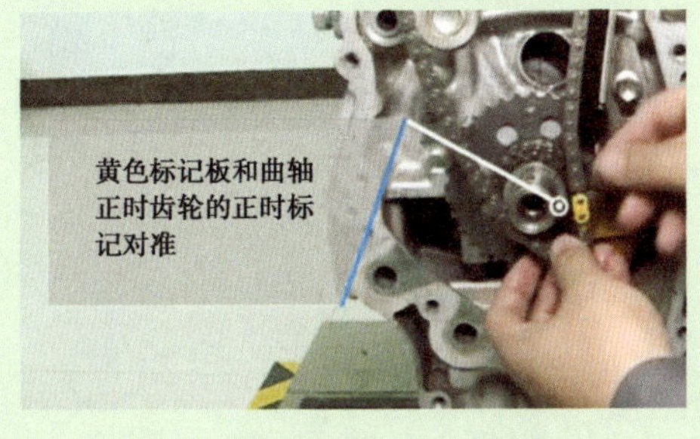	8. 将链条上的黄色标记和曲轴正时齿轮上的正时标记对准，并将链条安装在正时齿轮上

续表

图示	步骤
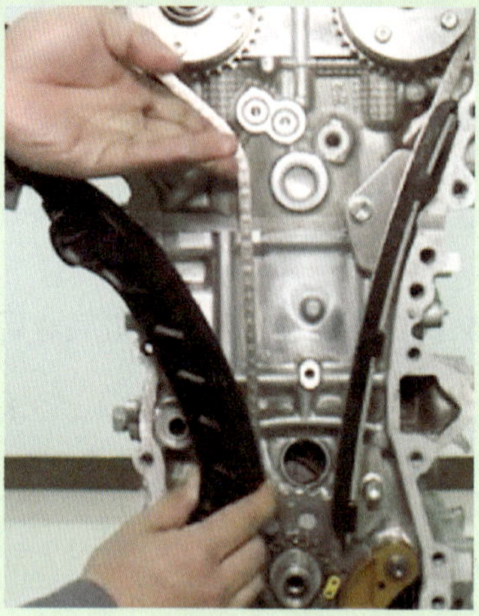	9. 将链条张紧器导板安装好，使其贴靠在左侧链条上
	10. 安装新 O 形圈，然后将正时链条盖清洗干净，在接触面上涂抹一条连续的密封胶。安装正时链条盖，并拧紧螺栓
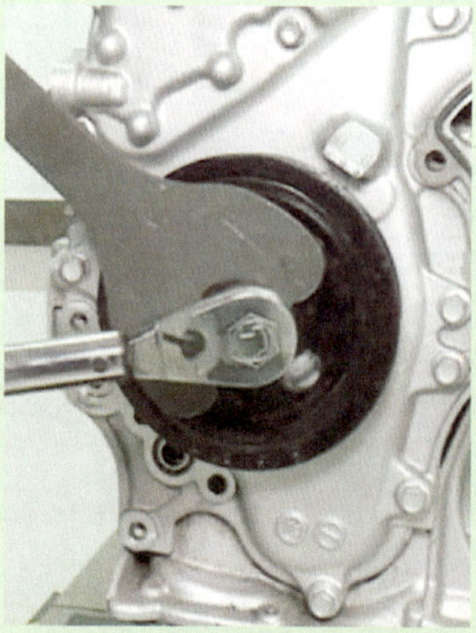	11. 将曲轴传动带轮套在传动带轮上并用专用工具拧紧螺栓

续表

图示	步骤
	12. 将 1 号链条张紧器安装在指定位置，并拧紧螺母，然后逆时针转动曲轴使张紧器内部的柱塞伸出。柱塞伸出后顶住了张紧器导板，使得链条被张紧

拓展知识

可变气门正时技术

20 世纪七八十年代，意大利的阿尔法·罗密欧率先将气门正时技术应用在量产车中。作为第一个开发出双凸轮轴量产发动机的厂商，它用两根不同的凸轮轴来控制进气门和排气门的开闭时间，从而取得了比单凸轮轴更好的效果。其基本做法就是在进气凸轮轴的主动链轮里加上一个设备，并由螺旋键槽将其与凸轮轴相连，来改变气门的正时效果，其设计的发动机标准重叠角为 16°，但在发动机高速运转的时候，它可以将开启角增大 32°，从而使重叠角扩大到 48°。

随后，很多企业开始投入可变气门正时技术的研究。1989 年，本田首次发布了“可变气门配气相位和气门升程电子控制系统”（即现在常见的 VTEC）。此后，各家企业不断发展该技术，丰田开发了 VWT-i，保时捷开发了 Variocam，现代开发了 DVVT。几乎每家企业都有了自己的可变气门正时技术。这一系列可变气门正时技术虽然各有特点，但其设计思想却基本相同。简单地说，可变气门正时的原理就是根据发动机的运行情况，通过不同的设备装置调整进气、排气的量，控制气门开闭的时间和角度，使进入的空气量达到最佳，从而提高燃烧效率。

1. 可变气门正时技术的简单分类

（1）连续可变气门正时和不连续可变气门正时

可变气门正时简称 VVT，是一种用于汽车活塞式发动机中的技术。简单的可变配气相位 VVT 只有两段或三段固定的相位角可供选择，通常是 0° 或 30° 中的一个。更高性能的可变配气相位 VVT 系统能够实现连续可变相位角，根据转速的不同，在 0° 和 30° 之间线性调整配气相位。显而易见，连续可变气门正时系统更适合匹配各种转速，因而能有效提高发动机的输出性能，特别是发动机的输出平顺性。

（2）可变进气门正时和可变排气门正时

市场上的大部分气门正时系统都可以实现进气门正时在一定范围内无级可调，而少数发动机还在排气门中也配备了 VVT 系统，从而在进、排气门都实现气门正时无级可调（即 D-VVT，双 VVT 技术），进一步优化了燃烧效率。

2. 可变气门正时技术的应用

帕萨特 B5 和奥迪 A6 轿车选用的发动机对可变进气门正时进行了特别设计，其排气凸轮轴安装在外侧，进气凸轮轴安装在内侧。曲轴通过齿形传动带首先驱动排气凸轮轴，排气凸轮轴通过链条驱动进气凸轮轴。两轴之间设置一个可变气门正时调节器，在内部液压缸的作用下，调节器可以上升和下降。当发动机转速下降时，可变气门正时调节器下降，上部链条被放松，排气凸轮旋转压力和调节器向下的推力作用在下部链条上。由于排气凸轮轴在曲轴正时传动带的作用下不可能逆时针反转，所以进气凸轮轴受到两个力的共同作用：一是在排气凸轮轴正常旋转带动下链条的拉力；二是调节器推动链条，传递给排气凸轮的拉力。进气凸轮顺时针额外转过 θ 角，加快了进气门的关闭，也即进气门迟闭角减小 θ 角。

当转速提高时，调节器上升，下部链条被放松。排气凸轮轴顺时针旋转，首先要拉紧下部链条使其成为紧边，进气凸轮轴才能被排气凸轮轴带动旋转。就在下部链条由松变紧的过程中，排气凸轮轴已转过 θ 角，进气凸轮才开始动作，进气门关闭变慢，即进气门迟闭角增大 θ 角。

思考与练习

1. 简述配气机构的作用。
2. 简述配气机构的工作原理。

课题三 | 冷却系统的检修

学习目标

1. 掌握发动机冷却系统的工作原理。
2. 能熟练识别并叙述混合动力汽车发动机冷却系统的构成元件位置及功能。
3. 能正确完成冷却系统冷却液的补充、更换作业。

相关理论

混合动力汽车发动机冷却系统与传统汽车发动机冷却系统的不同在于混合动力汽车发动机冷却系统增加了驱动电机的冷却系统。

一、发动机冷却系统概述

1. 冷却系统的作用

汽车发动机冷却系统的主要作用是把受热零件吸收的部分热量及时散发出去，保证发动机在最适宜的温度状态下工作。温度太低，则发动机热效率低，能量浪费大，同时也会导致发动机磨损增加；温度太高，则可能引起可燃混合气自燃，破坏发动机的正常工作，同时促使零部件承受额外的冲击负荷而造成早期损坏。一般的正常温度通常控制在 85～95 ℃，另外，冷却系统还为暖风系统提供热源。

2. 发动机冷却系统的类型

发动机的冷却系统有风冷与水冷之分，以空气为冷却介质的冷却系统称为风冷系统（见图 2–3–1a），以冷却液为冷却介质的冷却系统称为水冷系统（见图 2–3–1b）。

汽车发动机尤其是轿车发动机大都采用水冷系统，只有少数汽车发动机采用风冷系统。

汽车发动机的水冷系统均为强制循环水冷系统，即利用水泵提高冷却液的压力，强制冷却液在发动机中循环流动（冷却液工作温度一般为 80～105 ℃）。

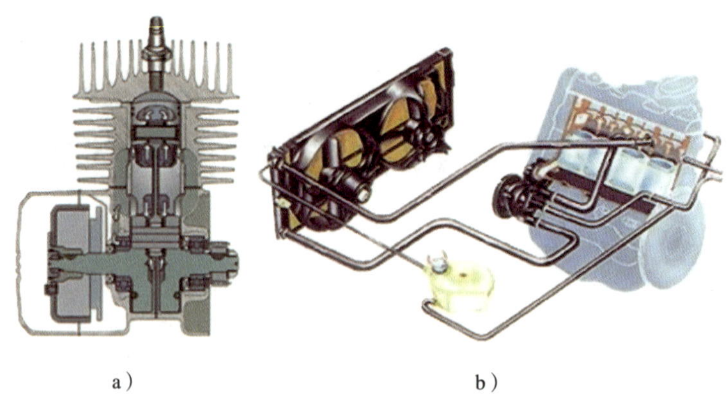

a） b）

图 2-3-1 发动机冷却系统类型

a）风冷型发动机 b）水冷型发动机

3. 冷却系统的组成及工作原理

（1）冷却系统的组成

目前汽车发动机上采用的冷却系统大都是强制循环式水冷却系统，利用水泵强制冷却液在冷却系统中进行循环流动，它由散热器、水泵、风扇、气缸盖水套和气缸体水套以及温度调节装置等组成。其基本组成实物及组成结构示意图如图 2-3-2 所示。

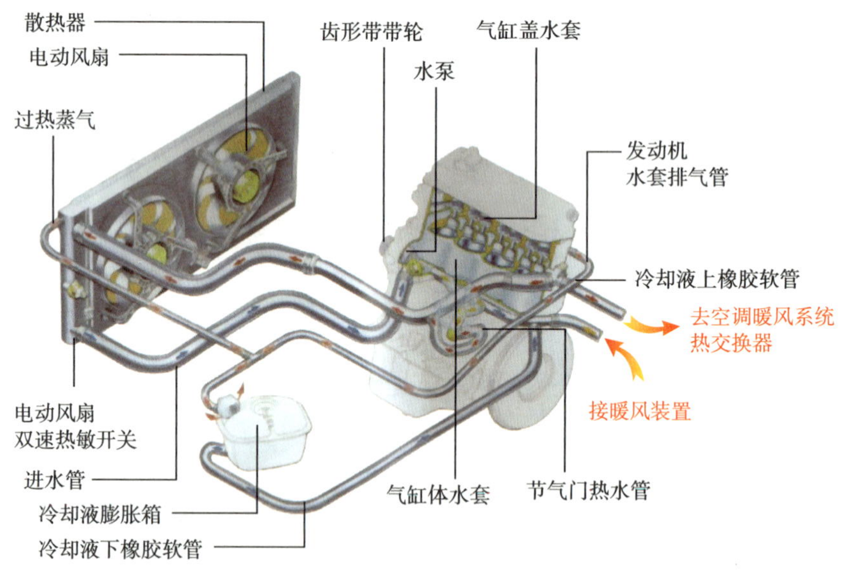

图 2-3-2 冷却系统基本组成实物及组成结构示意图

（2）冷却系统的工作原理

散热器内的冷却液加压后通过气缸体进水孔压送到气缸体水套和气缸盖水套内，冷却液在吸收了机体的大量热量后经气缸盖出水孔流回散热器。由于有风扇的强力抽吸，空气流由前向后高速通过散热器。因此，受热后的冷却液在流过散热器芯的过程中，热

量不断地散发到大气中去，冷却后的水流到散热器的底部，又被水泵抽出，再次压送到发动机的水套中，如此不断循环，把热量不断地送到大气中去，使发动机不断得到冷却。

根据冷却液是否流经节温器的情况，冷却液循环路线分为小循环、大循环和混合循环三种循环路线。

小循环是当发动机水温偏低时，冷却液不能流经散热器而直接经过相关阀门机构回到水泵后很快压回水套的循环，此时冷却液在发动机内部循环，使发动机水温很快上升到有利于发动机工作的适合温度，如图 2-3-3 所示。

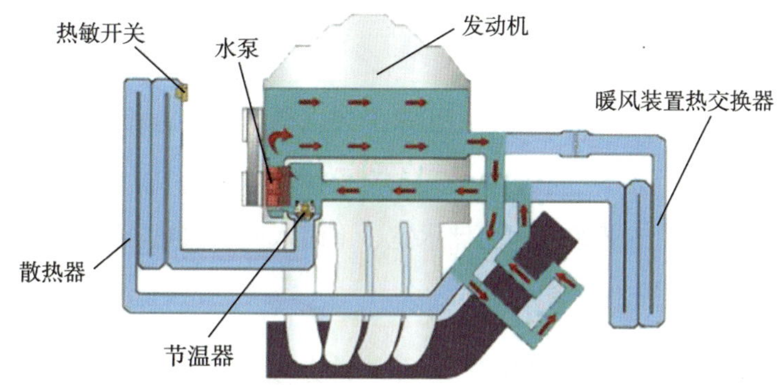

图 2-3-3　冷却系统的小循环路线

大循环是当水温较高（通常温度高于 80 ℃）时，冷却液全部通过主阀门流经散热器而散发大量热量，使水温不再升高而使发动机保持在最适当的温度工作（见图 2-3-4）。

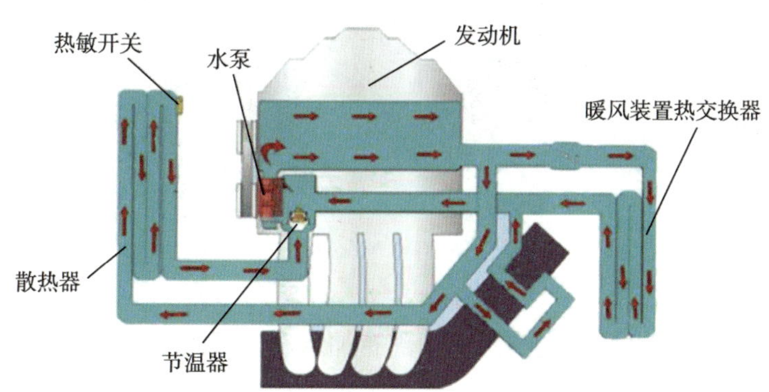

图 2-3-4　冷却系统的大循环路线

混合循环是指冷却液一部分经过小循环线路流动，另一部分经过大循环线路流动的工作状态。

此外，为了使驾驶员及时掌握冷却系统的工作状况，在仪表板上通常设有水温表或水温警告灯等装置，如图 2-3-5 所示。

图 2-3-5　仪表板水温表

4. 冷却系统主要零部件的构造

（1）散热器

1）功用。散热器的作用是使水套中出来的热水得到迅速冷却，以保持发动机的正常水温。

2）结构。散热器的主要组成为上储水室、下储水室、散热器芯（包括冷却管和散热带）和散热器盖等，如图 2-3-6 所示。

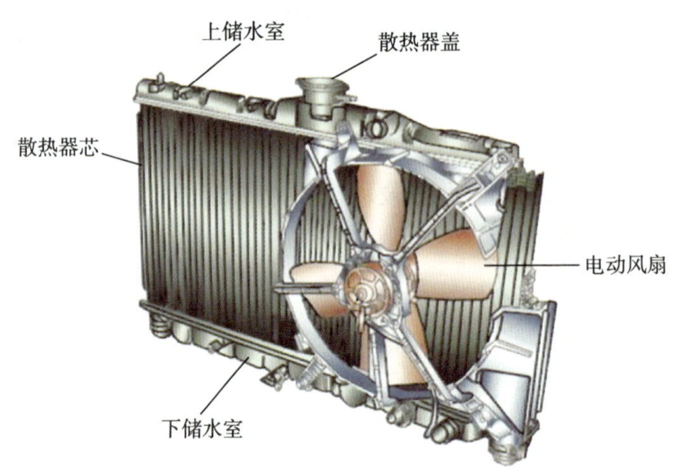

图 2-3-6　散热器

①上储水室和下储水室。上储水室顶部有加水口，平时用散热器盖盖住，并装有进水软管，与发动机上出水管相连。下储水室有出水管，用软管与水泵进水口相连。一般在下储水室中还装有放水阀。

②散热器芯的结构形式主要有管片式、管带式和板式三种。如图 2-3-7a 所示为管片式散热器芯，它由许多扁圆形的冷却管和散热片组成。冷却管焊接在上、下储水室之间，作为冷却液的通道。空气吹过管的外表面，从而使管内流动的冷却液得到冷却。散热片用来增大散热面积，同时提高整个散热器的刚度和强度。

如图 2-3-7b 所示为管带式散热器芯，波纹状散热带与冷却管相间排列。这种散热器芯与管片式散热器芯相比，散热能力较高，制造工艺简单，质量较小，成本低，但结构刚度不如管片式大，在轿车上得到广泛采用。

如图 2-3-7c 所示为板式散热器芯，这是一种新型的散热器芯，散热带呈蜂窝状排列。散热线路短、面积大，有利于散热。但制造工艺要求相对复杂，制造成本高，强度一般。

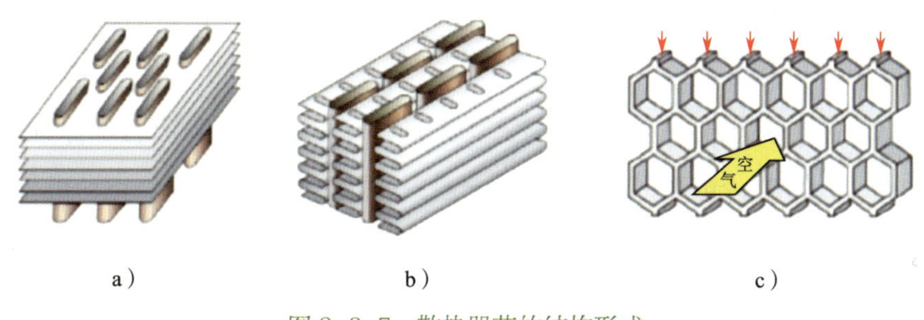

图 2-3-7 散热器芯的结构形式

a）管片式 b）管带式 c）板式

③散热器盖。目前，汽车发动机多采用封闭式水冷却系统，这种冷却系统的散热器盖装有自动阀门，对冷却系统有密封加压作用。发动机处于正常热态时，阀门关闭，可将冷却系统与大气隔开，防止水蒸气逸出，使系统内压力稍高于大气压力，从而可增高冷却液的沸点，保证发动机在较长时间及较高负荷下工作。在冷却系统压力过高或过低时，自动阀门开启，使冷却系统与大气相通。散热器盖上有一个空气阀和一个蒸气阀，当散热器中压力升高到 0.026～0.037 MPa 时，蒸气阀开启，使水蒸气从通气孔排出，以防压坏散热器芯管；当水温降低时，冷却系统中蒸汽凝结为水，压力降低到 0.01～0.02 MPa 时，空气阀开启，空气从通气孔进入冷却系统，避免压力差将散热器芯管压瘪。

（2）水泵

水泵的作用是对冷却液加压，强制冷却液在冷却系统中循环流动。由于离心式水泵具有尺寸小、出水量大、结构简单，并且当水泵损坏后不妨碍冷却液在冷却系统内的自然循环等特点，所以被广泛采用。

离心式水泵主要由水泵壳体、水泵轴、叶轮、风扇毂、甩水盘、出水口、轴承、水封组件等组成。离心式水泵的工作原理示意图如图 2-3-8 所示。当叶轮旋转时，水泵中的水被叶轮带动一起旋转，并在离心力作用下向叶轮边缘甩出，经与叶轮成切线方向的出水管压送到发动机的水套内。与此同时，叶轮中心处造成一定的负压而将水从进水管吸入，如此连续作用，使冷却液在水路中不断循环。

（3）冷却风扇

冷却风扇一般置于散热器后面。当发动机在车架上纵向布置时，风扇一般安装在水泵轴上，并由驱动水泵和发电机的同一根V带传动。

风扇的作用是当风扇旋转时吸进空气，使其通过散热器，以增强散热器的散热能力，加大冷却液的冷却速度。

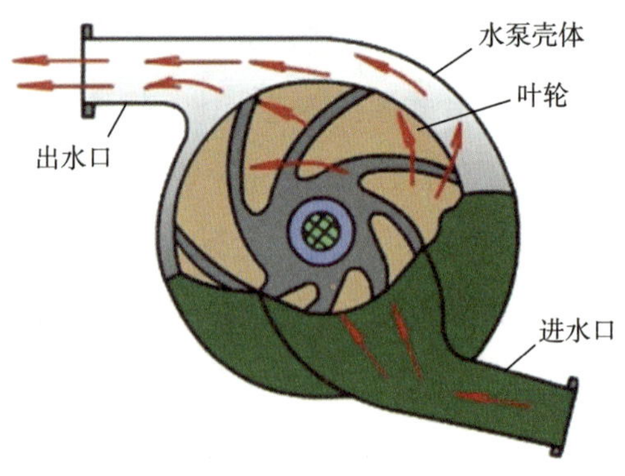

图 2-3-8 离心式水泵的工作原理示意图

冷却风扇的控制方式主要有电动冷却风扇系统和硅油风扇离合器系统两种，如图 2-3-9 所示。其中，电动冷却风扇系统一般由温度感应器、风扇、电动机和电动机控制开关组成。硅油风扇离合器系统由硅油风扇离合器控制。

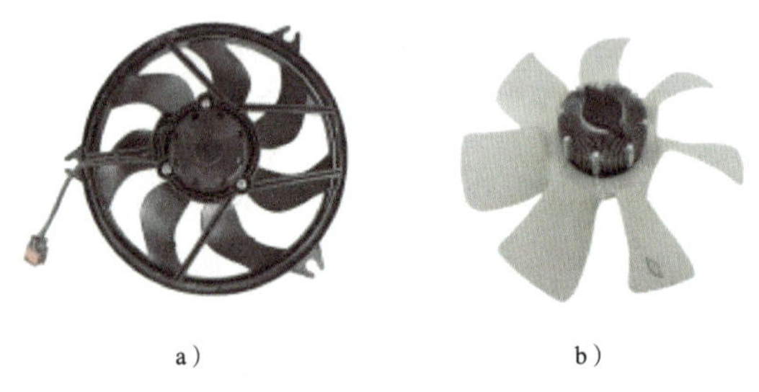

图 2-3-9 冷却风扇的控制方式

a）电动冷却风扇系统 b）硅油风扇离合器系统

1）电动冷却风扇系统。电动冷却风扇根据冷却液温度变化，使风扇断续工作，能提高整车的经济性。电动机的温控开关由散热器的冷却液温度控制，需要冷却时自动起作用。这样，在一般行驶条件下，电动冷却风扇几乎不转，功率消耗减少，油耗率降低，而在低速、大负荷时又能得到充分的冷却。

2）硅油风扇离合器系统

①结构组成。硅油风扇离合器系统主要由前盖、壳体、主动盘、从动盘、阀片、主动轴、双金属螺旋弹簧感温器、阀片轴、轴承、风扇等组成，如图 2-3-9b 所示。前盖、壳体和从动盘用螺钉组成一体，通过轴承装在主动轴上，风扇装在壳体上。从动盘与前盖之间的空腔为储油腔，其内装有硅油（油面低于轴中心线）。从动盘与壳体之间的空腔为工作腔，主动盘与主动轴固定连接，主动轴与水泵轴连接。从动盘上有进油孔，平时由阀片关闭，若偏转阀片，则进油孔即可打开。阀片的偏转由双金属螺旋弹簧感温器控制，从动盘上有凸台限制阀片的最大偏转角。双金属螺旋弹簧感温器的外端固定在前盖上，内端卡在阀片轴的槽内。从动盘外缘有回油孔，中心有漏油孔，以防静态时从阀片

轴周围泄漏硅油。

②工作原理。硅油风扇离合器系统用硅油作为介质，利用硅油高黏度的特性传递扭矩，利用散热器后面空气的温度，通过感温器自动控制风扇离合器的分离和结合。温度低时，硅油不流动，风扇离合器分离，风扇转速减慢，基本上是空转。温度高时，硅油的黏性使风扇离合器结合，于是风扇和水泵轴一起旋转，起到调节发动机温度的作用。

硅油风扇离合器系统的感温元件是双金属螺旋弹簧感温器。其工作过程为：当流经散热器的空气温度升高时，双金属螺旋弹簧感温器受热变形，迫使阀片轴转动，打开从动盘上进油孔，从动盘与前盖之间储存的硅油便流入主动盘与从动盘之间的工作腔，离合器结合，风扇转速升高。空气温度越高，进油孔开度越大，风扇转速就越快。

当流经散热器的空气温度下降时，双金属螺旋弹簧感温器恢复原状，阀片关闭进油孔，在离心力的作用下，硅油经回油孔从工作腔返回储油腔，离合器分离，风扇转速变得很低。

（4）冷却液补偿水箱

为了减少防锈、防冻液的损失，现代汽车发动机常采用膨胀水箱（又称冷却液补偿水箱），其作用主要有：把冷却系统变成永久性封闭系统，减少冷却液的损失；避免空气不断进入引起的机件氧化腐蚀，减少穴蚀；使冷却系统中水、汽分离，保持系统内压力稳定，提高水泵的泵水量。

膨胀水箱多用半透明材料（如塑料）制成，透过箱体可直接观察到液面高度，无须打开散热器盖，如图 2-3-10 所示。膨胀水箱的上部用一个较细的软管与水箱的加水管相连，底部通过水管与水泵的进水侧相连接，通常位置略高于散热器。

图 2-3-10　膨胀水箱

5. 冷却系统强度调节主要零部件的构造

发动机冷却系统需要根据使用条件，如转速、负荷、环境温度等的变化而调节冷却强度，这样才能使发动机在不断变化的外部条件下经常处在最有利的温度状况下工作。否则在冬季寒冷地区，发动机以高速小负荷工作时，将因冷却强度过大而出现过冷现象；在夏季高温地区，发动机在低速大负荷工况下，将因冷却强度不足而出现过热现象。一般通过改变流经散热器的冷却液流量和改变流经散热器的空气流量这两种方法来调节冷却强度。流经散热器的空气流量通过电动冷却风扇的转速大小来控制，流经散热器的冷却液流量则通过节温器改变冷却液的循环线路来控制。

节温器是控制冷却液流动路径的阀门，是一种自动调温装置，通常含有感温组件，依靠膨胀或冷缩作用，开启或关闭冷却液流入散热器的阀口，以此改变冷却液的循环线路。

目前汽车中主要使用的节温器为蜡式节温器，其实物及结构如图 2-3-11 所示。推杆的一端固定于支架的中心处，另一端插入胶管的中心孔中。胶管与节温器外壳之间形成的腔体内装有特制的石蜡。常温时，石蜡呈固态，阀门压在阀座上，这时阀门关闭了通往散热器的水路，来自发动机缸盖出水口的冷却液经水泵又流回气缸体水套中进行小循环。当发动机水温升高时，石蜡逐渐变成液态，体积随之增大，迫使橡胶管收缩，从而对推杆上端头产生向上的推力。由于推杆上端是固定的，故反推杆对橡胶管、感应体产生向下反推力，阀门开启。当发动机水温在 80 ℃以上时，阀门全开，来自气缸盖出水口的冷却液流向散热器，进行大循环。

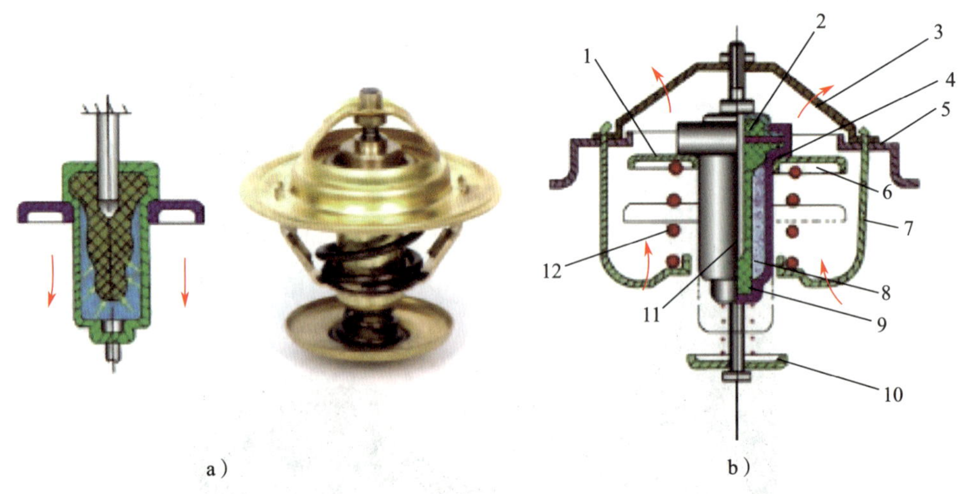

图 2-3-11　蜡式节温器

a）实物　b）结构

1—主阀门　2、3—上支架　4—感应体　5—阀座　6、8—胶管　7—下支架

9—石蜡　10—副阀门　11—中心杆　12—弹簧

二、混合动力汽车动力总成冷却系统

混合动力汽车除发动机外，动力总成（即混合动力汽车传动桥）还有单独的一套冷却系统。混合动力汽车动力总成在驱动与回收能量的工作过程中，电动机定子铁芯、定子绕组在运动过程中都会产生损耗，这些损耗以热量的形式向外发散，需要有效的冷却介质及冷却方式来带走热量，保证电动机在一个稳定的冷热循环平衡的通风系统中安全可靠地运行。电动机冷却系统设计的情况将直接影响电动机的安全运行和使用寿命。

混合动力汽车动力总成冷却系统主要依靠冷却水泵带动冷却液在冷却管道中循环流动，通过在散热器中的热交换等物理过程，冷却液带走电动机与控制器产生的热量。为使散热器热量散发更为充分，通常还在散热器后方设置风扇。

1. 混合动力汽车动力总成冷却系统的分类

混合动力汽车动力总成冷却系统的主要冷却方式有自然冷却、风冷和水冷。

（1）自然冷却

自然冷却依靠电动机铁芯自身的热传递，散去电动机产生的热量，热量通过封闭的机壳表面传递给周围介质，其散热面积为机壳的表面。为增大散热面积，机壳表面可增加冷却筋。其结构简单，不需要辅助设施就能实现，但自然冷却效果差，仅适用于转速低、负载转矩小、发热量较小的小型电动机。

（2）风冷

电动机自带同轴风扇来形成内风路循环或外风路循环，通过风扇产生足够的风量，带走电动机所产生的热量，介质为电动机周围的空气，空气直接进入电动机内，吸收热量后向周围环境排出。其冷却效果好；可使用风冷却器，采用循环空气冷却器避免腐蚀物和磨粒，有利于提高电动机使用寿命；结构相对简单，电动机冷却成本低。但受环境因素的制约，在恶劣工业环境中，例如高温、粉尘、污垢和恶劣的天气下无法使用风冷。风冷常用于一般清洁、无腐蚀、无爆炸环境下的电动机。

（3）水冷

水冷是将冷却液通过管道和通路引入定子或转子空心导体内部，通过循环的冷却液不断流动，带走电动机定子和转子产生的热量，实现对电动机的冷却功能。

水冷式电动机主要运用于大型机组和高温、粉尘、污垢等恶劣的无法使用自然冷却、风冷型电动机的场合。

2. 混合动力汽车动力总成冷却系统的组成

由散热器、冷却风扇、膨胀水箱、冷却液泵、冷却液软管以及冷却液温度传感器等部件组成。

3. 混合动力汽车动力总成冷却系统的工作原理

如图 2-3-12 所示为混合动力汽车动力总成冷却系统冷却液在管路中的循环路径。冷却系统利用传导原理，将热量从逆变器（PEB）/ 驱动电动机组件传递到冷却液中，带有热量的冷却液流过散热器内的蒸发管路，通过冷却风扇吹动气流，将热量传递到大气中。当系统处于较低温度时，冷却液泵不工作。当温度上升后，冷却液泵工作，将低温冷却液输送至电动机中，将电动机热量带走，并经过软管流入散热器内，散热器将热量散发到空气中，使逆变器（PEB）/ 驱动电动机组件保持在最佳的工作温度。

冷却液从右侧上部水室到左侧底部水室流经散热器，由经过散热器芯体的空气进行冷却。冷却系统的温度是由冷却液温度传感器来测量的，该传感器向逆变器（PEB）发送信号，逆变器（PEB）根据传感器信号控制冷却风扇的启停。冷却液温度信号由逆变器（PEB）传送给 CAN 总线，CAN 总线将冷却液温度反馈给组合仪表。该组合仪表上会实时显示冷却液的温度，如果冷却液温度变得过高，则组合仪表上的报警灯和消息会提醒驾驶员。

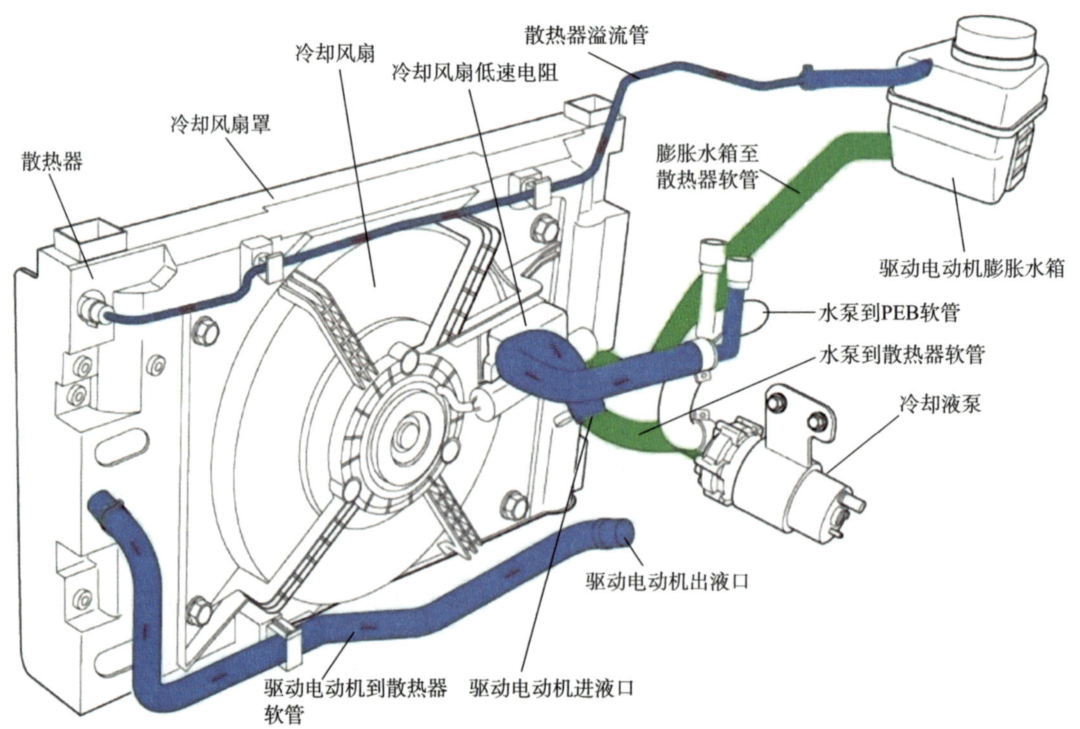

图 2-3-12　冷却系统冷却液在管路中的循环路径

4. 丰田混合动力车型动力总成冷却系统

丰田混合动力车型，如普锐斯、凯美瑞、卡罗拉双擎等安装了独立于发动机冷却系统之外工作的另一套冷却系统。这套冷却系统用于冷却逆变器、驱动总成（MG1 和 MG2），由专用储液罐、专用冷却液泵、专用散热器和专用的冷却液管路组成，如图 2-3-13 所示。

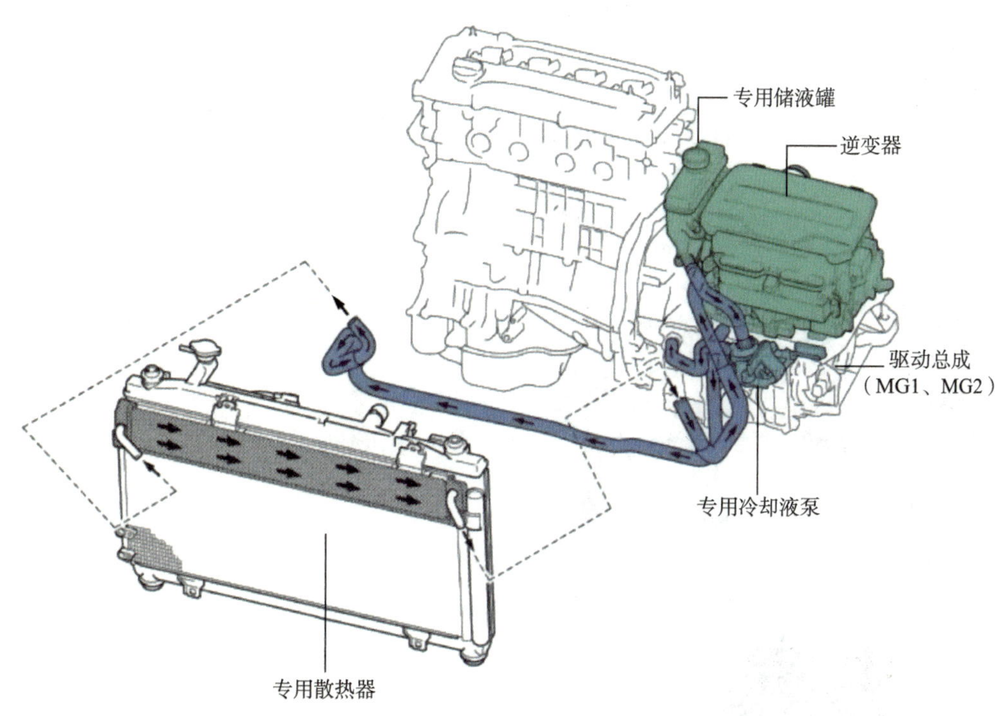

图 2-3-13 丰田混合动力汽车电动机冷却系统

逆变器、MG1 和 MG2 的专用散热器安装于冷凝器（空调）上部。通过集成独立逆变器散热器、空调冷凝器和发动机散热器，使布局更加紧凑。将车辆电源状态切换至 READY ON 状态时，该冷却系统激活。当逆变器、MG1 和 MG2 温度过热时，专用冷却液泵根据温度传感器信号开始启动，将逆变器、MG1 和 MG2 内的高温冷却液传送到专用散热器，通过冷却风扇吹动气流，将热量传递到大气中。当系统处于较低温度时，专用冷却液泵不工作。

三、冷却系统的维护

冷却系统的常见维护作业主要是发动机冷却液的补充和更换。冷却液的补充较为简单，当冷却液液面接近于冷却液储液罐最低刻度线时，需及时补充冷却液。补充冷却液的方法是：关闭点火开关，在发动机熄火 10 min 后，冷却液温度下降，此时可拧开储液罐盖，加入同牌号的冷却液，直至冷却液液面到达最高刻度线。以下重点介绍冷却液的更换方法。

下面以丰田卡罗拉 1.6L 车型为例，按照表 2-3-1 所示的步骤进行汽车冷却液的更换。

表 2-3-1　汽车冷却液的更换步骤

图示	步骤
	1. 拧下储液罐盖 注意：在发动机处于冷机状态下方可拧下储液罐盖
	2. 举升车辆
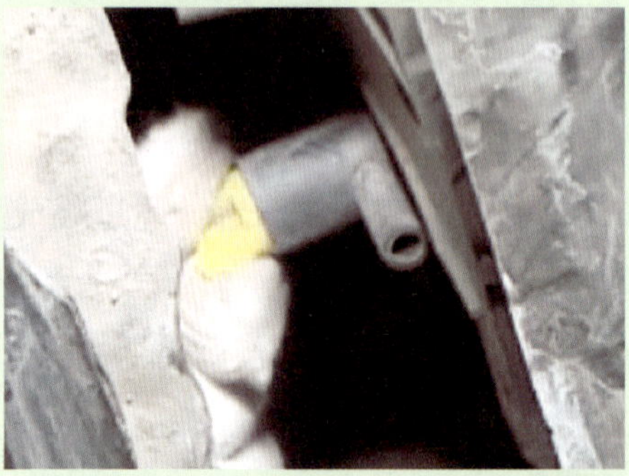	3. 松开放水螺塞，将冷却液放出并储存到事先准备好的盛水容器中，待冷却液放净后将放水螺塞拧紧
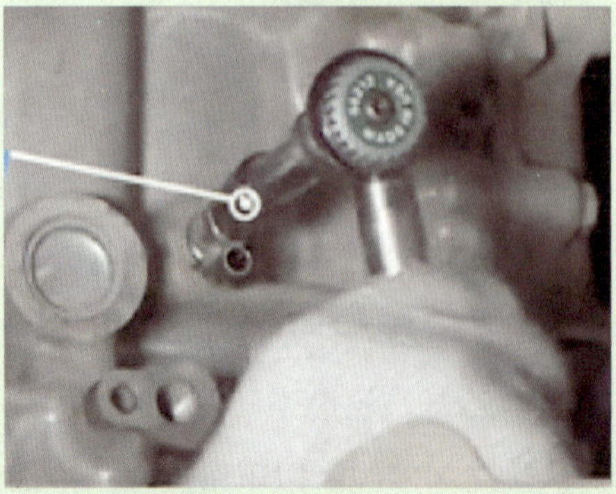	4. 松开气缸体放水螺塞，将冷却液储存到盛水容器中，然后紧固气缸体放水螺塞

续表

图示	步骤
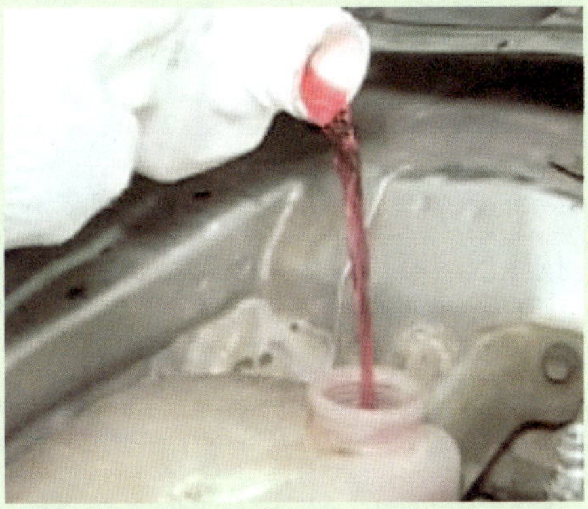	5. 选择合适的冷却液，将冷却液添加到储液罐中，冷却液要添加至 MAX 刻度线
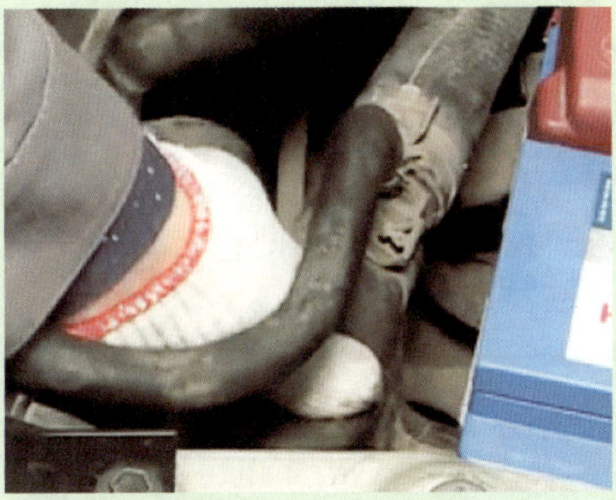	6. 用手按压散热器进水软管和出水软管数次，然后检查冷却液液位，如液位过低，则继续添加冷却液；如液位正常，则盖好储液罐盖结束冷却液的添加
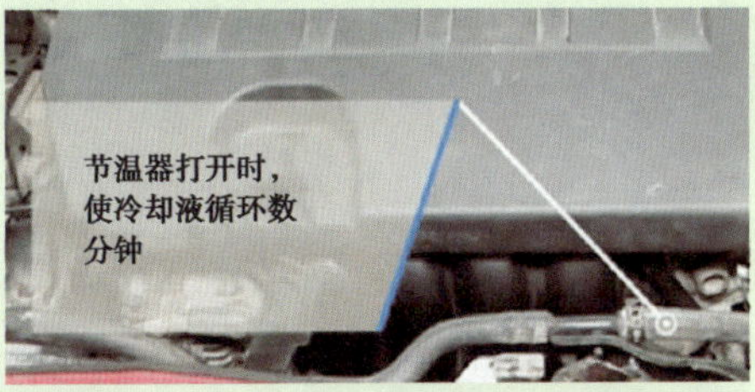 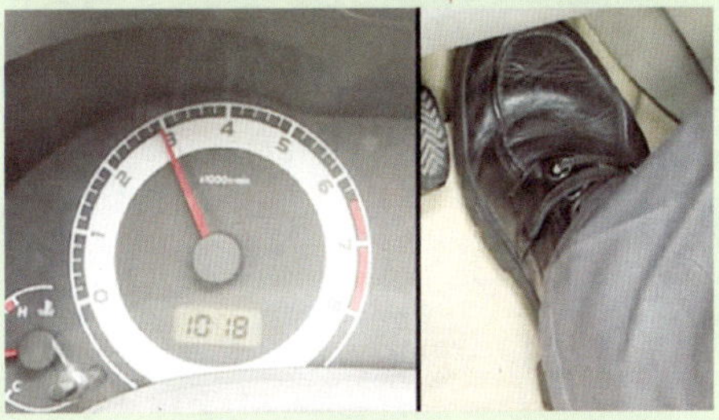 节温器打开时，使冷却液循环数分钟	7. 启动发动机，使发动机暖机至节温器打开。然后踩下加速踏板，使发动机转速处于 3 000 r/min，保持 5 s 后松开加速踏板，使发动机怠速运转 1 min

续表

图示	步骤
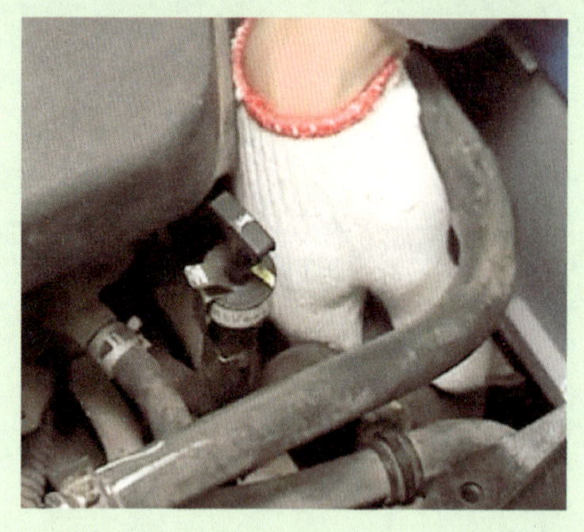	8. 循环踩踏加速踏板至少 8 次后，用手按压散热器进、出水软管数次，排出系统中的空气
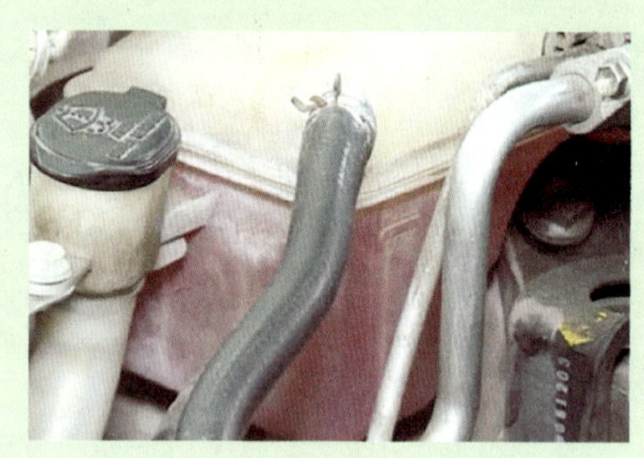	9. 待发动机冷却后检查冷却液液位是否正常。如不正常，则补充冷却液至正常液位

思考与练习

1. 简述发动机冷却系统的作用。

2. 简述发动机三种循环路线冷却液流经的路径。

课题四 | 润滑系统的检修

学习目标

1. 掌握发动机润滑系统的工作原理。
2. 熟练识别并叙述发动机润滑系统的构成元件位置及功能。
3. 能完成润滑系统机油油量及质量的检查和更换作业。

相关理论

一、润滑系统的作用与组成

1. 润滑系统的作用

当汽车发动机启动并运转时，各运动零件均以运动副的形式配合工作，并有相互的摩擦力作用在各零件工作面上，零件表面必然会产生摩擦，加速磨损，因此，为了减小摩擦阻力，减少功率损失，减轻零件磨损，延长发动机的使用寿命，发动机就需要润滑系统。

润滑系统的作用主要有以下几方面。

（1）润滑

将清洁、压力和温度适宜的机油不断地供到各运动部件的摩擦表面，以起到减少零件摩擦和磨损的润滑作用，使运动部件实现液体摩擦。

（2）冷却

机油与发动机内部重要的运动部件直接接触，可有效地带走产生的热量，并传递给油底壳中的冷却器、曲轴箱，最后传到大气中。如发动机中无足够的机油，发动机会发热。

（3）清洁

保持发动机零件清洁，避免积炭和杂质，确保发动机正常循环。

（4）密封

发动机内的机油在运动部件上产生一层薄膜，这层薄膜在重要的活塞环区域作为保护性密封剂，帮助气缸壁和活塞环之间密封。若没有这层油膜，压缩气体将漏入曲轴箱。

（5）防锈

减少零件振动，降低噪声，防止零件表面生锈。

（6）缓冲

在运动零件表面形成油膜，可以吸收冲击并减少振动，起减振和缓冲作用。

（7）液压

机油还可以用作液压油，如在液压挺柱和正时链条液力张紧器内起液压调节作用。

2. 润滑系统的组成

一般发动机润滑系统的组成大体相同，主要由机油泵、油底壳、机油滤清器、各种阀（限压阀和旁通阀等，图中未画出）组成，有的还设有传感器、机油压力表、机油温度表和机油散热器等。图 2-4-1 所示为润滑系统的组成。

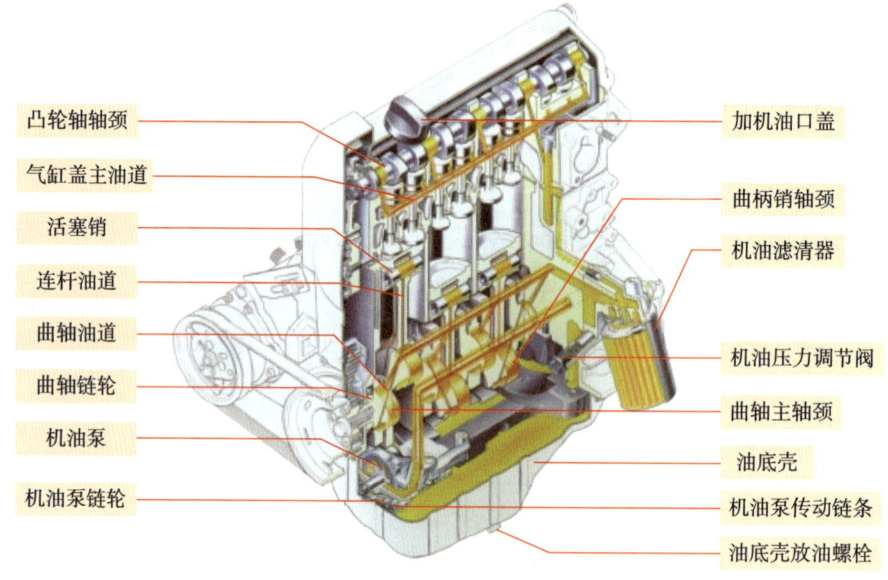

图 2-4-1　润滑系统的组成

（1）机油泵

机油泵将机油从油底壳中抽出加压后，送到各零件表面进行润滑，维持机油在润滑系统中的循环，以保证发动机良好的润滑。根据其结构和工作原理不同，机油泵可分为齿轮式、转子式和叶片式三种类型。现代轿车发动机润滑系统采用的机油泵主要为齿轮式和转子式。以下着重介绍齿轮式机油泵（包括外齿轮式和内齿轮式）和转子式机油泵。

1）外齿轮式机油泵。外齿轮式机油泵由泵体、油泵盖、主动齿轮、从动齿轮、限压阀、齿轮轴等零件组成，如图 2-4-2 所示。

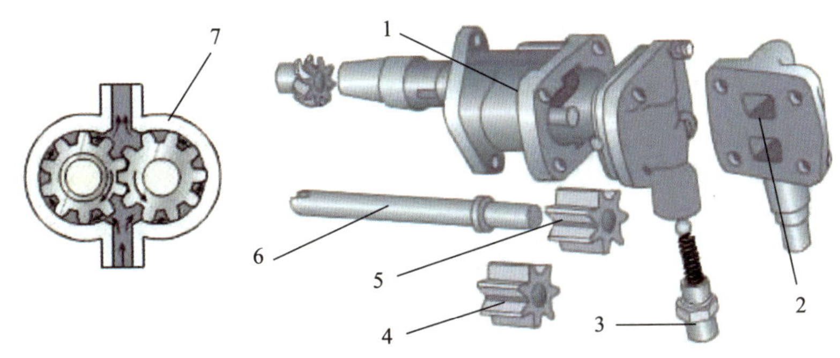

图 2-4-2 外齿轮式机油泵

1—泵体 2—油泵盖 3—限压阀 4—从动齿轮 5—主动齿轮 6—齿轮轴 7—泵体横截面

外齿轮式机油泵壳体内装有一对主、从动齿轮。主动齿轮由凸轮轴上的斜齿轮或曲轴前端齿轮驱动，两齿轮与壳体内壁之间的间隙很小。发动机工作时，齿轮按图 2-4-2 左图中所示箭头方向旋转，进油腔由于轮齿向脱离啮合方向高速运动而产生一定的真空度，机油便从进油口被吸入并充满进油腔。齿轮旋转时，把齿间所存的机油带到出油腔内。由于出油腔一侧轮齿进入啮合，机油处于被压状态，油压升高，机油便经出油口被不断压出。

2）内齿轮式机油泵。内齿轮式机油泵主要由主动齿轮、从动齿轮、月牙块和泵体组成。图 2-4-3 所示为内齿轮式机油泵。主动齿轮为一较小的外齿轮，一般直接由曲轴驱动；从动齿轮为一较大的内齿圈。当发动机工作时，主动齿轮随驱动轴一起转动并带动从动齿轮以相同的方向旋转。主、从动齿轮在转到进油口处时开始逐渐脱离啮合，并沿旋转方向两者形成的空间逐渐增大，形成一定的真空度，将机油从进油口吸入。随着齿轮的继续旋转，月牙块将主、从动齿轮隔开，齿轮旋转时把齿间所存的机油带往出油口。在靠近出油口处，主、从动齿轮的轮齿逐渐进入啮合，齿间的机油被挤出，油压升高，机油从机油泵的出油口被送往发动机油道中。

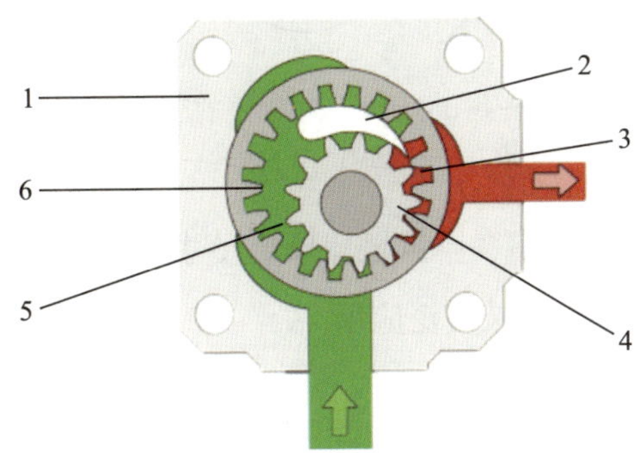

图 2-4-3 内齿轮式机油泵

1—泵体 2—月牙块 3—出油腔 4—主动齿轮 5—进油腔 6—从动齿轮

3）转子式机油泵。转子式机油泵如图 2-4-4 所示。转子式机油泵由内转子、外转子、泵体、泵盖及释放阀等组成。内、外转子安装在机油泵泵体内，内、外转子的中心有一定的偏心距，内转子比外转子少一个齿，外转子可在机油泵泵体内自由转动。

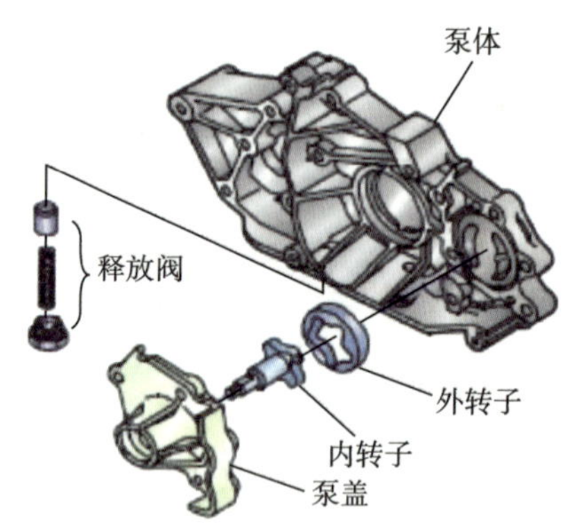

图 2-4-4　转子式机油泵

转子式机油泵的工作原理如图 2-4-5 所示。发动机工作时，转子轴驱动内转子旋转，内转子带动外转子一起旋转，无论转子转到任何角度，内、外转子每个齿的齿形轮廓线上总有接触点，因此，内、外转子间便形成了 4 个工作腔。由于内、外转子的齿数不同，且由于偏心距的存在，随着转子的转动，使 4 个工作腔的容积不断变化。每个工作腔总是在容积最小时与泵体上的进油口连通，然后腔内容积逐渐增大，产生真空，机油便经进油口被吸入工作腔。当该工作腔与进油口隔开而与出油腔连通时，其腔内容积又逐渐减小，油压升高，机油便经出油口压出。随着转子的不断旋转，机油就被不断吸入和压出。

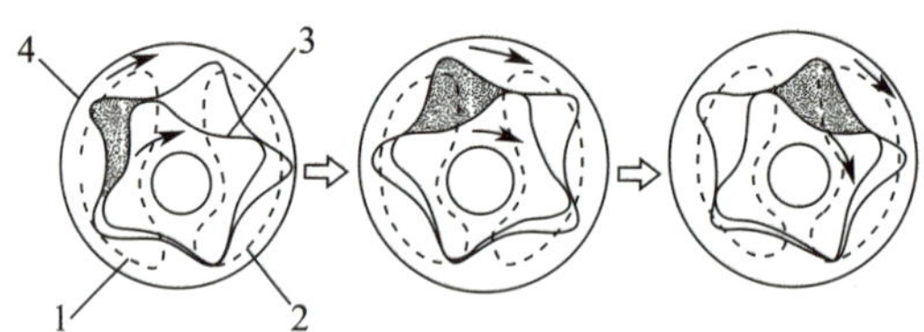

图 2-4-5　转子式机油泵的工作原理

1—进油孔　2—出油孔　3—内转子　4—外转子

转子式机油泵具有结构紧凑、质量轻、外形尺寸小、泵油量大、供油均匀性好、成本低等优点，在中小型发动机上被广泛应用。

（2）机油滤清器

机油滤清器（见图 2-4-6）用来过滤机油中的杂质、碎屑、油泥和水分等杂物，使送到各润滑部位的都是干净清洁的机油。

图 2-4-6　机油滤清器

（3）限压阀与旁通阀

限压阀用来限制机油泵输出的机油压力；旁通阀在集滤器堵塞时打开，使机油泵输出的机油可直接进入主油道。图 2-4-7a 所示为限压阀，图 2-4-7b 所示为旁通阀。

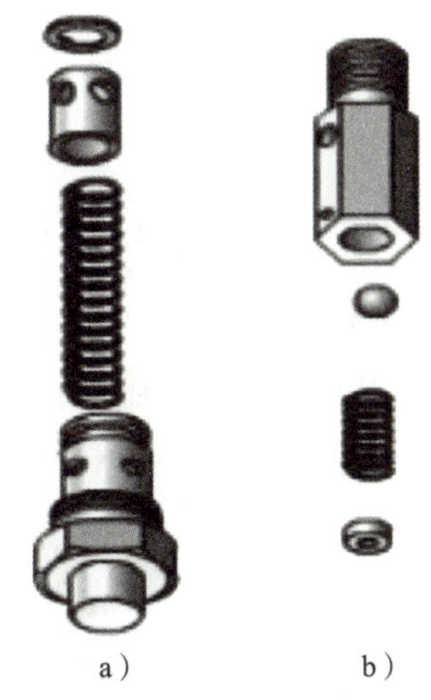

a）　　b）

图 2-4-7　限压阀与旁通阀

a）限压阀　b）旁通阀

二、发动机的润滑方式

由于发动机传动件的工作条件不同，所要求的润滑强度也不同，因此，对负荷及相对运动速度不同的传动件采用不同的润滑方式。发动机的润滑方式分为压力循环润滑、飞溅润滑、润滑脂润滑。

1. 压力循环润滑

压力循环润滑是利用机油泵，将具有一定压力的机油源源不断地送往摩擦表面，如图 2-4-8 所示。例如，曲轴主轴承、连杆轴承及凸轮轴轴承等处承受的载荷及相对运动速度较大，需要以一定压力将机油输送到摩擦表面的间隙中，方能形成油膜，以保证润滑。

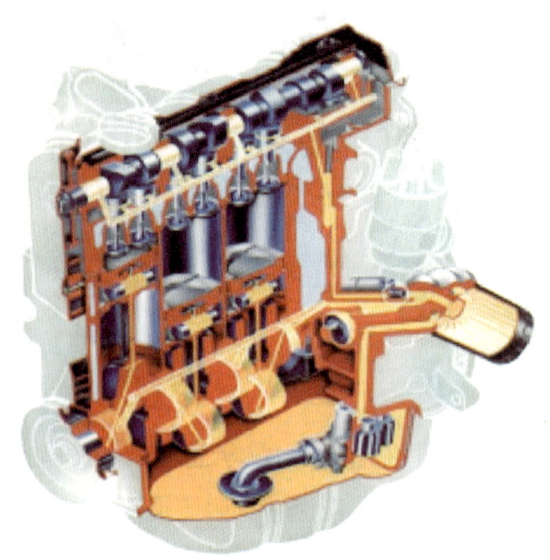

图 2-4-8　压力循环润滑

2. 飞溅润滑

飞溅润滑是利用发动机工作时运动零件飞溅起来的油滴或油雾来润滑摩擦表面的，如图 2-4-9 所示。这种润滑方式可使裸露在外面承受载荷较轻的气缸壁、相对滑动速度较小的活塞销以及配气机构的凸轮表面、挺柱得到润滑。

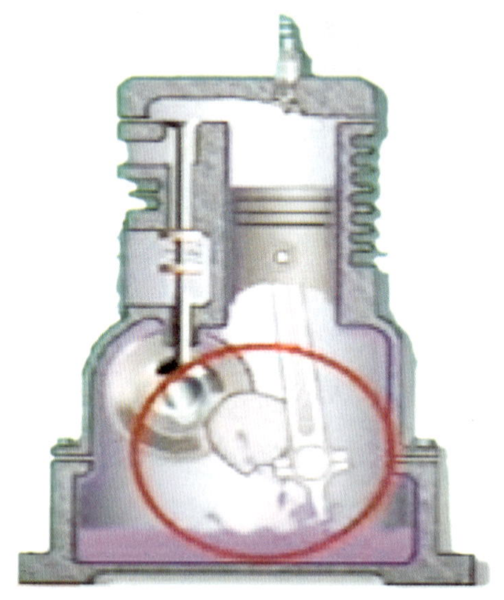

图 2-4-9　飞溅润滑

3. 润滑脂润滑

润滑脂润滑是对一些不太重要、分散的部位，采用定期加入润滑脂的方式进行润滑，如图 2-4-10 所示。

图 2-4-10　润滑脂润滑

三、润滑系统的工作原理及润滑油路

机油泵在发动机的带动下工作，从油底壳内吸入机油，先经滤油网过滤去除较大的杂质。经机油泵增压后进入机油滤清器，经过滤清后的干净机油进入主油道。主油道内的机油分为两路，一路润滑曲轴轴颈、连杆轴颈、活塞和气缸，另一路润滑凸轮轴轴承和摇臂轴，供给液压挺柱来自动调节气门间隙，并润滑挺柱、摇臂、气门杆等。机油泵的稳压装置也叫限压阀。当其压力超过机油泵压力时，限压阀开始工作，以保证润滑系统压力稳定。压力表或红色指示灯组成的指示装置可以直接显示主油道的压力。图 2-4-11 所示为卡罗拉混合动力汽车的发动机润滑系统示意图。

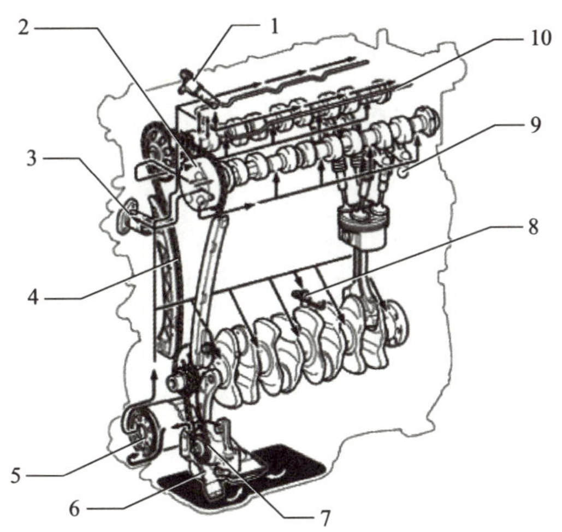

图 2-4-11　卡罗拉混合动力汽车的发动机润滑系统

1—凸轮轴正时机油控制阀总成　2—VVT-i 总成（丰田公司的智能可变气门正时系统总成）
3—1 号链条张紧器总成　4—链条分总成　5—机油滤清器　6—机油泵总成　7—2 号链条分总成
8—1 号机油嘴总成　9—摇臂　10—凸轮轴

四、润滑系统的维护

1. 润滑系统主要故障现象及原因

各零部件磨损、机油黏稠、油量不足等会造成润滑系统故障。润滑系统的主要故障现象有机油压力过低、机油压力过高、机油变质、机油消耗量过多。这时，机油压力报警灯点亮，提醒驾驶人员及时将车辆开去维修车间检修润滑系统。

（1）机油压力过低

故障现象：

1）发动机启动后，机油压力迅速降低，机油压力报警灯常亮。

2）发动机在正常温度和转速下，机油压力报警灯常亮，经检测机油压力表读数低于规定值。

故障原因：

1）机油压力传感器性能不良。

2）机油集滤器滤网堵塞。

3）曲轴箱机油黏度低或机油不足。

4）机油滤清器堵塞，使旁通阀开启压力过高或卡住，机油不能进入主油道。

5）机油泵限压阀弹簧过软或折断。

6）机油滤清器旁通阀弹簧过软或折断。

7）机油泵工作不良，机油油路严重泄漏。

8）气缸衬垫损坏，冷却液漏入曲轴箱，使机油变质，黏度下降。

9）曲轴主轴承、连杆轴承及凸轮轴轴承配合间隙过大，机油泄漏。

（2）机油压力过高

故障现象：

1）发动机启动后，机油压力表读数上升至 490 kPa 以上，机油压力报警灯常亮。

2）发动机运转中机油压力突然增高，机油压力报警灯常亮。

3）机油滤清器胀裂或机油传感器破裂。

故障原因：

1）油压传感器工作不良。

2）机油滤清器芯堵塞，旁通阀未开启。

3）气缸体主油道堵塞。

4）机油黏度过大，限压阀卡住或调整不当。

5）曲轴主轴承与连杆轴承间隙过小。

6）曲轴箱机油加注过多或机油太脏。

（3）机油变质

故障现象：

1）机油变黑并有杂质。

2）油滴外缘呈黄色，内部呈黑色。

3）机油严重稀释，有刺激性气味。

故障原因：

1）机油高温氧化，含有酸性物质、胶质铁屑、沥青等杂质。

2）燃烧室油废气和未燃混合气漏入曲轴箱，使机油稀释。

3）机油滤清器性能不良。

4）外部灰尘渗入曲轴箱，因与机油搅动形成油泥。

5）选用的机油品质不良或牌号不符。

（4）机油消耗量过多

故障现象：

发动机各密封处有机油渗漏现象，行驶中排气管冒蓝烟。

故障原因：

1）机油渗漏，气缸衬垫和各部件油封损坏。

2）机油被吸入燃烧室燃烧。

2. 机油的检查

在汽车使用过程中，机油的油量及质量对发动机的使用寿命起到关键性的作用。因此，检查机油的油量及质量至关重要。机油的油量及质量检查步骤见表 2-4-1。

表 2-4-1　　机油的油量及质量检查步骤

图示	步骤
	1. 将发动机冷却，车辆水平停放，检查机油油位。如果需要在热机时检查油位，需关掉发动机，车辆停放 5 min，使机油流回机油箱，切勿启动发动机

续表

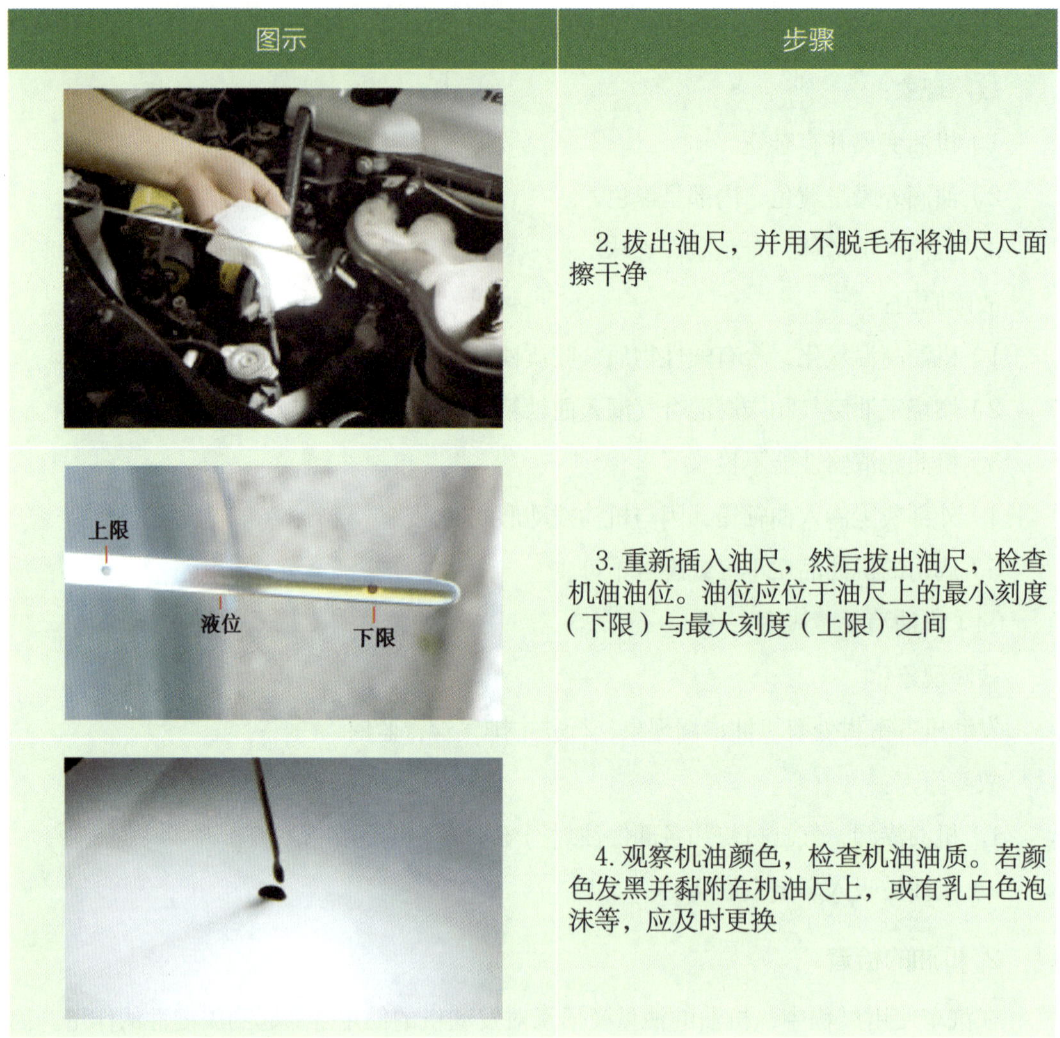

图示	步骤
	2. 拔出油尺，并用不脱毛布将油尺尺面擦干净
	3. 重新插入油尺，然后拔出油尺，检查机油油位。油位应位于油尺上的最小刻度（下限）与最大刻度（上限）之间
	4. 观察机油颜色，检查机油油质。若颜色发黑并黏附在机油尺上，或有乳白色泡沫等，应及时更换

3. 机油的更换

在发动机工作的过程中，各部件摩擦产生的金属屑会溶入机油中，因此，汽车行驶一段里程后需要更换机油，更换机油的里程数以厂家规定为准，首次更换机油的里程数为 1 000 ~ 3 000 km，后续更换机油的里程数为 5 000 ~ 10 000 km。更换的机油牌号一般用原厂指定的机油牌号即可。

若维修人员长期并反复地接触发动机机油，会导致皮肤失去表层的天然油脂，变得干燥、容易过敏，并容易发生皮炎。此外，用过的发动机机油内含有潜在的危害性污染物，可能会导致皮肤癌。维修人员更换机油时需穿防护服和戴手套，避免直接接触机油。如果需要接触机油，应使用肥皂或免水洗手液彻底清洗皮肤。不要使用汽油、稀释剂或溶剂清洗皮肤。为保护环境，只能在指定的报废地点处理用过的机油和机油滤清器。机

油的更换步骤见表 2-4-2。

表 2-4-2　　机油的更换步骤

图示	步骤
	1. 举升车辆，先拆下机油加注口盖分总成，然后利用举升设备将车辆举升到合适的操作高度。注意：待确认举升设备锁止后才能进入车底
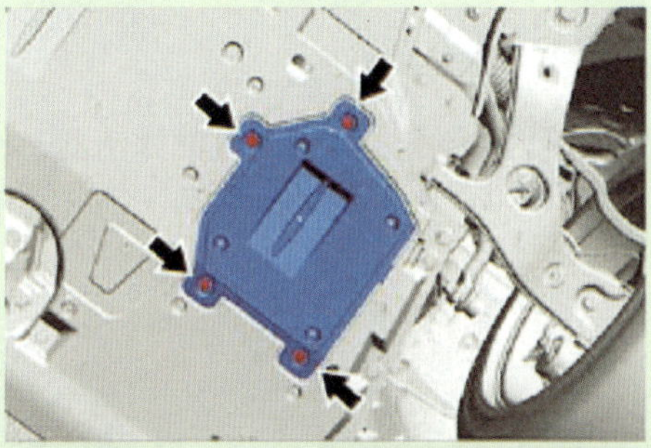	2. 拆下 4 个螺钉和发动机中央 4 号底罩
	3. 更换机油前，可先检查油底壳接缝处是否有机油泄漏。如无泄漏，将机油回收桶放置于油底壳放油螺塞位置下方
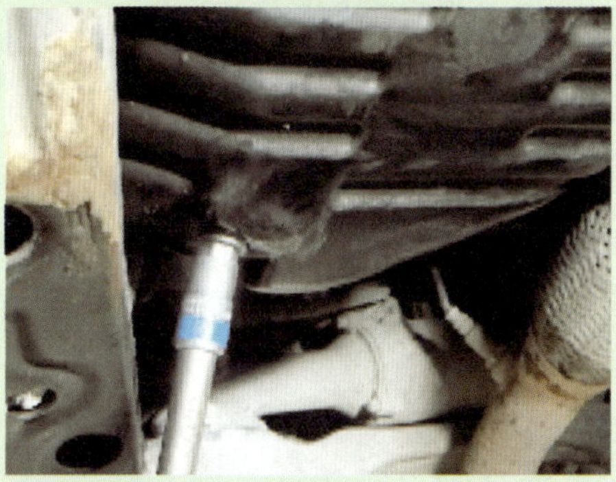	4. 使用工具拧松油底壳放油螺塞

续表

图示	步骤
	5. 用手慢慢旋出放油螺塞，排空发动机机油。待完全旋出时，迅速将放油螺塞从侧面移开，以防机油飞溅到身上
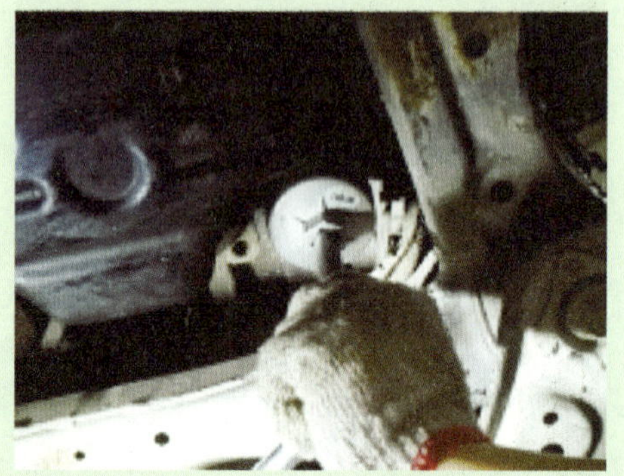	6. 使用专用工具拆下机油滤清器，检查并清洁机油滤清器总成的安装表面
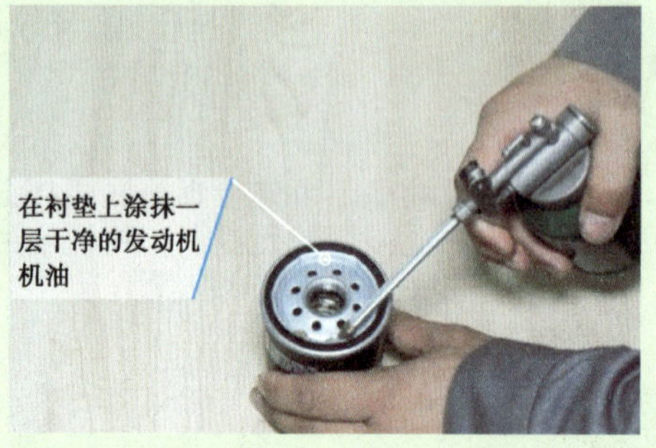	7. 更换机油滤清器 （1）在新机油滤清器总成的衬垫上涂抹干净的发动机机油 （2）待机油排净后，安装机油滤清器，用手将其固定到位，使用专用工具紧固机油滤清器总成，扭矩为 18 N·m （3）安装放油螺塞。将新衬垫安装到油底壳放油螺塞上，安装放油螺塞，要求拧紧，安装扭矩为 37 N·m （4）安装发动机中央 4 号底罩
	8. 降下车辆后，向机油加注口添加新机油。机油添加约 4 L 后，安装机油加注口盖

续表

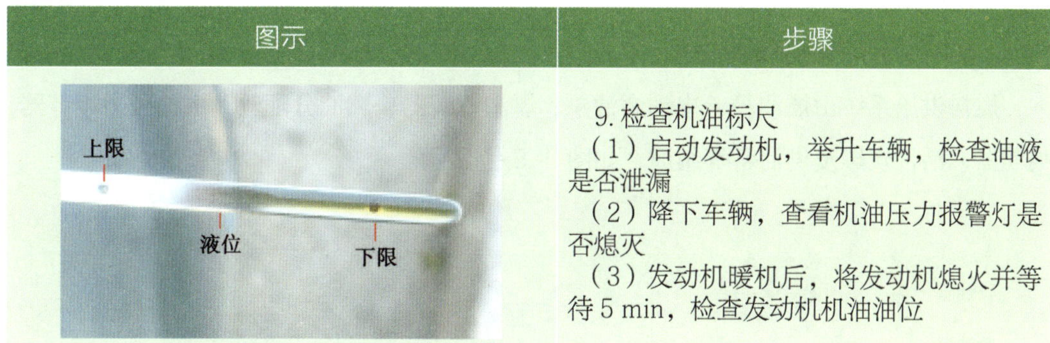

图示	步骤
	9. 检查机油标尺 （1）启动发动机，举升车辆，检查油液是否泄漏 （2）降下车辆，查看机油压力报警灯是否熄灭 （3）发动机暖机后，将发动机熄火并等待 5 min，检查发动机机油油位

思考与练习

1. 发动机润滑系统的作用是什么？润滑系统由哪些部件组成？
2. 发动机润滑系统有哪几种润滑方式？各自的特点是什么？

课题五 | 燃料供给系统的检修

学习目标

1. 掌握汽油发动机燃料供给系统的作用与组成。
2. 理解燃料供给系统的工作原理。
3. 能识别并检修燃料供给系统的零部件。

相关理论

一、燃料供给系统的作用

燃料供给系统根据发动机不同工况的需要，配制一定压力和数量、清洁、合适浓度的混合气，供入发动机气缸，并在气缸内燃烧做功后，将废气排至大气中。燃料供给系统由燃油供给装置、空气供给装置、电子控制单元（electronic control unit，ECU）和废气排出装置四部分组成。本课题主要介绍汽油发动机燃料供给系统。

二、燃料供给系统的组成

燃料供给系统由燃油箱、电动燃油泵、燃油滤清器、燃油分配管、燃油压力调节器、喷油器、活性炭罐及供油管等组成，如图 2-5-1 所示。

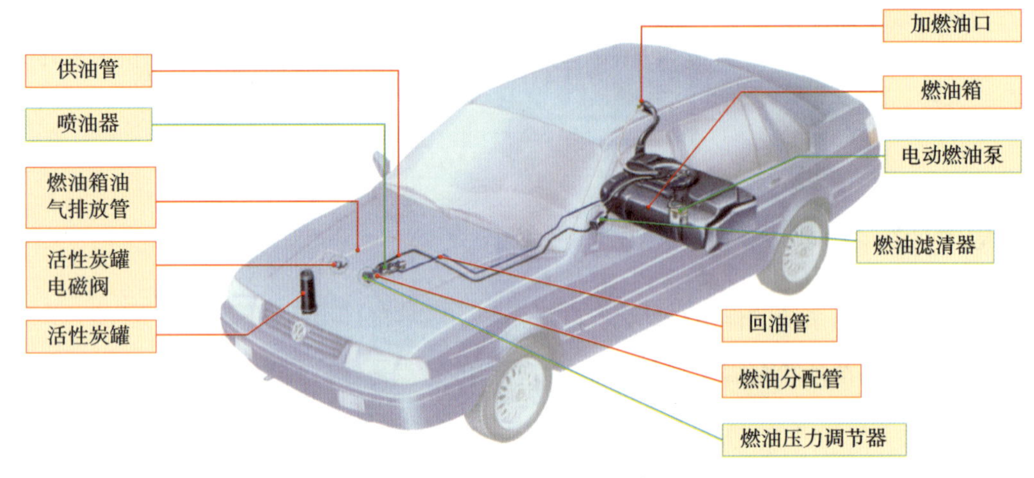

图 2-5-1 燃料供给系统

1. 燃油箱

燃油箱用于储存汽油。常见汽车上配备燃油箱的容量一般能保证汽车行驶 300～600 km。燃油箱外形和安装位置主要考虑全车的合理布置和安全性，多放置在车架的左侧中部或车身后部。

燃油箱多数采用低碳钢薄板冲压焊接制成，上部焊接有加油管，内部一般设有隔板，以减轻汽车行驶时汽油的振荡。图 2-5-2 所示为常见中型和大型汽车的燃油箱。此类燃油箱在底部装有放油螺栓，用于排放燃油中的水分和杂质。

燃油箱盖设有空气阀和蒸气阀。双阀结构用于平衡燃油箱内、外压力，当汽油减少、燃油箱内压力下降到一定值时，燃油箱外的空气推开空气阀进入燃油箱内；当燃油箱内蒸气过多、压力升高时，蒸气阀被顶开，汽油蒸气泄入大气，从而保持燃油箱内的正常压力。

2. 电动燃油泵

电动燃油泵的作用是从燃油箱中抽取燃油，将油压提高到规定值（供油压力高于进气歧管压力 250～300 kPa），然后通过供给系统输送到喷油器，及时向发动机供给各种工况下所需要的燃油量，如图 2-5-3 所示为电动燃油泵。

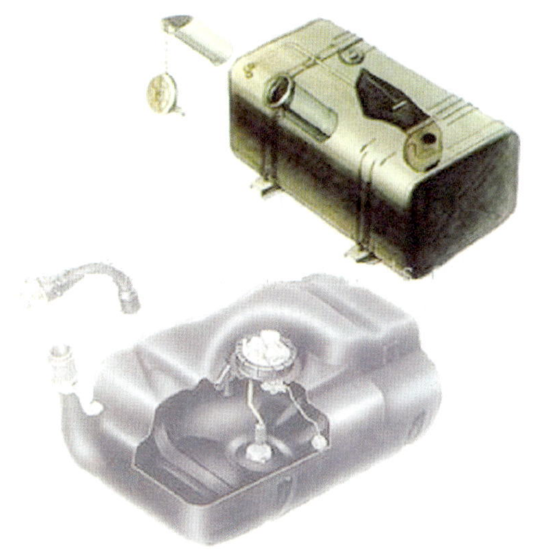

图 2-5-2 燃油箱

电动机转动时，带动叶轮旋转，进油口处的汽油随叶轮一同高速旋转。由于叶轮的带动和离心力的作用，进油室燃油不断被带走，使进油口处产生真空，汽油从进油口处被吸入；而出油室燃油不断增多，燃油压力升高，当燃油压力达到一定值时，则顶开出油阀，燃油经出油口输出。限压阀的作用是当油压超过 0.45 MPa 时克服弹簧力的作用而开启，使汽油流回油箱，以防油压过高损坏汽油泵或油管。在出油口处还装有单向止回阀，当发动机停止运转后，止回阀关闭，防止管路中的汽油倒流回电动燃油泵，以保持管路中有一定的残压，以便发动机再次启动。

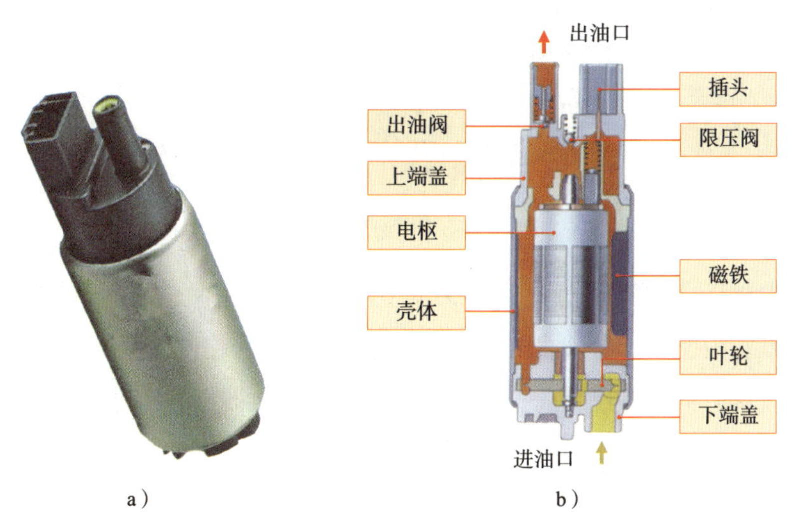

图 2-5-3 电动燃油泵

a）实物 b）结构

3. 燃油滤清器

燃油滤清器的作用是把燃油中的杂质去除，防止燃料供给系统堵塞（特别是喷油嘴）。现代轿车多采用一次性、不可拆式纸质燃油滤清器。燃油滤清器一般内置于燃油泵，或安装于燃油泵之后，其内部结构如图 2-5-4 所示。

发动机工作时，汽油在电动燃油泵的作用下从进油口接头流入燃油滤清器滤芯的外部，经滤芯后被滤清，清洁的汽油流入滤芯内腔，然后从出油管接头流出至燃油分配管。纸质滤芯无须清洗，一般行驶 15 000 km 需更换，更换时应注意燃油滤清器箭头上所指的汽油流动方向。

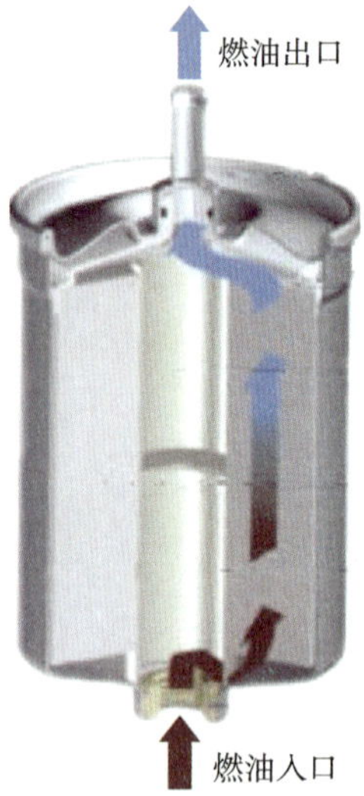

燃油出口

燃油入口

图 2-5-4　燃油滤清器的内部结构

4. 燃油压力调节器

燃油压力调节器的作用是要自动保持整个燃料供给系统的燃油压力为一定值，使供油总管内油压与进气歧管压力之差为一恒定值（一般为 250～300 kPa）。当压力差保持恒定时，喷油量取决于喷油器的开启时间。图 2-5-5 所示为燃油压力调节器。

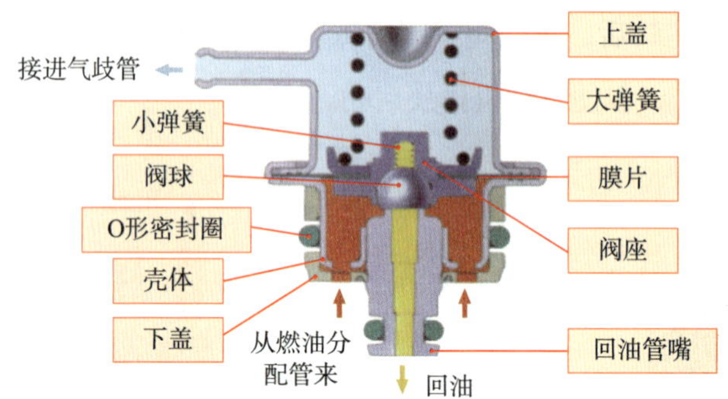

图 2-5-5　燃油压力调节器

燃油压力调节器中的膜片将燃油压力调节器分隔成上下两个腔。下腔与油管相连接，上腔与进气歧管相连接。当燃油压力与进气歧管压力之差超过预调压力差时，膜片下方的燃油就推动膜片向上压缩弹簧，阀球克服小弹簧压力被打开，进油室与回油室连通，超压的燃油流回燃油箱，以保持一定的燃油压力。燃油压力调节器安装在燃油分配管的一端，可使燃油压力调节在正常范围内。

5. 喷油器

喷油器是燃料供给系统中的重要零件，通常安装在进气歧管或气缸盖上，根据 ECU

发出的喷油脉冲信号，将计量准确的燃油适时、适量地喷入节气门附近的进气歧管或气缸内。

当喷油器的电磁线圈接通电流时，线圈中就会产生电磁吸力吸引针阀阀体，当磁力大于复位弹簧的弹力时，阀体使弹簧压缩而上升（上升行程很小，一般为0.1～0.2 mm），如图 2-5-6 所示。阀体上升时，针阀随阀体一同上升，针阀离开阀体时，燃油便从喷孔喷出，喷出燃油的形状为小于 35° 角的圆锥雾状。由于燃油压力较高，因此，喷出的燃油雾化较好。当喷油器的电磁线圈电流切断时，电磁吸力消失，阀体在复位弹簧的弹力作用下复位，针阀回落到阀座上将阀门关闭，喷油停止。

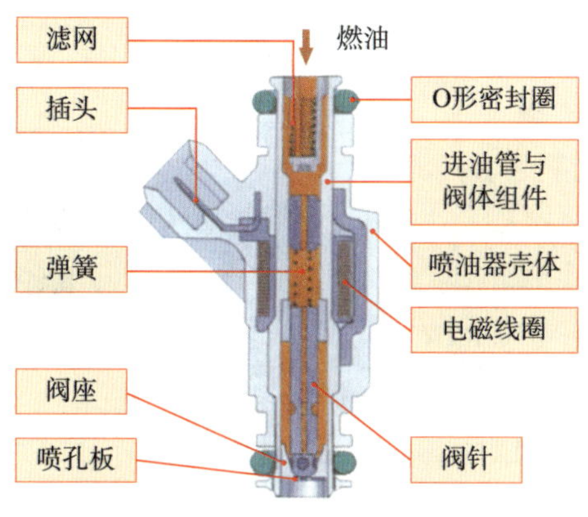

图 2-5-6　喷油器的结构

6. 活性炭罐

活性炭罐的作用是吸附燃油箱中挥发的汽油蒸气。在发动机启动后打开活性炭罐出气口，将活性炭罐中的汽油蒸气吸入气缸燃烧，从而减少空气污染并节省燃料消耗。如图 2-5-7 所示，燃油箱中的汽油蒸气通过单向阀进入活性炭罐的上部，空气从活性炭罐的下部进入活性炭罐。当发动机工作时，ECU 根据发动机转速、水温、空气流量等信号，控制活性炭罐电磁阀的开闭。电磁阀打开时，燃油蒸气通过控制阀被吸入进气歧管。

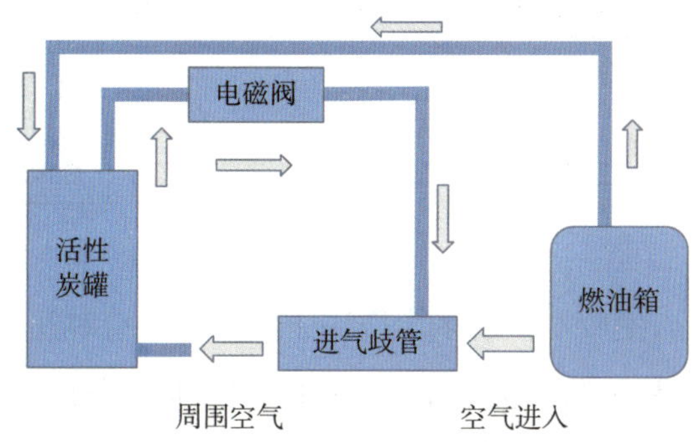

图 2-5-7　燃油蒸气通过活性炭罐被吸入进气歧管的过程

三、燃料供给系统的工作原理

汽油在电动燃油泵的作用下，自燃油箱吸入，加压后经进油管流入燃油滤清器，滤除其中的杂质后进入燃油分配管。ECU 依据空气流量计、转速传感器、节气门位置传感器和水温传感器的信号，进行分析、计算、比较，控制喷油器适时开启，将定量、定压的汽油喷入进气歧管，与经空气滤清器滤清后的新鲜空气混合进入气缸，而多余的汽油经回油管流回到燃油箱。进入气缸的混合气被火花塞产生的火花点燃，燃烧做功，产生的废气经排气管排出。图 2-5-8 为燃料供给系统结构图，图 2-5-9 为燃料供给系统燃油经过的通路。

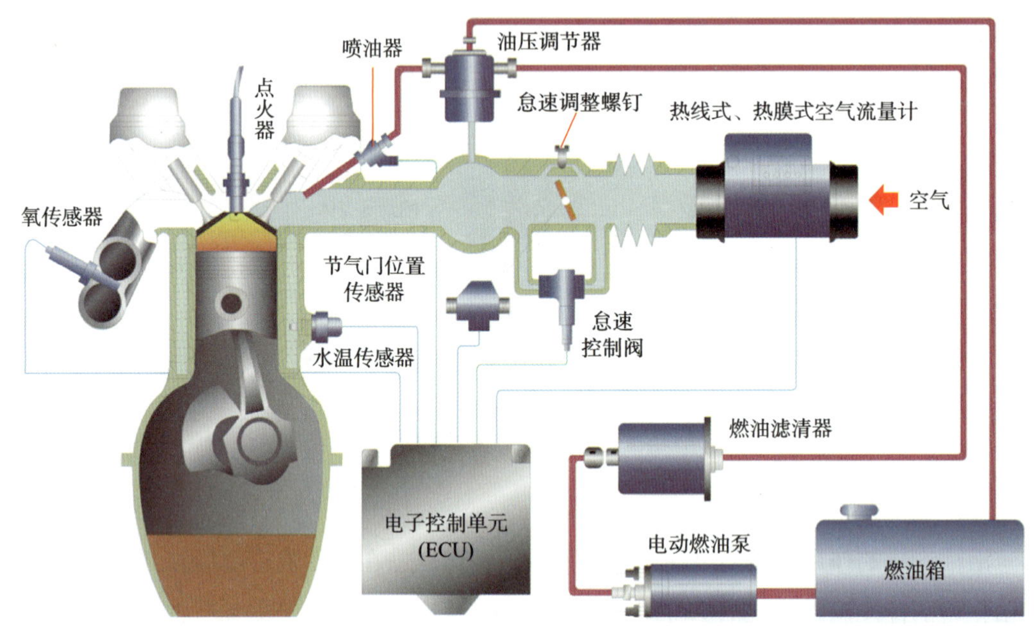

图 2-5-8　燃料供给系统结构图

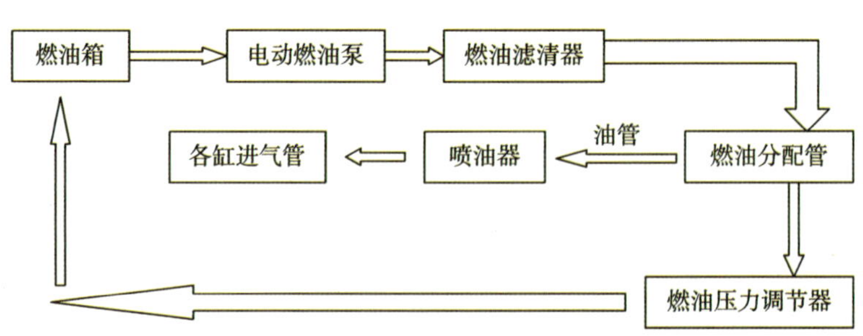

图 2-5-9　燃料供给系统燃油经过的通路

为便于控制喷油量，使喷油量的多少取决于喷油器开启时间，供油系统内设有燃油压力调节器，其作用是保证燃油管内的油压与进气歧管内的气压之差保持恒定。

为降低排气污染，提高发动机的经济性，排气管内还装有氧传感器，用以检测排气

中的氧含量，以确定混合气过浓还是过稀，然后向 ECU 反馈相应的电信号，并及时对喷油量进行校正。

另外，在温度较低时，汽油不易蒸发，混合气形成较为困难，造成怠速不稳，为加快暖机过程，还设有怠速控制阀。当发动机水温较低时，怠速控制阀开度最大，进气量增大，ECU 控制喷油器使喷油量增大，怠速提高；随着水温上升，怠速控制阀的开度逐渐减小，进气量和喷油量也相应减小，怠速逐渐降低，直至达到正常怠速。

四、燃料供给系统的维护

1. 空气滤清器的维护

发动机在工作过程中要吸进大量空气，如果空气不经过滤清，空气中悬浮的尘埃被吸入气缸中，就会加速活塞组与气缸的磨损。如果在使用过程中长时间不对空气滤清器进行维护保养，空气滤清器的滤芯就会粘满空气中的灰尘。在这种状态下，被吸入空气的流通性下降，发动机进气量不足，使得混合气过浓，影响发动机的使用性能。因此，定期维护（车辆每行驶 10 000 km/ 次）保养空气滤清器是至关重要的。下面以混合动力卡罗拉汽车为例，介绍空气滤清器的维护步骤，见表 2-5-1。

表 2-5-1　　空气滤清器的维护步骤

图示	步骤
	1. 用抹布擦拭空气滤清器外部，防止杂质掉入空气滤清器盒体内
	2. 松开空气滤清器盖固定卡扣，用套筒工具松开进气管卡箍螺栓，取出空气滤清器上盒体

续表

图示	步骤
	3. 将空气流量计连接器拔下
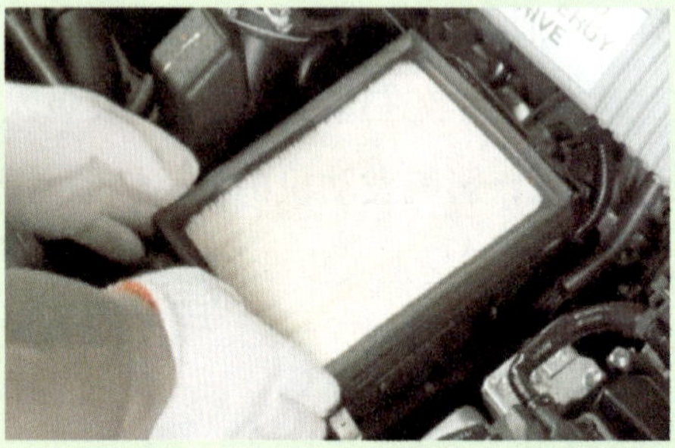	4. 取出滤芯，并检查空气滤清器橡胶垫圈有无破损。如有，应更换
	5. 清洁空气滤清器下盖。检查空气滤清器上盖、下盖有无裂痕和破损等缺陷。如有，应更换
	6. 在空气滤清器滤芯反面用压缩空气沿斜角方向除尘 注意：如果空气滤清器表面有树叶、绒毛等大颗粒异物，应先将异物清理至垃圾桶后，再用压缩空气除尘；如果空气滤清器过脏或有油污，则应更换

续表

图示	步骤
	7. 将已清洁的空气滤清器滤芯装入下盖。安装时，滤芯纸较高的一面朝下。连接空气流量计连接器，将空气滤清器上盖安装到位，扣上固定卡扣，并拧紧进气管卡箍螺栓

2. 燃油滤清器的更换

燃油滤清器的主要功能是滤除燃油中的杂质，如果燃油滤清器中杂质过多或堵塞，则需要更换燃油滤清器。燃油滤清器有进出油口箭头标记，更换时切勿装反。燃油滤清器的更换步骤见表 2-5-2。

表 2-5-2　　　　燃油滤清器的更换步骤

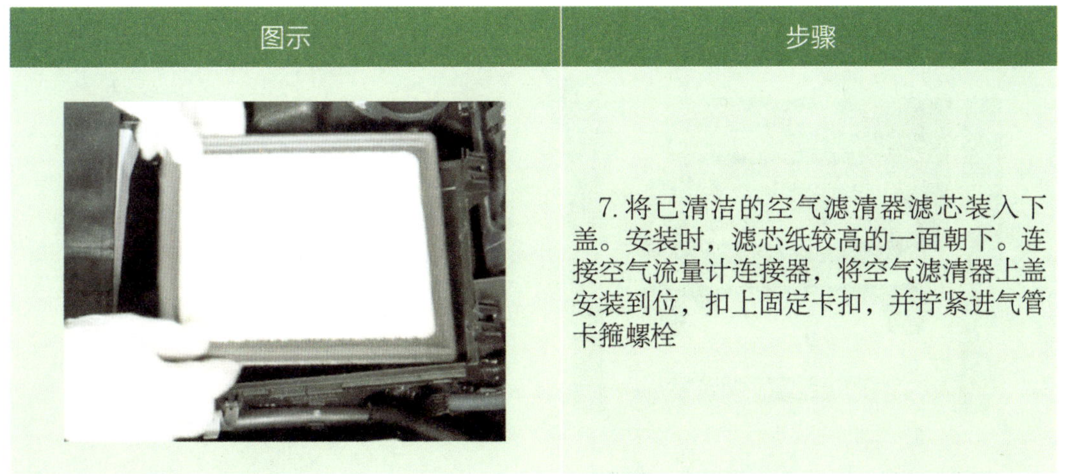

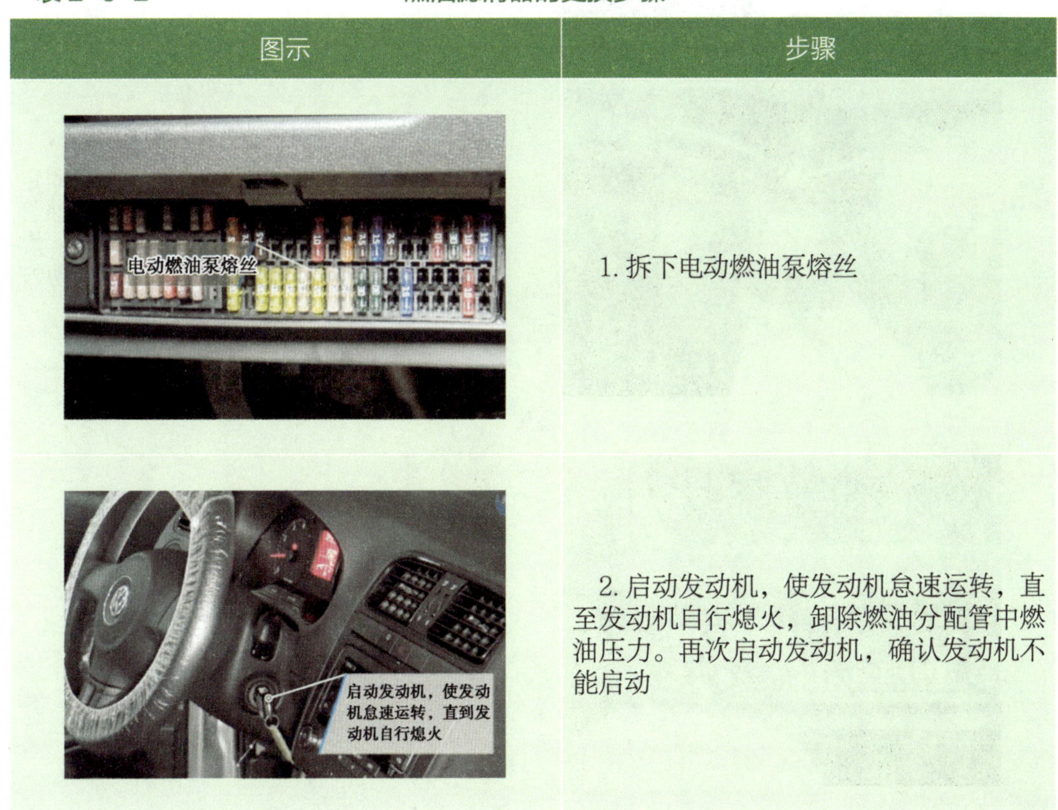

图示	步骤
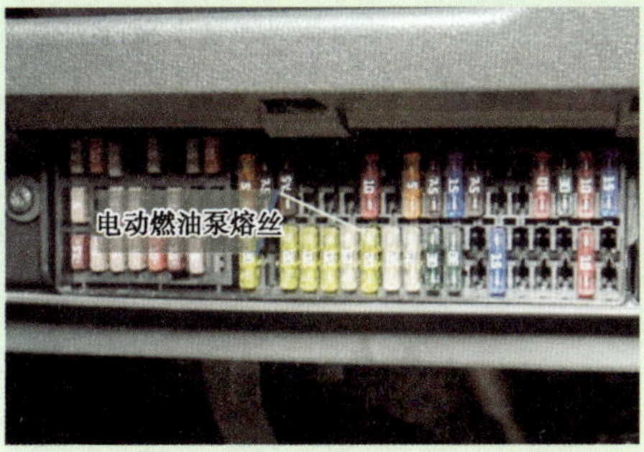	1. 拆下电动燃油泵熔丝
	2. 启动发动机，使发动机怠速运转，直至发动机自行熄火，卸除燃油分配管中燃油压力。再次启动发动机，确认发动机不能启动

续表

图示	步骤
	3. 关闭点火开关，举升车辆
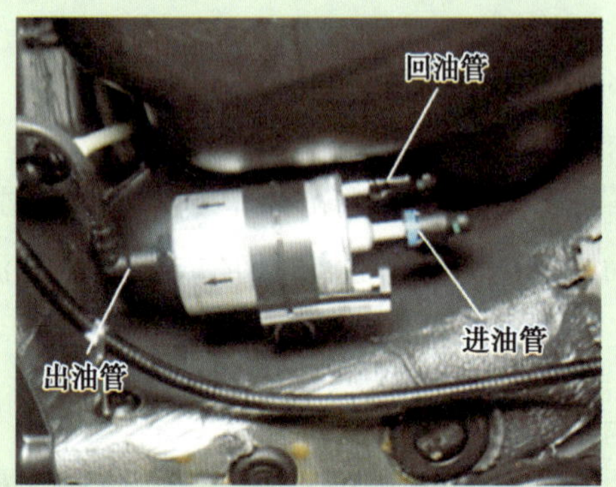	4. 在燃油滤清器接口处拆下进油管、回油管和出油管。拆下固定螺钉，从卡箍中拆下旧燃油滤清器
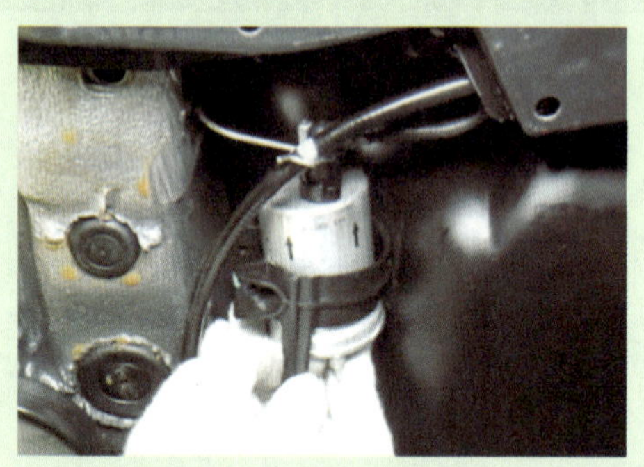	5. 将新燃油滤清器装入卡箍，拧紧固定螺钉。分别连接进油管、回油管、出油管管路，检查管路是否连接牢靠（注意：燃油滤清器箭头方向应指向燃油的流动方向），清洁燃油滤清器表面的汽油
	6. 降下车辆，安装电动燃油泵熔丝

续表

图示	步骤
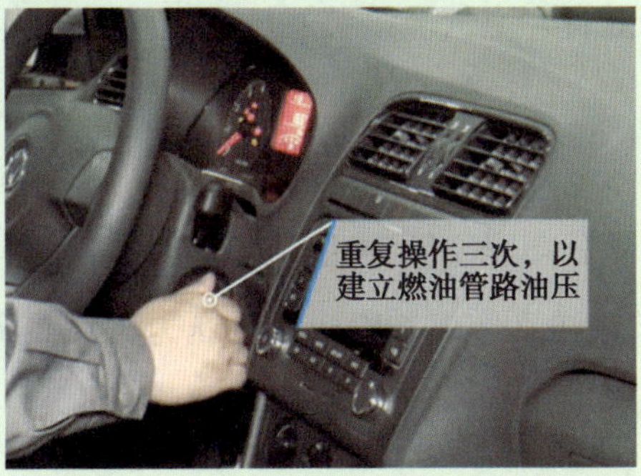 重复操作三次，以建立燃油管路油压	7. 将点火开关旋至 ON 挡，等待 3 s 关闭点火开关。重复此操作三次，以建立燃油管路油压
	8. 启动发动机，举升车辆，检查管路连接处是否有泄漏

知识链接

柴油发动机燃料供给系统

柴油发动机是用柴油作为燃料的发动机。与汽油发动机相比，它的主要优点是热效率高，在整个使用过程中耗油量较低，比同功率汽油发动机耗油量低 30%～40%。其功率大，动力性能好，特别是在中低速时有良好的扭矩特性。柴油发动机的主要缺点是噪声和振动较大。

柴油与汽油相比，具有黏度大、挥发性差的特点。柴油发动机的工作原理是：采用高压喷射的方法，在压缩行程接近终了前把柴油喷入气缸，直接在气缸内部形成可燃的混合气，并借助气缸内空气的高温自行发火燃烧。

1. 柴油发动机燃料供给系统的作用

柴油发动机燃料供给系统的作用是：不断供给发动机经过滤清的清洁燃料和空气，根据柴油发动机不同工况的要求，将一定量的柴油以一定压力和喷油质量定时喷入燃烧室，使其与空气迅速混合并燃烧，做功后将燃烧废气排出气缸。

2. 柴油发动机燃料供给系统的组成

柴油发动机燃料供给系统主要由燃料供给装置、空气供给装置、混合气形成装置和废气排出装置四部分组成。

（1）燃料供给装置

由燃油箱、输油泵、喷油泵、喷油器、油水分离器、低压油管、高压油管及回油管等组成。主要作用是完成燃料的储存、滤清和输送工作，并以一定的压力和喷油质量，定时、定量地将燃料喷入燃烧室。

（2）空气供给装置

由空气滤清器、进气管及进气道等组成，增压柴油发动机还装有进气增压装置。其主要作用是供给发动机清洁的空气。

（3）混合气形成装置

混合气形成装置也就是燃烧室，其主要作用是使燃油与空气混合形成混合气。

（4）废气排出装置

由排气道、排气管及排气消声器等组成。其主要作用是在发动机完成做功后排出气缸内的燃烧废气。

3. 柴油发动机燃料供给系统的工作原理

如图 2-5-10 所示，柴油发动机工作时，输油泵从燃油箱中将柴油吸出，经柴油粗滤器滤除较大颗粒杂质后，输油泵将吸入的柴油压力提高，经燃油滤清器进一步滤除细小颗粒杂质后，压入喷油泵内。部分柴油经喷油泵变为高压，再经高压油管进入喷油器内。高压的柴油使喷油孔开启，柴油呈雾状直接喷入燃烧室中。由于输油泵的供油量比喷油泵的最大喷油量大 3～4 倍，为了保持进入喷油泵进油室内的油压稳定，喷油泵进油室的一端装有限压阀（又称溢流阀），大量多余的燃油经限压阀和回油管流回输油泵的进口或直接流回燃油箱。

（1）低压油路

从燃油箱到喷油泵入口的这段油路中的油压是由输油泵建立的，而输油泵的出油压力一般为 0.15～0.30 MPa，所以这段油路称为低压油路。

（2）高压油路

从喷油泵到喷油器这段油路中的油压是由喷油泵建立的，一般在 10 MPa 以上，故这段油路称为高压油路。

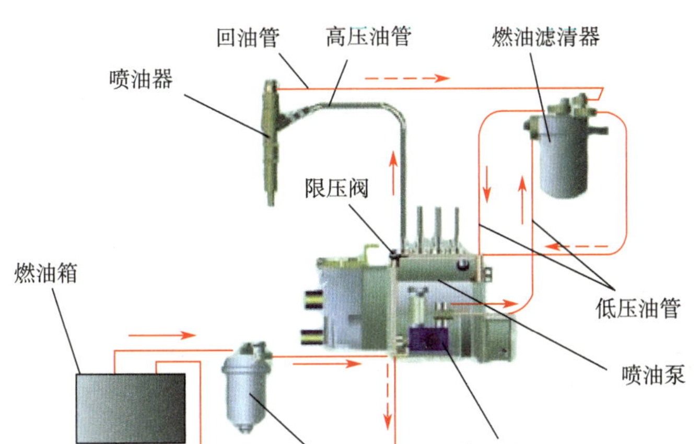

图 2-5-10 柴油发动机燃料供给系统

思考与练习

1. 燃料供给系统的作用是什么？由哪些部件组成？
2. 简述燃料供给系统的工作原理。

课题六 | 启动系统的检修

学习目标

1. 熟悉发动机启动系统的组成元件。
2. 掌握发动机启动系统的工作原理。
3. 能完成启动系统的拆装和检修。

相关理论

一、启动系统的作用

混合动力汽车发动机的启动系统与传统汽车发动机的启动系统有所区别，其作用是根据驾驶员的操作或者车辆运行状态的变化，控制电动机通电转动，同时带动发动机转动，从而启动发动机。

二、启动系统的组成

一般地，混合动力汽车发动机的启动系统由发动机、发动机电子控制模块（ECM）、HV 蓄电池、动力管理控制系统、变频器、MG1、高压线束等组成。

1. HV 蓄电池

HV 蓄电池如图 2-6-1 所示，又称动力电池、动力蓄电池、高压电池包，是混合动力汽车重要的能量存储动力源，在混合动力汽车上发挥着非常重要的作用。HV 蓄电池是启动系统中关键的一环，同时它具有接收和储存由车载充电机、发电机、制动能量回收装置或外置充电装置提供的高压直流电的作用。

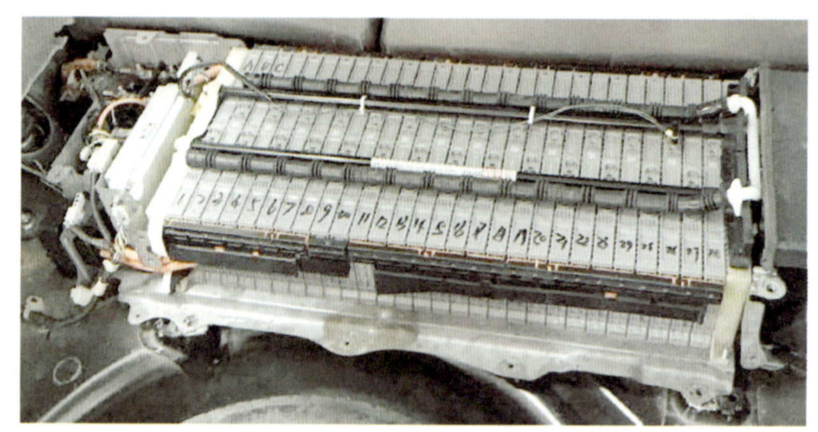

图 2-6-1　HV 蓄电池

2. 动力管理控制系统

动力管理控制系统是 HV 蓄电池的“大脑”，是汽车能量的控制中心，与 ECU、变频器、MG1 和 MG2 联网工作。它有四大功能，分别是控制发动机工作、控制 MG1 和 MG2 的运行、控制再生制动和控制 HV 蓄电池。它始终监控着 HV 蓄电池的状态，用不同的工作模式使电力输入和输出 HV 蓄电池，并尽量保持 HV 蓄电池的均衡状态。

3. 变频器

变频器（见图 2-6-2）的作用是将高压直流电转换为交流电；也可以将高压直流电转换为低压直流电；还可以将交流电转换为直流电。变频器的组成部件包括增压转换器、DC/DC 转换器和空调变频器。

图 2-6-2　变频器

4. MG1

（1）MG1 的结构

在混合动力汽车中，MG1 既是电动机，又是发电机，其作用是启动发动机以及作为发电机为电池组充电，在汽车需要大功率输出时也可以输出动力，协助发动机和 MG2 驱动车辆。MG1 安装在混合动力汽车动力总成系统中，其安装位置如图 2-6-3 所示。

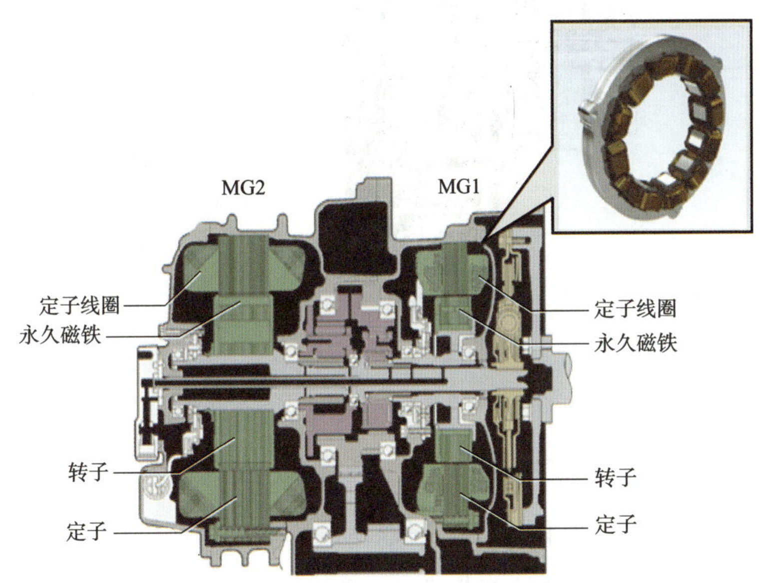

图 2-6-3　MG1 在动力总成中的安装位置

（2）MG1 速度传感器

MG1 速度传感器的主要作用是检测出 MG1 转子的位置、速度和旋转方向，将该信号发送给 ECU。图 2-6-4 所示为 MG1 速度传感器。

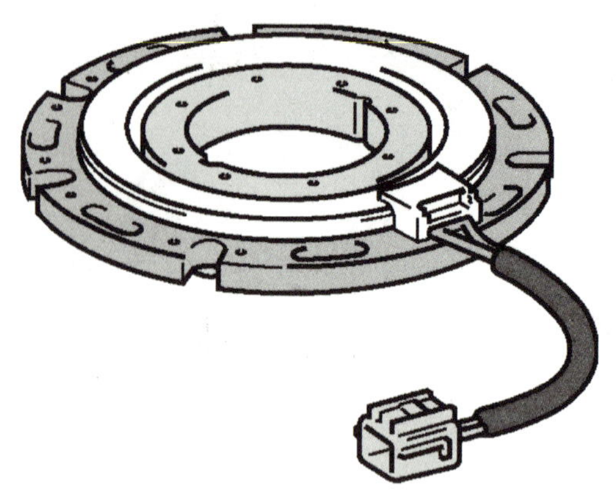

图 2-6-4　MG1 速度传感器

（3）MG1 温度传感器

图 2-6-5 所示为 MG1 温度传感器的安装位置。MG1 温度传感器的主要作用是检测出 MG1 的温度，将该信号发送给 ECU，避免因温度过高损坏 MG1。MG1 温度传感器实际上是一个负温度系数热敏电阻。

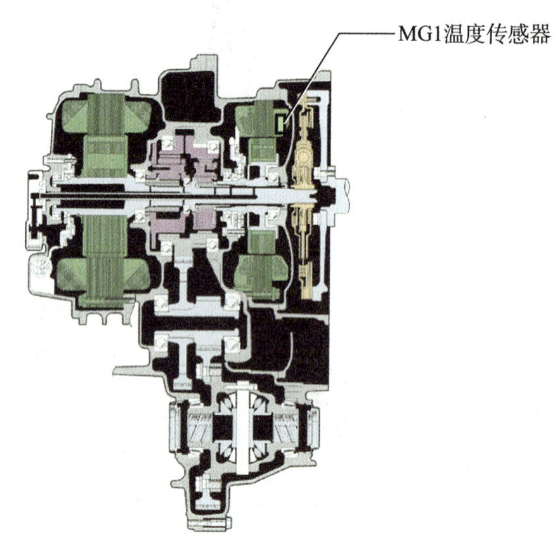

图 2-6-5　MG1 温度传感器的安装位置

三、启动系统的工作原理

混合动力汽车发动机可在两种状况下被启动，一种是混合动力汽车静止时发动机被启动，另一种是混合动力汽车在行驶时发动机被启动。当混合动力汽车静止时，动力管理控制系统检测到 HV 蓄电池电荷量较低，MG2 无法在纯电动模式下驱动车辆时，HV 蓄电池便向变频器总成输送电，变频器将 HV 蓄电池的高压直流电转变为高压交流电，使 MG1 工作，从而启动发动机，驱动汽车行驶。当汽车在纯电动模式下行驶时，HV 蓄电池电荷量不足或汽车速度超出纯电动模式下的速度范围或汽车需要较大动力时，也需

要启动混合动力汽车发动机，以满足汽车工况的需要。

当 MG1 作为电动机启动发动机时，其工作模式如图 2-6-6 所示。MG1 定子线圈通电，使得 MG1 转子（永久磁体）转动。MG1 转子与行星轮机构的太阳轮相连接，太阳轮被带动旋转。在行星轮机构中，太阳轮与行星轮相啮合，太阳轮转动带动行星轮旋转。由于 MG2 定子线圈通电产生电磁力，使得行星轮齿圈被固定，行星架便在太阳轮的驱动下旋转。由于行星架与发动机相连，因此发动机被启动。

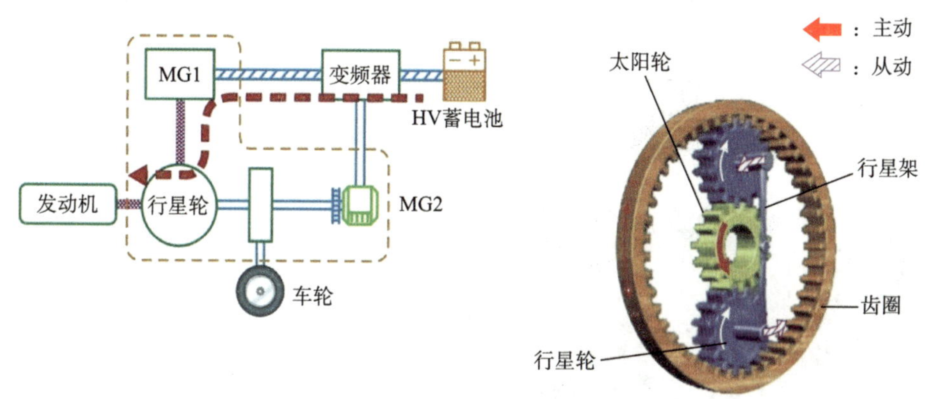

图 2-6-6　MG1 作为电动机启动发动机

当发动机启动后，MG1 便作为发电机进行发电，对 HV 蓄电池进行充电，如图 2-6-7 所示。MG2 定子线圈通电，使行星轮的齿圈被固定。发动机与行星架连接，通过行星轮机构使太阳齿旋转，从而带动 MG1 转子旋转。MG1 转子的磁力线切割 MG1 定子线圈，使 MG1 发电。MG1 产生的高压交流电通过变频器总成转换成高压直流电，并向 HV 蓄电池充电。

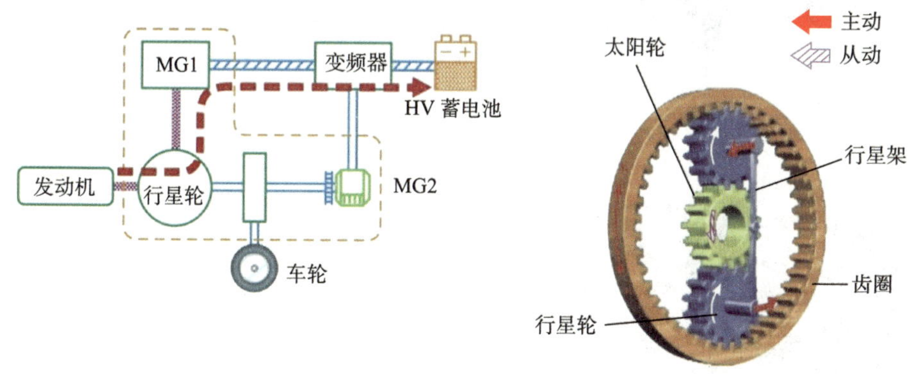

图 2-6-7　MG1 作为发电机向 HV 蓄电池充电

四、启动系统的拆装与检修

1.MG1 的拆装

下面以阿特金森循环发动机为例进行 MG1 的拆装。拆装过程中需注意保护线束，以免产生线束断路故障。MG1 的拆装步骤见表 2-6-1。

表 2-6-1　　MG1 的拆装步骤

图示	步骤
	1. 拆下并取出 MG1 盖板螺钉
	2. 取下 MG1 盖板
	3. 拆下 MG1 电缆螺钉

续表

图示	步骤
	4. 拆下 MG1 固定螺钉
	5. 取出 MG1 总成
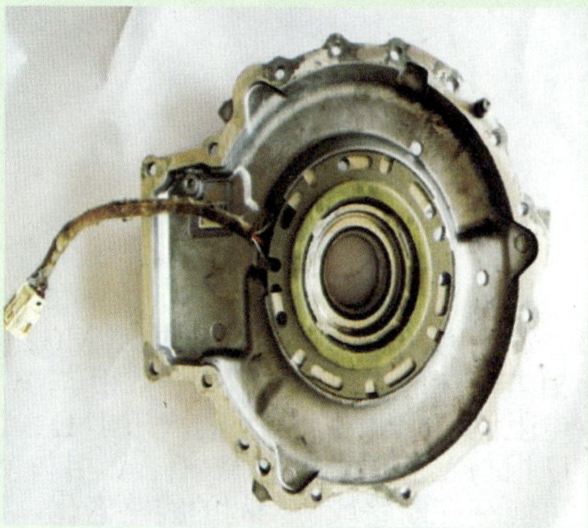	6. 拆下 MG1 转速传感器总成，并取出 MG1 转速传感器

MG1 的装配顺序与拆卸顺序相反。

2. MG1 的检修

下面以丰田凯美瑞混合动力汽车为例介绍 MG1 的检修。

（1）工作准备

1）防护装备：绝缘防护装备。

2）车辆、台架、总成：丰田凯美瑞混合动力汽车，或同类混合动力汽车台架。

3）专用工具：万用表。

4）手工工具：组合工具。

5）辅助材料：干净抹布、诊断与维修必要的耗材。

（2）实施步骤

警告：在执行高压车辆诊断及维护前，务必佩戴完好的个人防护用品，并严格遵守正确的操作步骤。MG1 的检修步骤见表 2-6-2。

表 2-6-2　MG1 的检修步骤

图示	步骤
	1. 检查 MG1 总成的外观有无损坏
	2. 用万用表电阻挡分别检测 MG1 的 U 相与 V 相、U 相与 W 相、V 相与 W 相，电阻值均应小于 1 Ω。若大于 1 Ω，说明 U 相与 V 相、U 相与 W 相、V 相与 W 相可能存在断路或两相间的线路老化，建议更换 MG1

续表

图示	步骤
	3. 检查 MG1 各相是否绝缘良好。依次测量 U 相、V 相、W 相与线圈的保护层是否绝缘；若不绝缘，可能存在漏电或短路隐患，应更换 MG1

思考与练习

1. 简述混合动力汽车发动机启动系统的工作原理。
2. 混合动力汽车发动机启动系统的组成元件有哪些？
3. 简述混合动力汽车发动机启动系统故障检修步骤。

模块三
混合动力汽车发动机电控系统的检修

课题一 | 点火系统的检修

学习目标

1. 掌握混合动力汽车发动机点火系统的作用及组成。
2. 掌握微机控制点火系统的工作原理。
3. 能完成微机控制点火系统的检测。

相关理论

一、点火系统的作用及分类

1. 点火系统的作用

混合动力汽车发动机点火系统应保证混合动力发动机在各种工况和使用条件下都能在最佳点火时刻可靠地点燃可燃混合气。根据混合动力发动机的实际工况，必须满足对点火系统的基本要求：点火系统应能迅速、及时地产生足以击穿火花塞电极间隙的高电

压；火花塞产生的电火花应具有足够的点火能量；能根据发动机各种工况提供最佳的点火时刻并满足点火次序。

混合动力汽车发动机点火系统的作用：在压缩行程终了时，将汽车的低压电转变为高压电，并按混合动力汽车发动机的点火时间要求和做功顺序，将混合动力汽车发动机工作时吸入气缸的可燃混合气配送至各缸的火花塞，击穿火花塞间隙，适时提供足够能量的电火花，及时地用电火花点燃可燃混合气，应满足可燃混合气充分燃烧及发动机工作稳定的性能要求，使发动机能及时、迅速地做功，顺利地实现从热能到机械能的转变。

2. 点火系统的分类

混合动力汽车发动机主要采用微机控制点火系统，按有无分电器可分为有分电器式微机控制点火系统和无分电器式微机控制点火系统。

（1）有分电器式微机控制点火系统

一般由传感器（曲轴位置传感器、车速传感器、空气流量传感器、进气温度传感器、爆震传感器等）、ECU、点火执行器（点火线圈、分电器）、火花塞等组成。

（2）无分电器式微机控制点火系统

又称直接点火系统，它没有分电器、主高压线、分火头等装置，直接将点火线圈次级的两端与火花塞相连，即把点火线圈产生的高压电直接送给火花塞进行点火。

二、微机控制点火系统的组成

微机控制点火系统主要由低压蓄电池、点火开关、传感器、ECU、点火执行器、火花塞、点火系统控制电路等部件组成，如图 3-1-1 所示。

1. 传感器

传感器主要用来检测与点火有关的发动机工作的状况信息，并将检测结果输入ECU，作为计算和控制点火时刻的主信号和修正信号的依据。其主要有曲轴位置传感器、凸轮轴位置传感器、空气流量计、节气门位置传感器、爆震传感器、水温传感器、氧传感器、开关输入信号（启动开关、空调开关、空挡开关信号）等。

2. ECU

混合动力汽车 ECU 是燃油喷射控制系统的核心，也是点火控制系统的核心。随机存储器（RAM）用来存储微机工作时暂时需要存储的数据，输入 / 输出数据、单片机运算得出的结果、故障代码、点火提前角修正数据等。ECU 接收传感器发送的信号并按预先编制的程序进行计算和判断后，向点火控制模块发出最佳点火提前角和点火线圈初级电路导通时间的控制信号。

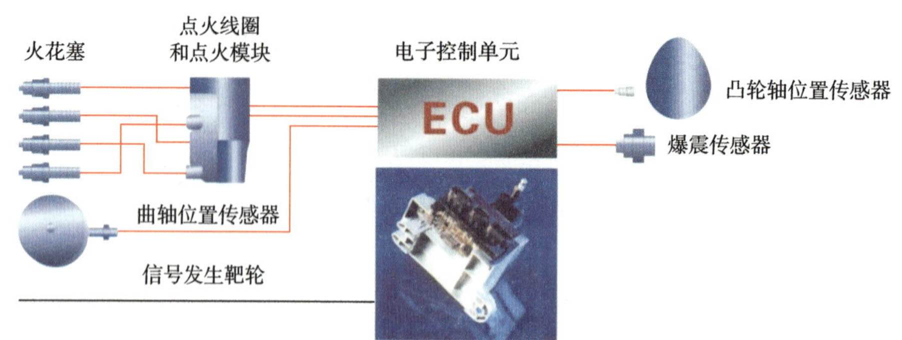

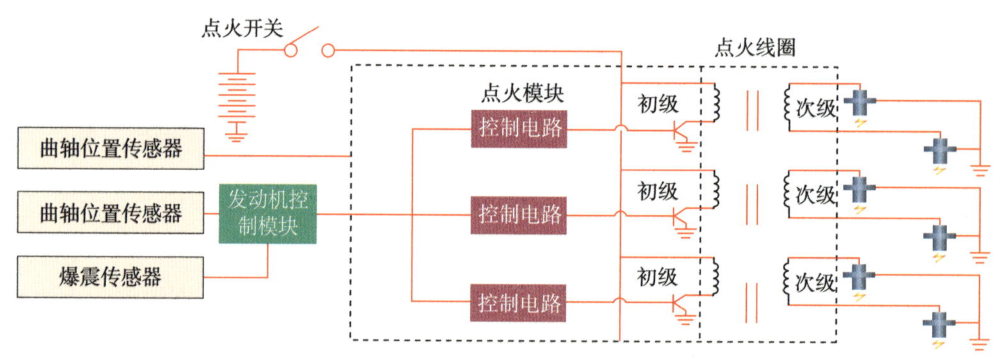

图 3-1-1　微机控制点火系统的组成

3. 点火执行器

点火执行器包括点火控制模块和点火线圈，如图 3-1-2 所示。点火控制模块可将电子控制系统输出的点火信号进行功率放大，驱动点火线圈工作。点火线圈可将火花塞跳火所需的能量存储在线圈的磁场中，并将电源提供的低压电转变为足以在电极间产生击穿点火的 15～20 kV 高压电。点火执行器在微机控制点火电路中与点火控制器配合工作，有独立式点火线圈和同时点火线圈两种形式。

4. 火花塞

火花塞的主要作用是将点火线圈产生的脉冲高电压引入发动机气缸，并在火花塞两电极之间产生电火花，以点燃可燃混合气。火花塞主要由中心电极、侧电极、裙部螺纹、陶瓷绝缘体、接线螺母等组成，如图 3-1-3 所示。

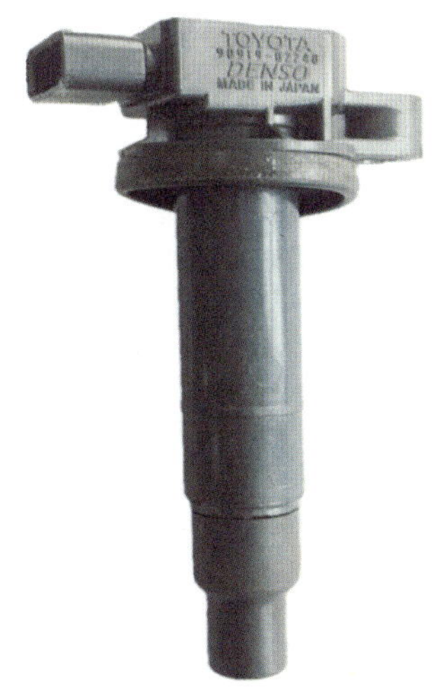

图 3-1-2　点火执行器

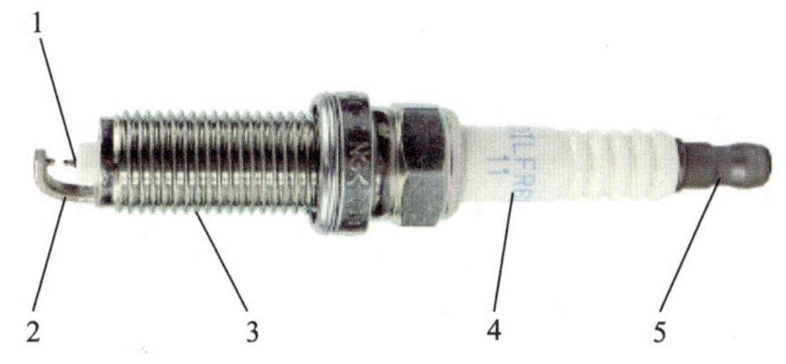

图 3-1-3　火花塞

1—中心电极　2—侧电极　3—裙部螺纹　4—陶瓷绝缘体　5—接线螺母

三、微机控制点火系统的控制功能和工作原理

1. 微机控制点火系统的控制功能

混合动力汽车 ECU 根据传感器送来的信号计算出最佳的点火时刻（点火提前角），输出点火正时信号（IGt 信号），控制电子点火控制器实现点火。点火提前角是从火花塞发出电火花到该缸活塞运行至压缩上止点时曲轴转过的角度。微机控制点火系统的控制内容主要包括点火提前角控制、点火时间控制和发动机爆震控制，如图 3-1-4 所示。

（1）点火提前角控制

点火提前角控制主要包括初始点火提前角、基本点火提前角和修正点火提前角。混合动力汽车 ECU 根据发动机曲轴位置传感器的信号确定初始点火提前角，初始点火提前角是未经修正的点火提前角。基本点火提前角是由 ECU 根据发动机的转速和负荷确定的、从存储的数据中得出最佳的点火提前角。修正点火提前角是由 ECU 根据除发动机转速和负荷以外的信号，对点火提前角进行修正，包括暖机修正、过热修正、空燃比反馈修正、稳定怠速修正等。

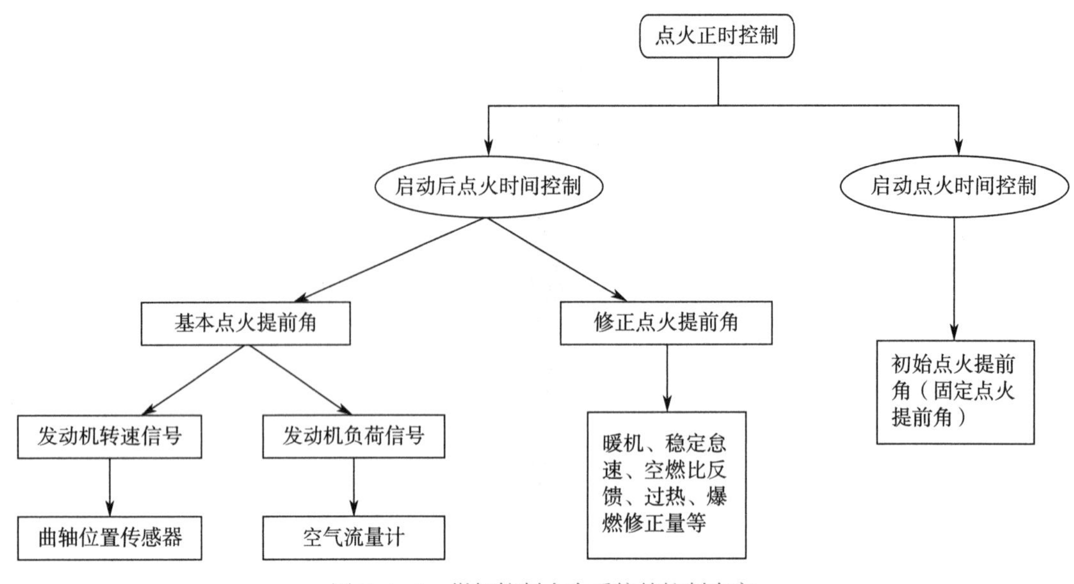

图 3-1-4　微机控制点火系统的控制内容

（2）点火时间（点火闭合角）控制

点火闭合角即点火线圈初级电路的导通时间。点火线圈初级电路的导通时间越长，点火闭合角越大，初级电路断开电流越大，点火能量越大，点火可靠性越好。

（3）发动机爆震控制

发动机工作时临近爆燃或有轻微爆燃的情况下，其热效率较高，动力性和经济性最好。爆震传感器可检测发动机是否产生爆震，有爆燃发生时 ECU 会减小点火提前角，直到爆燃消失 ECU 又会逐渐加大点火提前角。

2. 微机控制点火系统的工作原理

混合动力汽车发动机点火系统由各种传感器检测发动机的工况信息，并送给混合动力汽车 ECU 进行分析和计算。ECU 根据曲轴位置确定初始点火提前角，并依据发动机转速和负荷信号从存储器中调出基本点火提前角的原始数据，然后根据传感器信号对基本点火提前角进行修正调整，最后向点火控制器发出点火控制信号。点火控制器接收 ECU 发出的点火控制信号，在最佳时刻接通和断开点火线圈初级电路，点火线圈次级产生高压电，使火花塞跳火点燃可燃混合气。如图 3-1-5 所示为微机控制点火系统的工作原理。

四、微机控制点火系统的拆装与检测

1. 火花塞的拆装

火花塞是汽车上的一个易耗品，汽车行驶一段时间就需要检查火花塞的损耗情况，

如损耗严重，需及时进行更换。火花塞根据制作材料不同，其使用寿命也不同，镍合金火花塞的更换周期为汽车行驶 2 万千米左右，铂金火花塞的更换周期为汽车行驶 5 万千米左右，铱金火花塞的更换周期为汽车行驶 7 万千米左右。以下介绍火花塞的拆装步骤，见表 3-1-1。

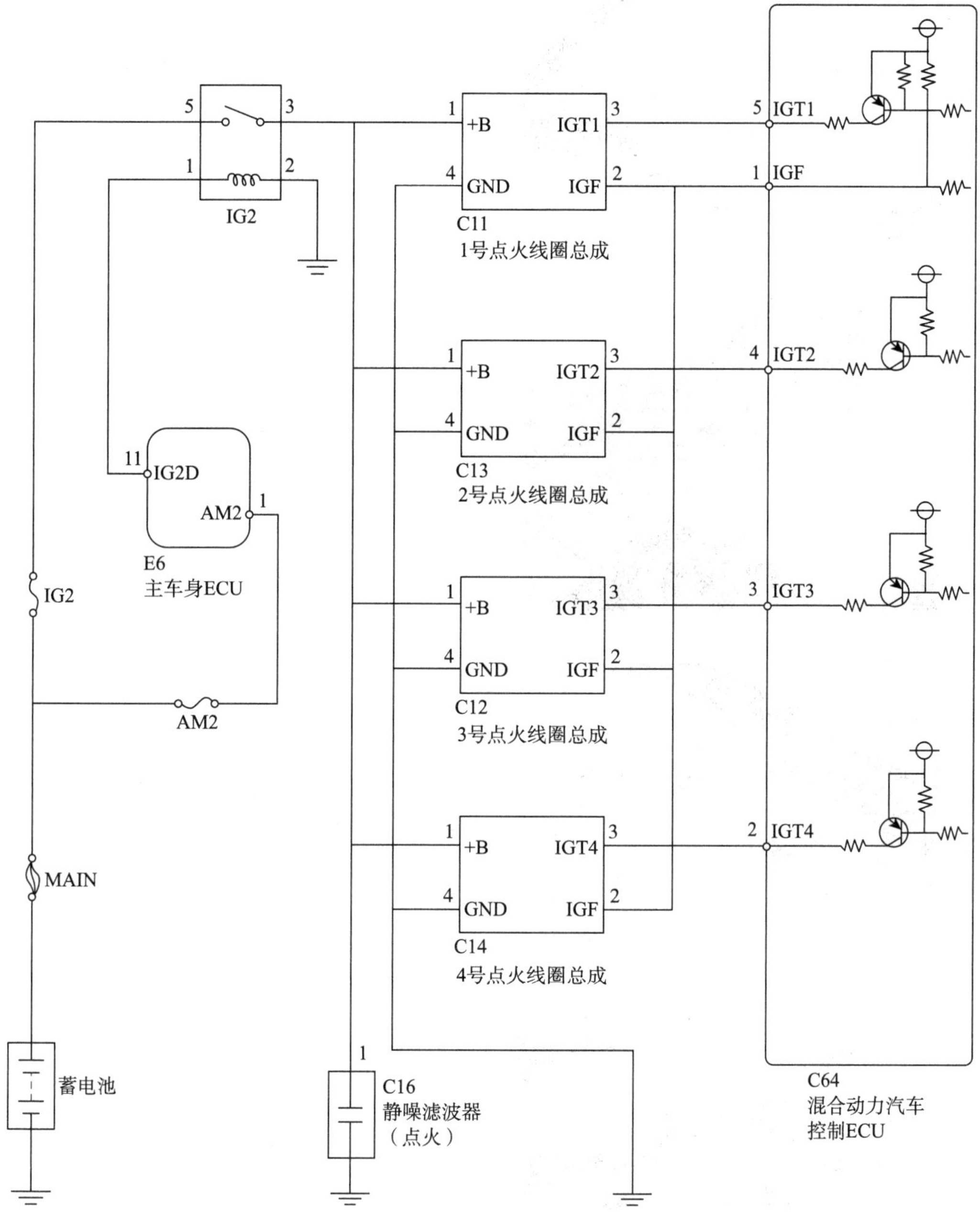

图 3-1-5　微机控制点火系统的工作原理

表 3-1-1　火花塞的拆装步骤

图示	步骤
	1. 关闭点火开关，拆下发动机气缸盖罩
	2. 拆卸上盖板密封件、前围通风器格栅分总成
	3. 断开进气凸轮轴正时机油控制阀总成连接器、点火线圈连接器
	4. 使用套筒松开点火线圈固定栓，取出点火线圈

续表

图示	步骤
	5. 先使用扭力扳手、长接杆、14 mm 火花塞专用套筒或火花塞专用扳手拧松火花塞，再使用带磁性的扳手吸出火花塞

备注：火花塞的安装步骤与拆卸步骤相反。

2. 火花塞的检测

（1）目视检查

拆下火花塞进行观察，如火花塞为赤褐色或铁锈色，表明火花塞正常；若火花塞为渍油状，表明火花塞间隙失调或供油过多、高压线短路或断路；若火花塞为烟熏黑色，表明火花塞冷热型选错或混合气浓、机油上窜。若火花塞顶端与电极间有沉积物，且为油性沉积物时，说明气缸蹿机油与火花塞无关；为黑色沉积物时，说明火花塞积炭而旁路；为灰色沉积物时，则是汽油中添加剂覆盖电极导致缺火。若火花塞严重烧蚀，如顶端起疱，有黑色花纹破裂，电极熔化，表明火花塞已损坏，如图 3-1-6 所示。

图 3-1-6　火花塞严重烧蚀

（2）火花塞的就车检查

检查火花塞的螺纹和绝缘垫片是否损坏，测量火花塞电极的绝缘情况，阻值应为

10 MΩ 或无穷大。断开喷油器连接器并拆出火花塞搭铁，将火花塞安装到点火线圈上，启动发动机就车检查火花塞的跳火情况，如图 3-1-7 所示。用塞尺测量火花塞电极之间的间隙，如果超过规定的标准（一般为 0.7～0.8 mm），需调整电极之间的间歇或更换火花塞。

图 3-1-7　火花塞的就车检查

3. 点火线圈的检测

（1）检测点火线圈低压供电电源（电压）

断开点火开关，拔下点火线圈连接器，随后将点火开关拨至 ON 挡，用数字式万用表直流电压挡测量其端子之间的电压，应为 12 V，如图 3-1-8 所示。如果点火线圈连接器电源端子的测量值低于 12 V，则说明点火线圈线路有故障。

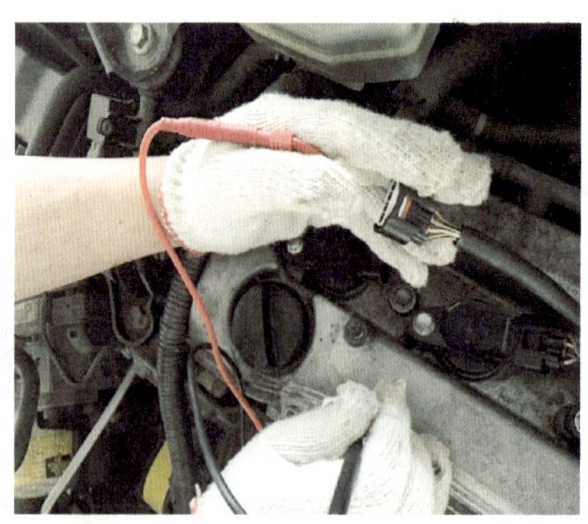

图 3-1-8　点火线圈的检测

（2）检测点火线圈的电阻值

运用数字式万用表的欧姆挡可以测得点火线圈端子之间初级的电阻，阻值一般为

0.5 Ω 左右。

（3）检测点火线圈初级的触发信号端子与混合动力汽车 ECU 对应端子的导通性

运用数字式万用表的蜂鸣挡可以测量点火线圈初级的触发信号线与混合动汽车控制 ECU 对应端子是否导通。

思考与练习

1. 简述微机控制点火系统的工作原理。
2. 如何对点火系统部件进行检测？

课题二 | 电控燃油喷射系统的检修

学习目标

1. 掌握电控燃油喷射系统的组成和工作原理。
2. 掌握可燃混合气的有关参数。
3. 掌握发动机各种工况对可燃混合气的要求。
4. 能完成空气流量计、水温传感器、节气门位置传感器的检修。

相关理论

一、电控燃油喷射系统的组成和工作原理

1. 电控燃油喷射系统的组成

电控燃油喷射系统（EFI）一般由三部分组成，即空气供给系统、燃油供给系统和电子控制系统。

（1）空气供给系统

空气供给系统的作用是根据发动机的工况要求，定时地将清洁的空气供入气缸，并对实际进入发动机的空气量进行实时测量，为电控燃油喷射系统计算喷油量提供主要

依据。

按对进气量的计量方式不同，空气供给系统可分为 D 型和 L 型两种。其组成主要包括空气滤清器、空气流量计（或进气歧管绝对压力传感器）、节气门体、节气门位置传感器、进气总管、进气歧管、进气温度传感器和怠速控制阀等。

D 型空气供给系统如图 3-2-1 所示，其利用进气歧管绝对压力传感器检测进气管内的绝对压力，ECU 根据进气管内的绝对压力和发动机转速推算出发动机的进气量，再根据进气量和发动机转速确定基本喷油量。这种计量进气量的结构较为简单。

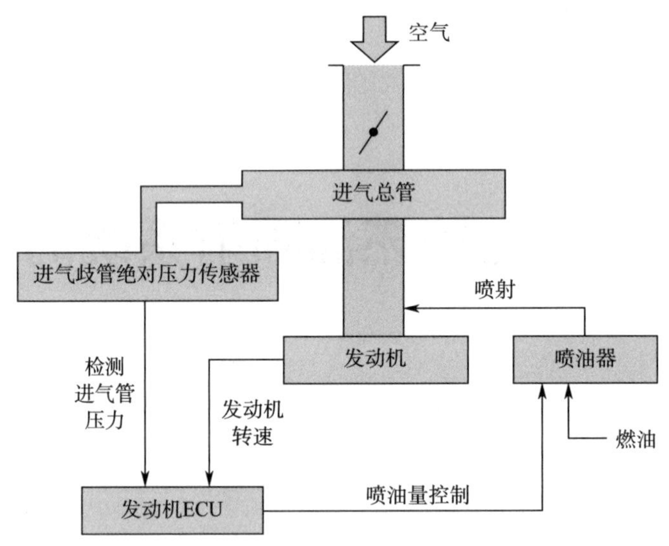

图 3-2-1　D 型空气供给系统

L 型空气供给系统如图 3-2-2 所示，其利用空气流量计直接测量发动机的进气量，ECU 不必进行推算，即可根据空气流量计信号计算与该空气量相应的基本喷油量。因消除了推算进气量的误差影响，其测量的准确程度高于 D 型空气供给系统，故对混合气浓度的控制更精确。

（2）燃油供给系统

燃油供给系统的作用是将具有一定压力的清洁燃油适时喷入发动机进气管或气缸。如图 3-2-3 所示，燃油供给系统一般由油箱、燃油泵、燃油滤清器、油压调节器、燃油分配管、喷油器等组成。

燃油由燃油泵从油箱中泵出，经过燃油滤清器滤去水分和杂质后，送到燃油分配管，之后由各分缸油管输送到各缸喷油器。燃油与新鲜空气混合后形成可燃混合气进入气缸，火花塞在压缩行程上止点处点燃可燃混合气，燃烧产生的热能推动活塞做功，活塞带动曲轴飞轮旋转，把热能转化为机械能驱动汽车行驶。发动机工作时，ECU 接收空气流量

计、节气门位置传感器、水温传感器、曲轴位置传感器、凸轮轴位置传感器、氧传感器等信号，控制怠速控制阀的开度、喷油器的喷油量及点火时刻。

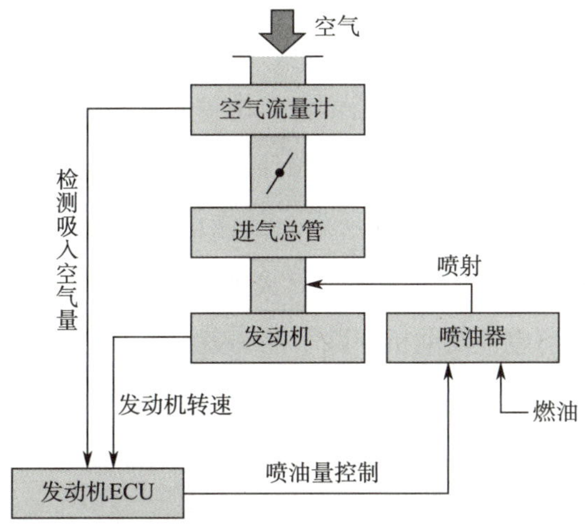

图 3-2-2 L 型空气供给系统

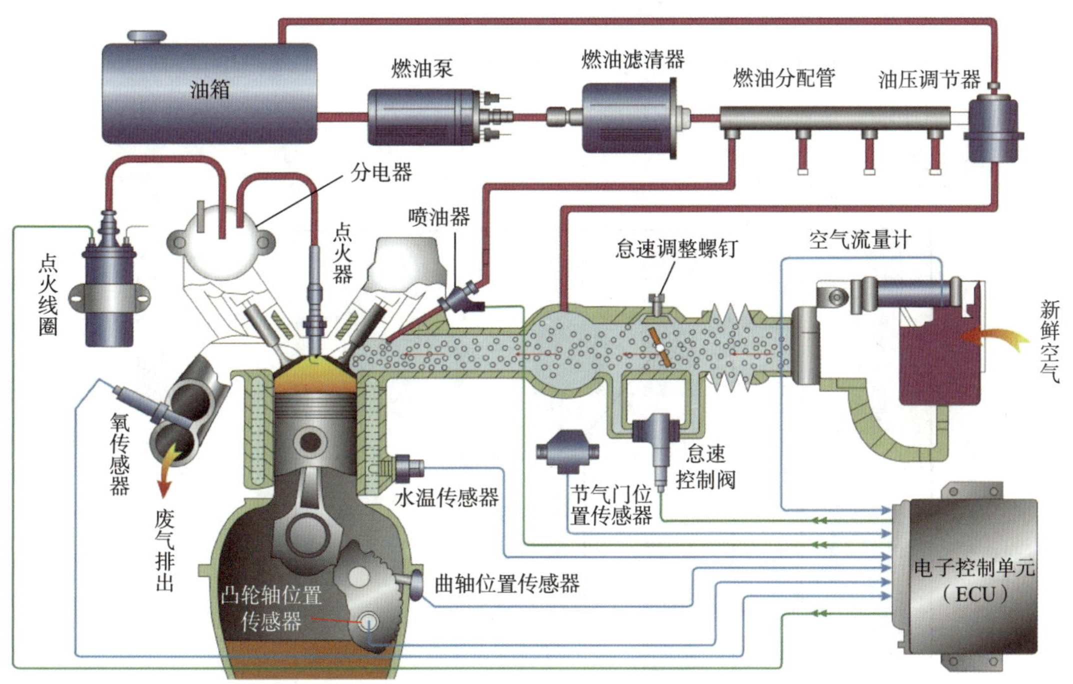

图 3-2-3 燃油供给系统

（3）电子控制系统

电子控制系统的作用是根据发动机运转状况和车辆运行状况确定燃油最佳喷射量。该系统由传感器、ECU 和执行器三部分组成。

传感器是一种信号转换装置，安装在发动机的各相关部位。其作用是检测发动机运转过程中的各种物理、化学参数，并将其转换成电信号输入 ECU。常用的传感器有空气流量传感器、进气压力传感器、进气温度传感器、水温传感器、曲轴位置传感器、凸轮轴位置传感器、节气门位置传感器、氧传感器、爆震传感器以及空调开关、启动开关、空挡开关等。

ECU 是发动机电子控制系统的核心部件，由输入输出接口电路（I/O）、模 / 数（A/D）转换器、微型计算机（包括存储器 ROM、RAM 及中央处理器 CPU）和整形、驱动等大规模集成电路组成，如图 3-2-4 所示。其作用是采集和处理各种传感器的输入信号，根据发动机工作的要求（喷油脉宽、点火提前角等），进行控制决策的运算，并输出相应的控制信号。当前电控发动机中除了控制喷油外，还控制点火、EGR、怠速和增压发动机的废气阀等，由于共用一个 ECU 对发动机进行综合控制，所以也被称为发动机管理系统。在 ECU 的存储器中，生产厂家预先存入了发动机各工况下的最佳喷油持续时间计算程序。在接收到传感器传来的各种信号后，经过计算控制喷油器的持续开启时间（喷油时间）。此外，ECU 还具有可以实现电控燃油喷射系统以外的其他控制功能，如点火控制、故障自诊断、仪表显示等。

执行器的主要作用是接收来自 ECU 的控制信号，完成 ECU 给定的控制动作，实现设定的控制功能。电控燃油喷射系统常用的执行器主要有油泵继电器、喷油器、怠速阀、活性炭罐电磁阀等。

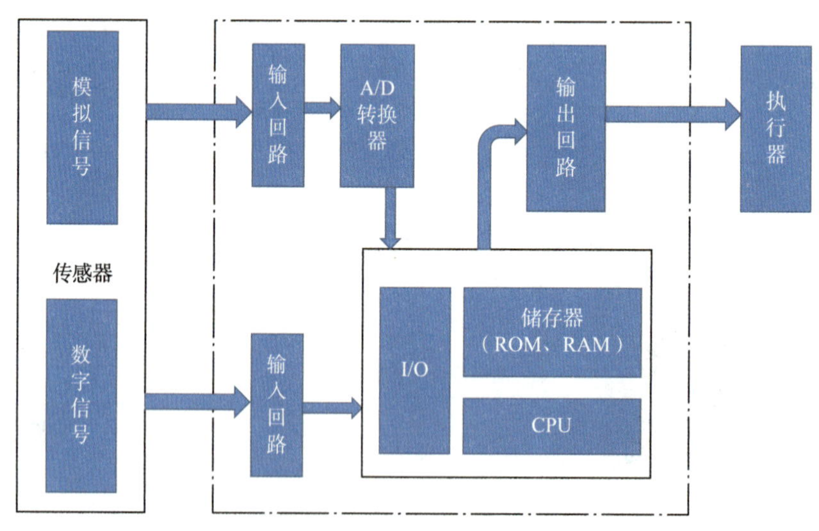

图 3-2-4　ECU 的基本组成

如图 3-2-5 所示，在电子控制系统中，多种传感器的信号及附加信号以电信号形式发送给 ECU，ECU 根据接收到的信号进行计算，发出指令控制执行器工作。当发动机内存在电路故障时，ECU 能够进行故障自诊断，并且能与故障诊断通信接口进行数据通信。

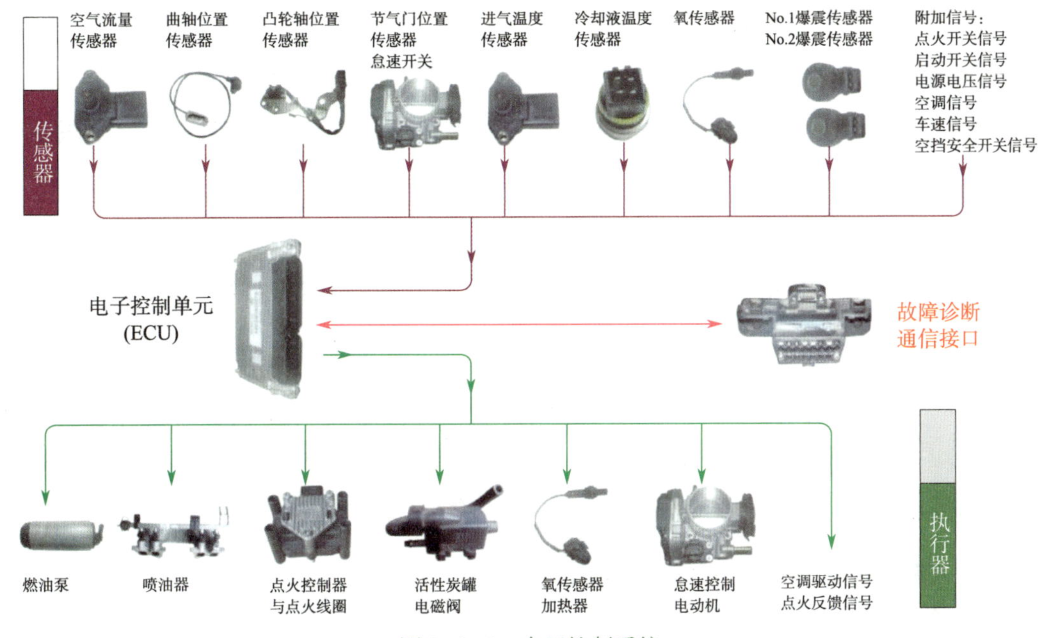

图 3-2-5　电子控制系统

2. 电控燃油喷射系统的工作原理

ECU 根据空气流量计或进气歧管绝对压力传感器、发动机转速传感器、进气温度传感器、冷却液温度传感器等提供的信号计算出喷油量。由于喷油器针阀的行程是一定的，故喷油量的大小取决于喷油器持续开启时间长短，所以 ECU 实际上是控制喷油器喷油的持续时间。电控燃油喷射系统喷油量的控制原理如图 3-2-6 所示。

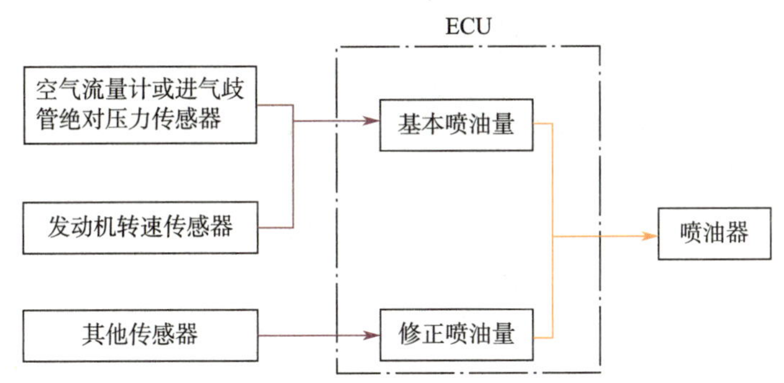

图 3-2-6　电控燃油喷射系统喷油量的控制原理

为使发动机在各种工况下都处于良好的工作状态，必须精确地计算基本喷油持续时间和基于各种参数的修正量，其目的是使发动机燃烧混合气的空燃比符合要求。

（1）启动时的喷油控制

启动时的基本喷油时间是 ECU 根据启动信号和当时的冷却液温度传感器信号，在其内存的水温 - 喷油时间图中找出相应的喷油时间，然后加上进气温度和蓄电池电压修正喷油时间，计算出启动时总的喷油持续时间。由于发动机启动时蓄电池电压会有较大幅度的降低，喷油器的实际打开时刻较 ECU 控制其打开时刻（给电时刻）存在一定滞后，从而造成喷油量不足，且蓄电池电压越低，滞后时间越长，故需对蓄电池电压进行修正。

（2）启动后的喷油控制

发动机转速超过预定值时，ECU 确定的喷油信号持续时间满足以下公式：

喷油信号持续时间 = 基本喷油持续时间 × 喷油修正系数 + 电压修正值

式中，基本喷油持续时间由 ECU 根据进气压力（D 型）或进气流量（L 型），在其内存中查找或经过计算得出。喷油修正系数是各种修正系数的总和，包括启动后的加浓、暖机加浓、进气温度修正、大负荷加浓、过渡工况控制等。

二、认识可燃混合气的有关参数

1. 空燃比

从理论上说，1 kg 汽油完全燃烧时需要 14.7 kg 空气，即理论空燃比为 14.7，这种空燃比混合气称为理论混合气（标准混合气）。若空燃比小于 14.7，称为浓混合气；若空燃比大于 14.7，称为稀混合气。不同燃料的理论空燃比是不同的。图 3-2-7 为汽油空燃比与发动机动力性能和经济性能的关系。

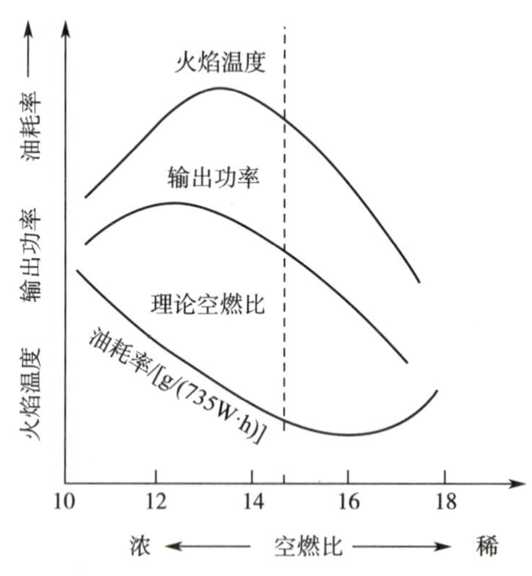

图 3-2-7　汽油空燃比与发动机动力性能和经济性能的关系

2. 过量空气系数

过量空气系数 ϕ_{at} 为发动机工作过程中燃烧 1 kg 燃油实际供给的空气量 L 与理论空气量 L_0 之比。公式如下：

$$\phi_{at}=\frac{L}{L_0}$$

（1）最大功率混合气

当过量空气系数 ϕ_{at}=0.85～0.95 时，火焰传播速度最大，此时燃烧速度最快，可在短时间内使气缸压力和温度达到最大值，散热损失小，做功最多。由于此时供给的燃料量比完全燃烧时所需的燃料稍多，在空气量一定的情况下，提高了对氧气的利用程度，使燃烧产物的分子数增多，燃烧气体压力提高，因此，发动机发出最大功率。图 3-2-8 所示为过量空气系数对火焰传播速度的影响，图中 v_T 为火焰传播速度，ϕ_{at} 为过量空气系数。

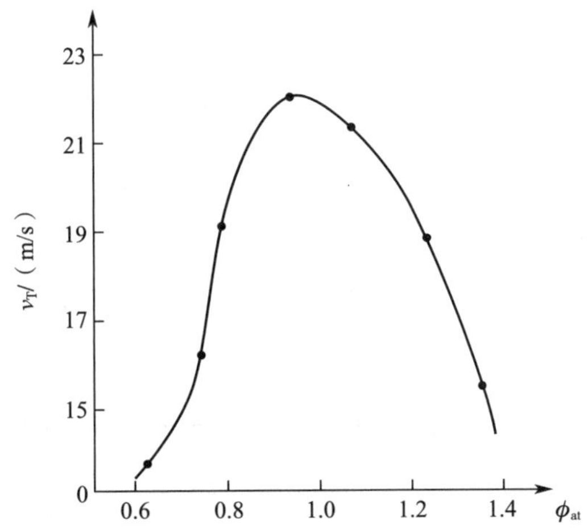

图 3-2-8　过量空气系数对火焰传播速度的影响

（2）过浓混合气

当过量空气系数 ϕ_{at}<0.85 时，由于火焰传播速度降低，功率减小；由于缺氧，燃烧不完全，热效率降低，油耗增加。发动机怠速或低负荷运转时，节气门开度小，进入气缸的新鲜混合气少，残余废气相对较多，可能引起断火现象。

如果发动机在中等负荷下也供给过浓混合气，由于火焰传播速度低，燃烧速度变慢，混合气在大容积下燃烧，发动机易过热，使排气温度升高。高温废气中未完全燃烧的成分在排气管口与空气相遇而剧烈氧化，形成排气管放炮现象。

ϕ_{at}=0.4～0.5 时，由于严重缺氧，火焰不能传播，混合气不能燃烧。

（3）最经济混合气

当过量空气系数 ϕ_{at}=1.05～1.15 时，火焰传播速度仍很高，且此时空气相对充足，燃油能完全燃烧，所以热效率最高，有效油耗率最低。

（4）过稀混合气

当过量空气系数 ϕ_{at}>1.15 时，火焰传播速度降低很多，燃烧缓慢，使发动机功率下降，油耗增多。由于燃烧过程的时间延长，在排气行程终了进气门已开启，含氧过剩的高温废气可以点燃进气管内新气，造成进气管回火。

当 ϕ_{at}=1.3～1.4 时，由于燃料热值过低，混合气不能传播，造成缺火或停车现象。此混合气浓度为火焰传播的下限。

为保证发动机稳定可靠地工作，有利的混合气成分过量空气系数一般为 ϕ_{at}=0.85～1.2。

三、发动机各种工况对可燃混合气的要求

发动机在实际运行过程中，其工况在工作范围内是不断变化的，且在工况变化时，发动机对可燃混合气空燃比的要求也是不同的。图 3-2-9 所示为汽油发动机负荷变化时所需的空燃比。

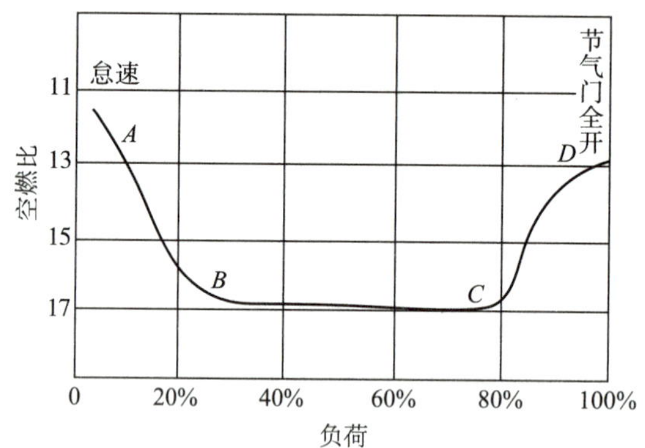

图 3-2-9　汽油发动机负荷变化时所需的空燃比

1. 稳定工况

发动机的稳定工况是指发动机已经完全预热，进入正常运转，且在一定时间内转速和负荷没有突然变化的情况。稳定工况可分为怠速、小负荷、中等负荷、大负荷和全负荷等几种。

（1）怠速工况

怠速工况是指发动机对外无功率输出且以最低稳定转速运转。此时，混合气燃烧后所做的功只用于克服发动机内部的阻力，并使发动机保持最低转速稳定运转。

在怠速工况下，节气门处于关闭状态，因而进气管内的真空度很大。在进气门开启时，气缸内的压力可能高于进气管压力，废气膨胀进入进气管内。在进气行程中，把这些废气和新混合气同时吸入气缸，结果气缸内的混合气含有较多的废气，为保证这种经废气稀释过的混合气能正常燃烧，就必须供给很浓的混合气。

（2）小负荷工况

如图 3-2-9 中从 *A* 点开始，随着节气门开度增大，混合气稀释将逐渐减弱，所以小负荷工况下要求混合气如图 3-2-9 *AB* 段所示。也就是说，发动机在小负荷工况下运行时，供给混合气也应加浓，但加浓的程度随负荷的增大而减小。

（3）中等负荷工况

中等负荷工况是指汽车发动机的大部分时间都处在中等负荷状态。汽车在中等负荷工况下运行时，节气门已有足够的开度，废气稀释影响已经不复存在，因此，要求供给发动机稀混合气，以获得最佳的燃油经济性，如图 3-2-9 中 *BC* 段，空燃比为 16～17。

（4）大负荷工况

在大负荷工况下，节气门开度已超过 3/4，此时应随着节气门开度的加大而逐渐地加浓混合气，以满足发动机功率的要求，如图 3-2-9 中 *CD* 段。但实际上，在节气门尚未全开之前，如果需要获得更大的转矩，只要把节气门进一步开大就能实现，没有必要使用空燃比来提高功率，而应当继续使用最经济混合气来达到省油的目的。因此，在节气门全开之前所有的负荷工况都按最经济混合气配制。

只是在全负荷工况时，节气门已经全开，此时为了获得该工况下的最大功率，必须供给浓混合气，如图 3-2-9 中 *D* 点。在从大负荷过渡到全负荷工况的过程中，混合气的加浓也应是逐渐变化的。

2. 过渡工况

汽车在运行中的过渡工况可分为以下四种形式：冷启动、暖机、加速和减速。

（1）冷启动

冷车启动时，由于发动机的转速和燃烧室壁面温度低、空气流速慢，导致燃油蒸发和雾化条件不好，因此，要求发动机供给很浓的混合气。为保证汽车冷启动顺利，要求供给的混合气空燃比达到 2：1 才能在气缸中产生可燃混合气。

（2）暖机

暖机过程中，尽管发动机温度随着转速的提升也在逐步上升，但发动机温度仍然较低，气缸内的废气相对较多，混合气受到稀释，对燃烧不利。为保持发动机的稳定运行，也要求供给很浓的混合气。混合气的加浓程度应在暖机过程中逐渐减小，一直到发动机能以正常的混合气在稳定工况下运转为止。

（3）加速

汽车在加速时，节气门突然开大，进气管压力随之增大。由于液体燃料流动的惯性和进气管压力增大后燃料蒸发量减小、大量的燃油颗粒沉淀在进气管壁上，形成厚油膜，这样造成实际混合气成分瞬间被稀释，使发动机转速下降。为防止这种现象，要喷入进气管附加燃料，才能获得良好的加速性能。

（4）减速

汽车急减速时，驾驶员迅速松开加速踏板，节气门突然关闭，此时由于惯性作用，发动机仍保持很高的转速。因为进气管真空度急剧升高，进气管内压力降低，促使附着在进气管壁上的燃油加速气化，造成混合气过浓。为避免这一情况，在发动机减速时，供给的燃油应减少。

混合动力汽车发动机取消进入怠速工况，基本运行在中等负荷工况，以确保动力性与经济性。

四、电控燃油喷射系统的检修

1. 空气流量计的作用及检修

（1）空气流量计的作用

空气流量计的作用是测量进入发动机的空气流量，并将测量的结果转换为电信号传输给 ECU。空气流量计有多种形式，如翼片式、热线式、热膜式和涡流式等。由于热线式、热膜式和涡流式空气流量计体积小、便于安装、急加速响应快、进气阻力较小，现代汽车普遍采用这三种形式的空气流量计。尤其是热线式空气流量计和热膜式空气流量计能测出空气流量，避免了海拔高度引起的误差，在现代汽车中被广泛应用。

（2）空气流量计的检修

1）检测空气流量计的电源电压和输出电压。下面以混合动力卡罗拉车型为例，使用数字式万用表就车检查空气流量计的电源电压和输出电压，见表 3-2-1。

表 3-2-1 就车检查空气流量计的步骤

图示	步骤
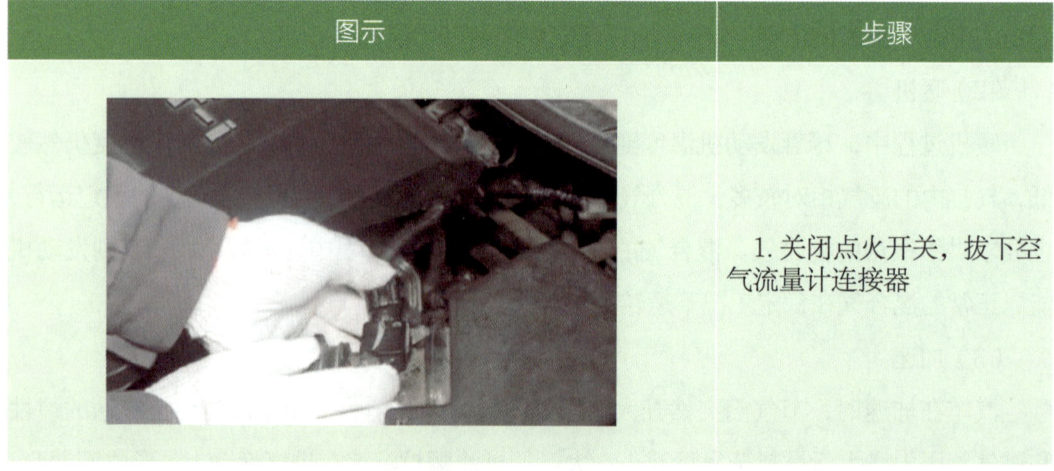	1. 关闭点火开关，拔下空气流量计连接器

续表

图示	步骤
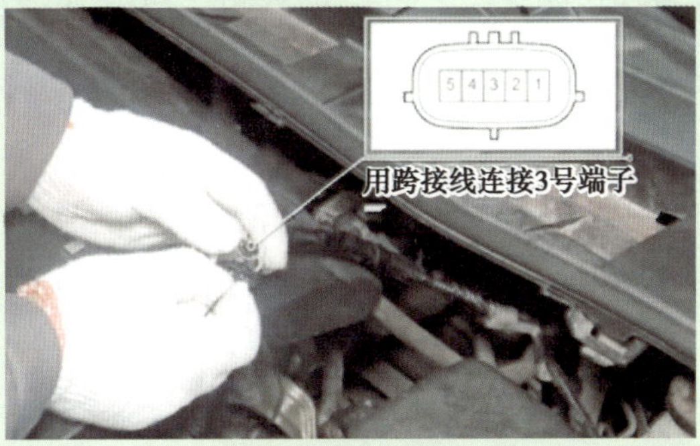 5 4 3 2 1 用跨接线连接3号端子	2. 检查空气流量计电源电压，用跨接线连接 3 号端子，打开点火开关
 跨接线对应的3号端子 测量空气流量计电源电压，电压应为9~14V。否则，应检查熔丝、主继电器及其连接线路是否牢固或断路。	3. 使用数字式万用表测量空气流量计电源电压，电压应为 9 ~ 14 V，否则应检查熔丝、主继电器及其连接线路是否牢固或断路
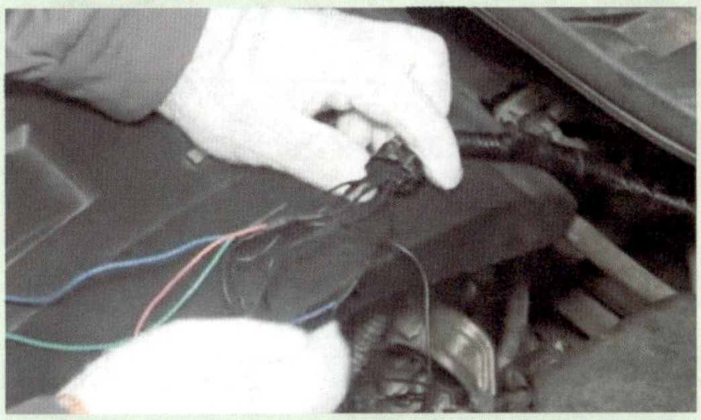	4. 检查空气流量计输出电压，关闭点火开关，用跨接线连接空气流量计和插接器，启动发动机
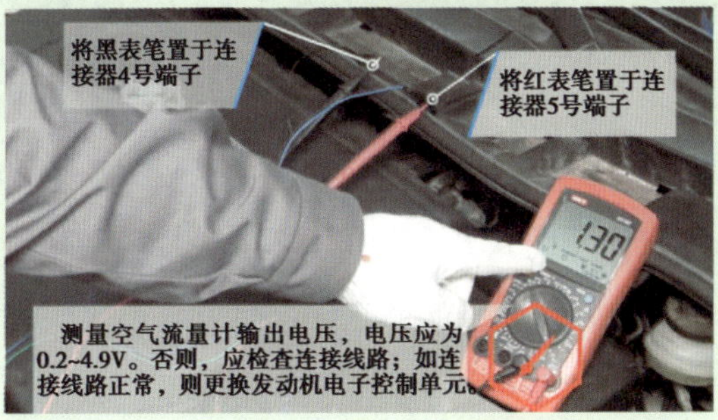 将黑表笔置于连接器4号端子 将红表笔置于连接器5号端子 测量空气流量计输出电压，电压应为0.2~4.9V。否则，应检查连接线路；如连接线路正常，则更换发动机电子控制单元。	5. 将数字式万用表黑表笔置于连接器 4 号端子，红表笔置于连接器 5 号端子。测量空气流量计输出电压，电压应为 0.2 ~ 4.9 V。否则，应检查连接线路

2）检测线路导通性。检查空气流量计上各端子与 ECU 端子之间导线的电阻，其阻值应小于 1 Ω。若电阻大于 1 Ω，则需要更换导线。

3）检测信号电压。关闭点火开关，拆下空气滤清器。接通点火开关，但不启动发动机，用 450 W 的电吹风（冷风挡）向空气滤清器吹气，检测正信号线和负信号线间的电压，信号电压应在 2.0~4.0 V 间变化。若电压不变化，说明空气流量计失效，应更换。在线路连接完好的情况下，使发动机怠速运转，利用背插法，用万用表电压挡测量端子与地之间的电压，在发动机怠速时应为 1.4 V，急加速时应为 2.8 V，否则说明空气流量计有偏差。

4）示波器检测。通常热线（热膜）式空气流量计输出电压范围从怠速时超过 2 V 变至节气门全开时超过 4 V，当全减速时输出电压比怠速时的电压稍低，否则说明空气流量计有偏差。

2. 水温传感器的工作原理及检修

（1）水温传感器的工作原理

水温传感器的作用是检测发动机冷却液的温度，并通过热敏电阻转换为电信号，输送给 ECU。如图 3-2-10 所示为水温传感器。

a）

b）

图 3-2-10 水温传感器

a）实物 b）安装位置

如图 3-2-11 所示为水温传感器的工作原理。ECU 中的固定电阻与水温传感器的热敏电阻串联组成一分压器。接通点火开关，ECU 首先通过固定电阻给水温传感器输出一个 5 V 的参考电压。当热敏电阻的阻值变化时，固定电阻所分得的电压值（即水温传感器信号电压）随之发生变化。

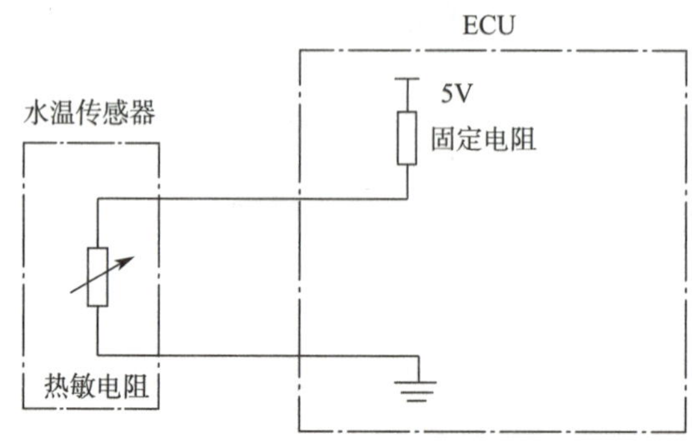

图 3-2-11 水温传感器的工作原理

当冷却液温度低时，热敏电阻的阻值大，电路中的电流小，固定电阻上的电压降较小，因此，ECU 检测到高信号电压。根据此信号，ECU 将适当增大喷油量，满足发动机低温浓混合气的要求。随着冷却液温度的升高，热敏电阻的阻值逐渐减小，电路中的电流增大，固定电阻上的电压降逐渐增大，因此，ECU 检测到的信号电压逐渐降低，根据此信号，ECU 将适当减小喷油量。

（2）水温传感器的检修

1）就车检测。关闭点火开关，拔下水温传感器上的插接器，用数字式高阻抗万用表电阻挡检测水温传感器两端子间的电阻值，其电阻值应与温度成反比，在发动机热机时应小于规定值。

2）车外检测。拔下传感器上的插接器，从发动机上拆下传感器。将该传感器置于烧杯内的水中，加热烧杯中的水，同时用万用表电阻挡测量在不同水温条件下水温传感器两端子间的电阻值，将传感器两端子间的电阻值相比较，如果不符合标准，则应更换水温传感器。

3. 节气门位置传感器的工作原理及检修

（1）节气门位置传感器的工作原理

节气门位置传感器安装在节气门体上，其作用是将节气门打开的角度转换成电压信号输送到 ECU，反映节气门开度（负荷）的大小，判定发动机怠速、部分负荷、全负荷工况，实现不同的控制模式；反映节气门变化快慢（加速或减速），实现加速加浓或减速减油或断油控制。如图 3-2-12 所示为可变电阻式节气门位置传感器线路。

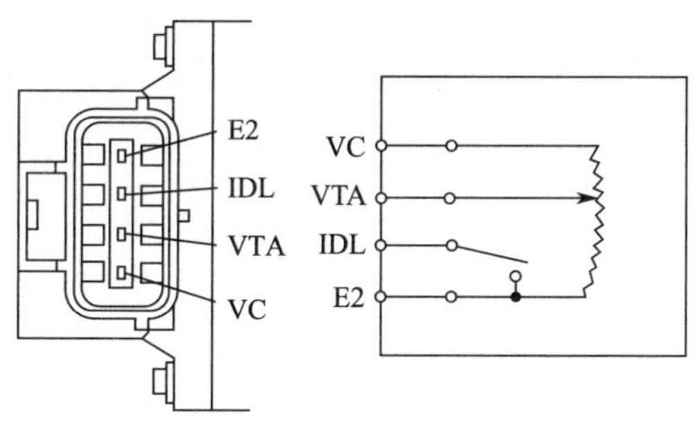

图 3-2-12　可变电阻式节气门位置传感器线路

可变电阻式节气门位置传感器实质上是一高灵敏度电位器，其电阻值随节气门开度的变化而变化。通过两个滑动触点相互连接，滑动触点与节气门轴联动。当节气门轴转动时，触点在滑道上会有不同的电阻值。

将点火开关置于“ON”位置，ECU 通过 VC 端子给传感器输入 5 V 的参考电压，通过膜片电阻构成回路，其电路为：+5 V →膜片电阻→ E2 搭铁。信号电压通过主触点、分触点，由 VTA 端子输入到 ECU。随着节气门开度的增大，上下触点逆时针转动，信号电压逐渐增高。当节气门在全开位置时，信号电压为 5 V 左右。随着节气门开度的减小，信号电压逐渐降低。为了提高发动机在怠速位置时的测量精度，在节气门全闭时，下触点将越过滑道上的绝缘体，使 IDL 端子与 E2 端子接通，IDL 端子的电位迅速下降，从而给 ECU 提供一辅助信号。下触点只在节气门全闭（怠速）时才被接通，所以又称为“怠速触点”。

ECU 根据节气门位置传感器的信号电压，进一步调整喷油脉冲宽度，实现喷油量的增大与减小。同时在发动机急减速（急减速到怠速位置）的过程中，当转速高于 2 400 r/min 时发动机则指令喷油器停止喷油；而当转速降低到 1 800 r/min 时，再次指令喷油器恢复喷油。

当节气门位置传感器信号故障时，ECU 无法确认发动机工况，不能精确控制喷油量，启动困难，怠速不稳，易熄火，同时，按固定节气门开度为 0° 角或 25° 角替代或根据发动机转速和进气流量计算替代值。

（2）节气门位置传感器的检修

1）怠速触点导通性检测。将点火开关置于“OFF”位置，拔下节气门位置传感器上的插接器，用万用表电阻挡在节气门位置传感器的插接器上测量怠速触点 IDL 的导通情况。

2）测量线性电位计的电阻。将点火开关置于“OFF”位置，拔下节气门位置传感器上的插接器，用万用表电阻挡测量线性电位计的电阻（图 3-2-12 中 E2 和 VTA 之间的电阻），该电阻应能随节气门开度增大而呈线性增大。

3）电压检查。插好节气门位置传感器上的插接器，当点火开关置于“ON”位置时，ECU 插接器上的 IDL、VC、VTA 三个端子处应有电压。用万用表电压挡检测 IDL 与 E2、VC 与 E2、VTA 与 E2 间的电压值。节气门全闭时，IDL 与 E2 间的电压为 0；节气门打开时，IDL 与 E2 间的电压为无穷大；VC 与 E2 间的电压约为 5 V；在踩下加速踏板过程中，VTA 与 E2 间的电压应逐渐增大。

思考与练习

1. 电控燃油喷射系统的基本组成有哪些？

2. 电控燃油喷射系统是如何实现控制的？

课题三 | 排放控制系统的检修

学习目标

1. 掌握曲轴箱强制通风系统、燃油蒸气排放控制系统、废气再循环系统、三元催化转换器控制系统、氧传感器与空燃比反馈控制系统、恒温进气系统、二次空气供给系统的工作原理。

2. 能正确识别混合动力汽车发动机排放控制装置的基本组成部件。

3. 能正确检修混合动力汽车发动机排放控制装置，并能对常见故障进行排除。

相关理论

一、混合动力汽车发动机有害排放物

汽车发动机有害排放物已成为空气污染物的重要来源，其主要包括尾气排放物、燃油系统蒸发物等。发动机有害排放物主要有一氧化碳、碳氢化合物、氮氧化合物、硫化物及微小颗粒物、重金属氧化物、油蒸气等。汽车尾气排放物的生成直接与混合动力汽车发动机的燃烧过程有关。

1. 一氧化碳

一氧化碳是汽车发动机中燃料不完全燃烧的中间产物。它是一种无色、无臭、无刺激性的气体，是汽车排放物中浓度最大的有害成分。一氧化碳被吸入人体后，人体中肺里的血红蛋白不与氧结合而与一氧化碳结合，导致人体缺氧，使人出现头痛、头晕、呕吐等中毒症状，并危害到中枢神经系统。

由于燃烧室内混合气过浓或局部混合气过浓、燃烧温度过低、燃烧室体积过小等使燃烧滞留时间不充分、空气与燃料混合不充分，会导致燃料的不完全燃烧。当燃烧温度在 1 726 ℃以上时，会导致局部高温热分解。燃烧温度越高，热分解程度越大，形成一氧化碳的可能性越大。因此，提高混合气的形成质量，控制燃烧温度，可以有效地降低一氧化碳的生成。

2. 碳氢化合物

发动机的碳氢化合物排放物中有完全未燃烧的燃料，更多的是不完全燃烧产物，还有少部分是机油不完全燃烧的产物。碳氢化合物排放物一般不超过发动机总排放量的0.5%。作为燃烧产物，大体上可分为不含氧的碳氢化合物和醛类等含氧的碳氢化合物两大类。碳氢化合物在阳光照射下会引起光化学反应，产生臭氧、多环芳香族碳氢化合物等具有强氧化物特性的物质，形成光化学烟雾，不仅会降低大气能见度，使橡胶开裂、植物受害、刺激人的眼睛和咽喉，而且碳氢化合物中的多环芳香族碳氢化合物还是致癌物质。

碳氢化合物产生的主要原因有三种，即未完全燃烧生成的碳氢化合物、由燃料供给系统泄漏产生的碳氢化合物以及未燃烧从燃烧室直接排出的碳氢化合物。引起不完全燃烧的原因是燃烧室内的氧气量不足、燃烧室壁面温度过低以及混合气形成不充分或者燃烧室内局部混合气过浓等。控制碳氢化合物产生的方法主要是采用含碳量少的代用燃料，或采用电控技术改善燃烧，保证混合气的浓度和燃烧温度最佳。

3. 氮氧化合物

氮氧化合物指的是只由氮、氧两种元素组成的化合物，包括多种化合物，如一氧化氮、二氧化氮等。其中，一氧化氮能氧化成毒性较大的二氧化氮等其他氮氧化合物，高浓度的一氧化氮会引起人的神经中枢障碍，二氧化氮会对人体肺组织产生剧烈的刺激作用。由二氧化氮产生的亚硝酸盐对人的呼吸系统和免疫功能有很大的危害，氮氧化合物还是光化学烟雾的主要组成成分。氮氧化合物是二氧化氮在高温燃烧下的产物，一般不超过发动机总排放量的0.5%，其中绝大部分是一氧化氮（约占95%），二氧化氮次之，其余含量很少。在发动机中燃料燃烧过程后期或者排气过程中，部分一氧化氮被氧化成二氧化氮。

氮氧化合物是否生成主要取决于燃烧温度，降低混合气中氧的浓度和燃烧温度，缩短混合气在高温燃烧带内的滞留时间，改善混合气的形成等可以控制氮氧化合物的产生。

二、排放控制系统的组成及工作原理

混合动力汽车发动机排放系统是指收集并排放废气的系统，主要是排放发动机工作中产生的废气，同时使排出的废气污染和噪声减小。

1. 排放控制系统的组成

混合动力汽车发动机排放控制系统一般由排气歧管、排气管、三元催化转换器、排气温度传感器、消声器和排气尾管等组成。混合动力汽车发动机安装了多种排放控制系

统，主要由曲轴箱强制通风系统（PCV）、燃油蒸气排放控制系统（EVAP）、废气再循环系统（EGR）、氧传感器与空燃比反馈控制系统、三元催化转换器控制系统（TWC）、恒温进气系统和二次空气供给系统等装置组成。

2. 排放控制系统的工作原理

（1）曲轴箱强制通风系统的工作原理

曲轴箱强制通风系统的作用是防止曲轴箱内气压过高导致机油渗漏，把渗入曲轴箱的燃油蒸气引入气缸内燃烧，防止燃油蒸气稀释机油导致机油变质。当混合动力汽车发动机工作时，利用进气管真空度吸入新鲜空气，经空气滤清器、空气软管进入气缸盖罩，再由气缸盖和机体上的孔道进入曲轴箱。在曲轴箱内新鲜空气和曲轴箱气体混合后经气缸盖罩、PCV 阀和曲轴箱气体软管进入进气管，曲轴箱内的油蒸气经气门导入燃烧室燃烧。根据发动机的不同工况，PCV 阀的开度不同，通过的空气量也不同，由此对曲轴箱通风进行控制，如图 3-3-1 所示。

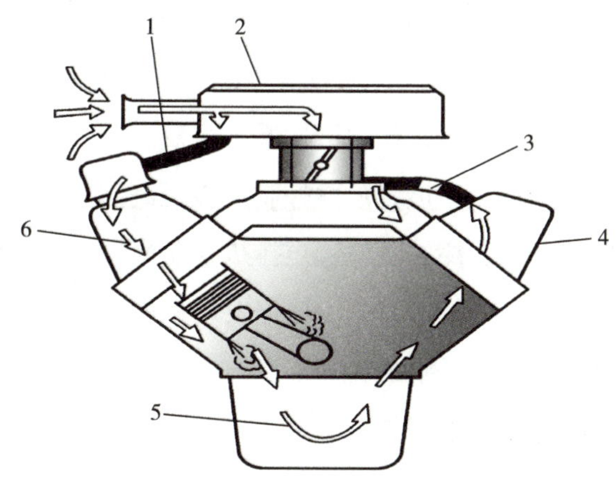

图 3-3-1　曲轴箱强制通风系统的工作原理图

1—空气软管　2—空气滤清器　3—PCV 阀　4—气缸盖罩　5—曲轴箱气体　6—新鲜空气

PCV 阀靠进气管真空度的吸力和弹簧力的平衡来工作，其流量由阀体与壳体间的最小气体通路控制，如图 3-3-2 所示。在大负荷时，进气管真空度很小，阀体在弹力的作用下右移，PCV 阀的流量最大。在怠速或低速时，进气管真空度很大，阀体在真空度吸力的作用下左移，PCV 阀的流量最小。在部分负荷时，阀体居中，PCV 阀的流量也居中。

（2）燃油蒸气排放控制系统的工作原理

燃油蒸气排放控制系统的作用是收集燃油箱和浮子室内的汽油蒸气，并将汽油蒸气导入气缸参加燃烧，防止汽油蒸气直接排入大气而造成污染，同时可以根据发动机工况

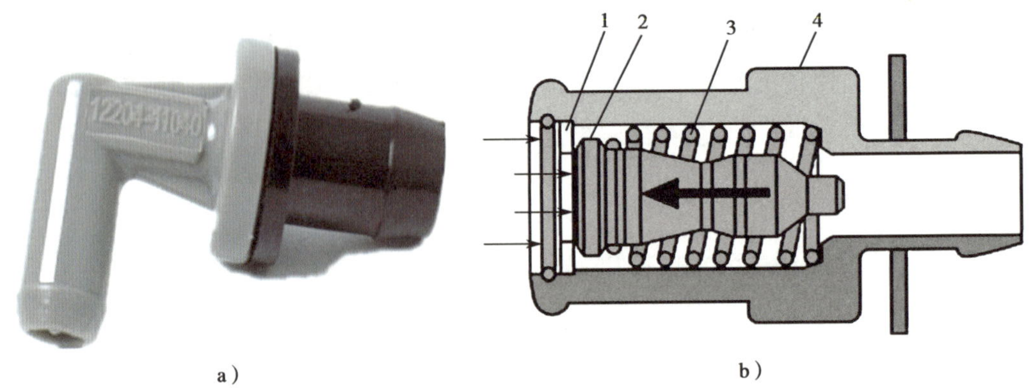

图 3-3-2　PCV 阀实物图和结构原理图

a）实体图　b）内部结构图

1—阀座　2—锥形阀　3—弹簧　4—阀体

控制导入气缸参加燃烧的汽油蒸气量。为了控制燃油箱逸出的燃油蒸气，混合动力汽车发动机采用了活性炭罐来吸附燃油蒸气，燃油箱中的燃油蒸气在发动机不运转时被活性炭罐中的活性炭所吸附，如图 3-3-3 所示。其工作原理是当混合动力汽车发动机工作时，混合动力汽车发动机 ECU 根据发动机转速、温度、空气流量等信号，控制活性炭罐电磁阀的开闭来控制排放控制阀上部的真空度，从而控制排放控制阀的开度。当排放控制阀打开时，燃油蒸气通过排放控制阀被吸入进气歧管。混合动力汽车发动机 ECU 根据发动机的工况，通过电磁阀控制真空度，达到对燃油蒸气的控制。如图 3-3-4 所示为燃油蒸气排放控制系统。

图 3-3-3　活性炭罐

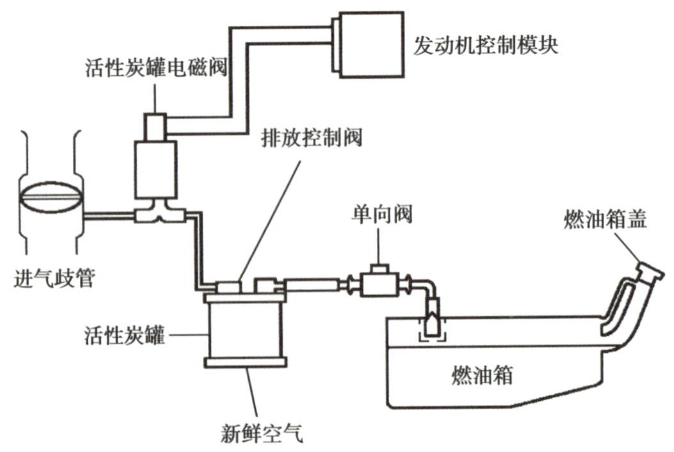

图 3-3-4　燃油蒸气排放控制系统

(3)废气再循环系统的工作原理

废气再循环系统的作用是将适量的废气重新引入气缸内参与燃烧，从而降低气缸内的最高温度，以减小氮氧化合物的排放量。由于废气再循环也会使发动机的功率降低，使混合动力汽车发动机在怠速、低速等工况下运转不稳定，因此，需由混合动力汽车发动机 ECU 根据发动机工况控制废气再循环系统的工作。混合动力汽车发动机 ECU 控制 EGR 阀电磁线圈通电，使电枢向上运动，当其带动锥形阀离开阀座后，废气就可以进入进气歧管，如图 3-3-5 所示。

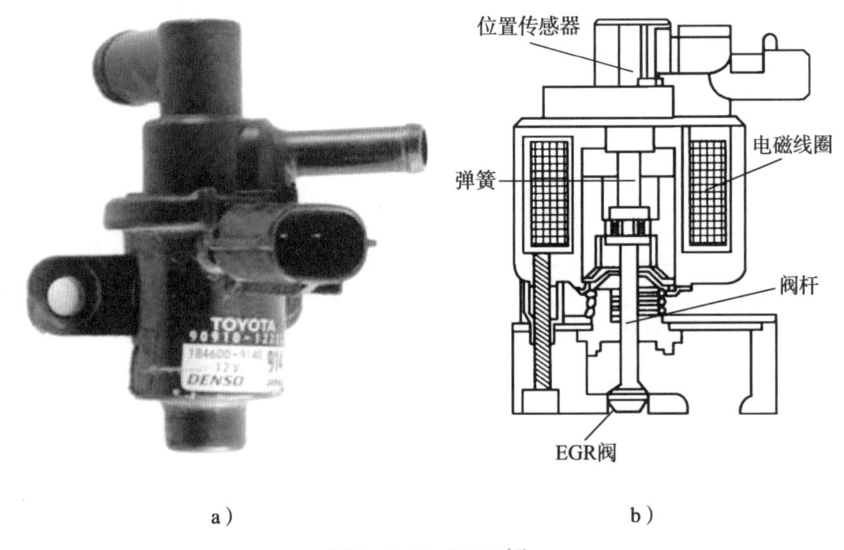

图 3-3-5 EGR 阀
a)实物 b)内部结构

EGR 阀工作时，EGR 阀开度传感器检测 EGR 阀的开度情况并将信号送入 ECU，ECU 将此开度与根据输入信号计算出的理想开度进行比较。如果不同，ECU 将减小 EGR 阀的电流，减小施加到 EGR 阀的真空度，结果使再循环的废气量改变，如图 3-3-6 所示。

(4)三元催化转换器控制系统的工作原理

三元催化转换器控制系统(TWC)串联在排气系统中，当排气气流进入三元催化转换器时，废气中的有害气体一氧化碳、碳氢化合物和氮氧化合物在三元催化剂铂、钯和铑的混合物的作用下发生化学反应，生成氮气、二氧化碳和水，废气中的这三类有害气体通过三元催化转换器控制系统后均变成了无害气体，使废气得到净化，如图 3-3-7 所示为三元催化转换器。三元催化转换器控制系统的工作原理是先利用系统自带的贵重金属铑作为催化剂，将氮氧化合物还原成无害的氮气和二氧化碳。还原过程中所生成的氧气，以铂、钯和铑作为催化剂一起和一氧化碳、碳氢化合物进行氧化反应，使其转变成无害的二氧化碳和水。

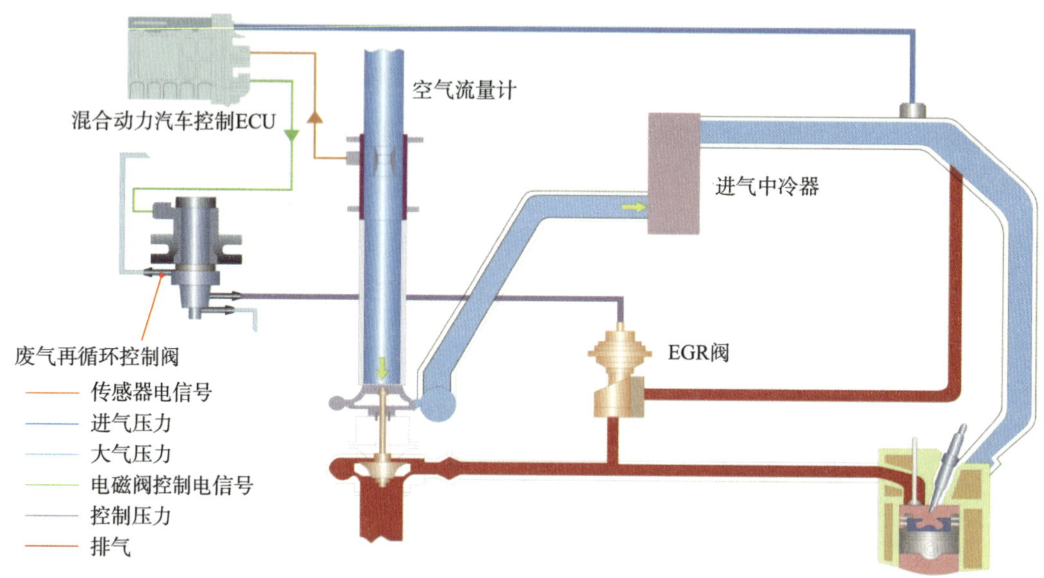

图 3-3-6　EGR 阀的工作原理

（5）氧传感器的作用与工作原理

氧传感器（见图 3-3-8）是排气氧传感器的简称，其主要作用是检测废气中氧离子的含量来获得混合气空燃比信号，并将该信号转化为电信号输送给 ECU。ECU 根据氧传感器的反馈信号控制发动机喷油器喷油量。氧传感器分为二氧化锆式氧传感器和二氧化钛式氧传感器。图 3-3-9 为二氧化钛式氧传感器反馈控制系统，其工作原理是：ECU 内部向二氧化钛式氧传感器提供 5 V 稳定工作电压（即 U_C），分压电阻串接在氧传感器中，起分压作用。二氧化钛是一个可变电阻，阻值随废气中氧离子的含量变化而改变。当废气中氧离子含量较高时，二氧化钛阻值较小，氧传感器向 ECU 的反馈电压也较小；

图 3-3-7　三元催化转换器

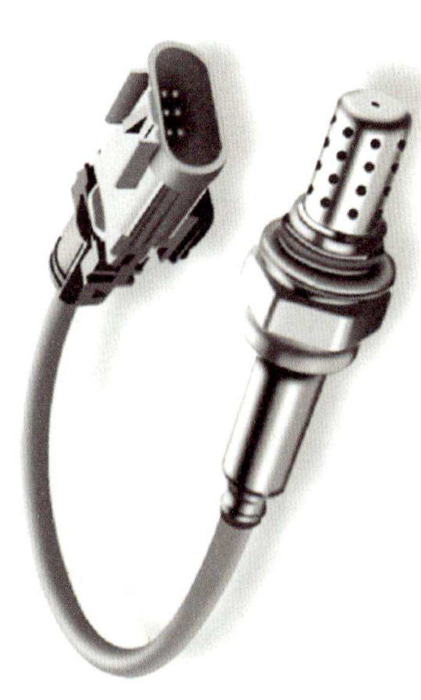

图 3-3-8　氧传感器

当废气中氧离子含量较低时，二氧化钛阻值较大，氧传感器向 ECU 的反馈电压也较大。ECU 根据反馈电压的大小，控制喷油器喷油量的增减，使混合动力汽车发动机的空燃比控制在理论空燃比（14.7∶1）附近。

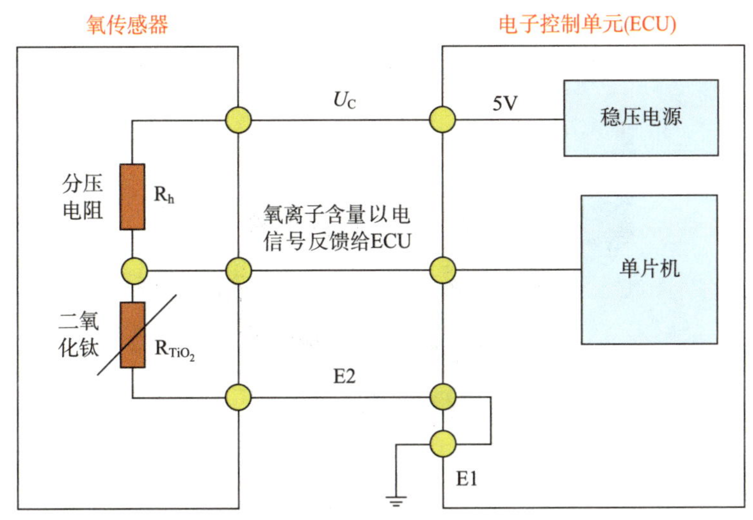

图 3-3-9　二氧化钛式氧传感器反馈控制系统

（6）恒温进气系统的工作原理

恒温进气系统也称为进气温度自动调节系统。当混合动力汽车发动机启动之后，在怠速或小节气门开度下工作时，由于温度低，需供给发动机浓混合气以保持其稳定运转。但浓混合气燃烧不完全，排气中一氧化碳和碳氢化合物较多。若供给稀混合气，虽然可以减少有害气体的排放，但在低温下发动机不能稳定运转。恒温进气系统的作用就是在发动机冷启动之后，向发动机供给热空气，这时即使供给的是稀混合气，热空气也能促使燃油充分气化和燃烧，从而减少了一氧化碳和碳氢化合物的排放，又改善了发动机低温运转性能。当发动机温度升高后，恒温进气系统向发动机供给未经加热的新鲜空气。

（7）二次空气供给系统的工作原理

二次空气供给系统的作用是利用空气泵将新鲜空气经空气喷管喷入排气管或三元催化转换器，使排气中的一氧化碳和碳氢化合物进一步氧化或燃烧成为二氧化碳和水，即进一步降低排气中的有害排放物，并提高三元催化转换器的转换效率，使废气中的有害气体与空气进一步燃烧，以进一步减少有害物的排放。

三、排放控制系统的检测

1. 尾气的检测

实施汽车尾气检测的目的是使汽车尾气达到环保要求，限制和减少有害气体及颗粒物的排放，并有效提高汽车的动力性和燃油经济性。汽车尾气检测结果不仅可以用于汽车年审，还可以初步判断发动机可能存在的故障。下面以 NHA-505 废气分析仪为例（见图 3-3-10），介绍汽车尾气检测的操作步骤（见表 3-3-1）。

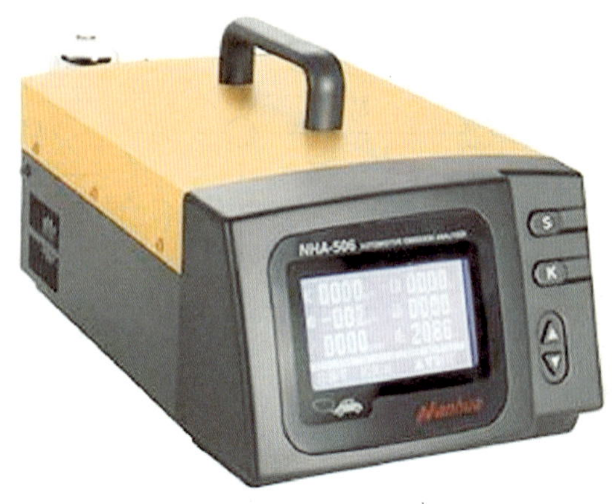

图 3-3-10　废气分析仪

表 3-3-1　　汽车尾气检测的操作步骤

图示	步骤
	1. 混合动力汽车发动机的尾气检测采用怠速检测和高怠速（踩下加速踏板，加速到 50% 额定功率）检测两种测量方法。先完成废气分析仪的基本设置，如测量模式设置、车辆信息设置、分析仪基本设置等
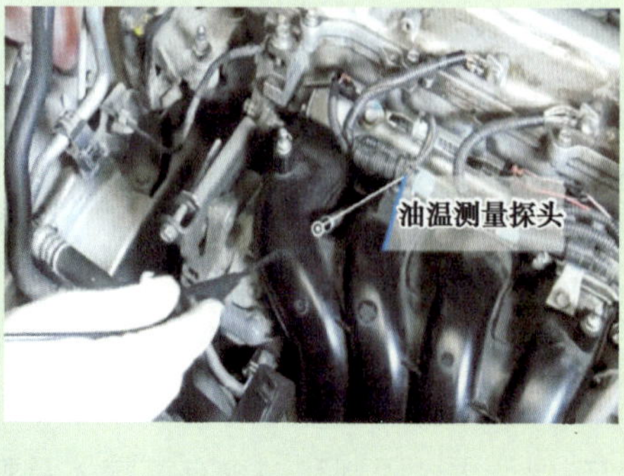	2. 启动发动机，使发动机运转至正常工作温度。取出发动机机油标尺，将油温测量探头插入到机油标尺孔中，确认检测探头能够接触到发动机机油

续表

图示	步骤
	3. 将发动机转速测量钳夹到第一缸点火线圈信号线上，完成废气分析仪的线路连接
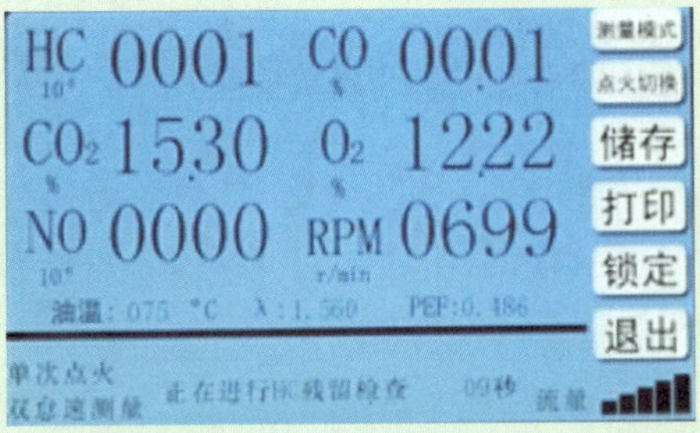	4. 按测量键开始测量，触控屏提示“正在进行碳氢化合物残留检查”
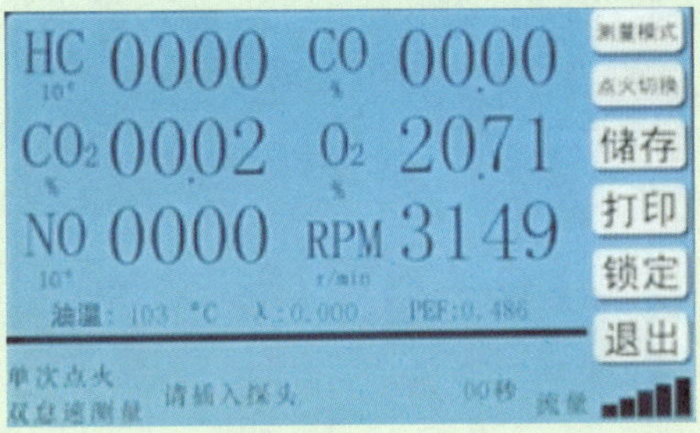	5. 在碳氢化合物残留检查结束后，触控屏提示“请加速到 70% 额定转速”。踩下汽车加速踏板，使发动机转速提升至 70% 额定转速，并维持 30 s。随后，触控屏提示“请减速到 50% 额定转速”，按提示进行操作。待发动机转速下降至 50% 额定转速时，触控屏提示“请插入探头”。此时，发动机完成热机，进入待检状态
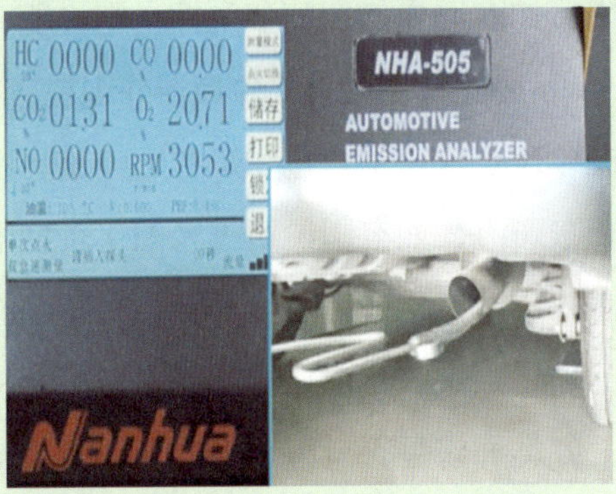	6. 取出废气分析仪取样探头，将取样探头插入到排气管中。取样探头插入排气管不应小于 400 mm

续表

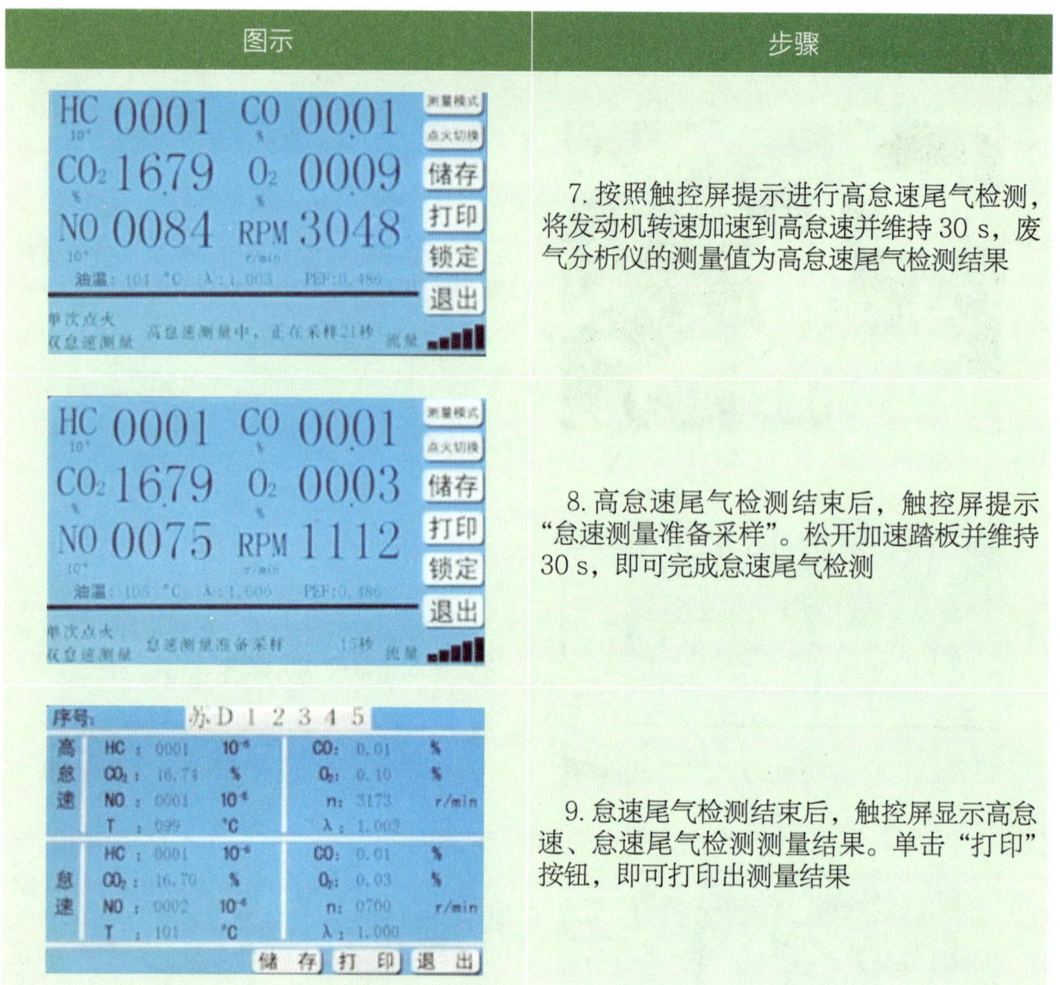

图示	步骤
	7. 按照触控屏提示进行高怠速尾气检测，将发动机转速加速到高怠速并维持 30 s，废气分析仪的测量值为高怠速尾气检测结果
	8. 高怠速尾气检测结束后，触控屏提示“怠速测量准备采样”。松开加速踏板并维持 30 s，即可完成怠速尾气检测
	9. 怠速尾气检测结束后，触控屏显示高怠速、怠速尾气检测测量结果。单击“打印”按钮，即可打印出测量结果

2. 三元催化转换器的检修方法

（1）外观检查法

通过外观检查，判断三元催化转换器在行驶中是否受到损伤以及是否过热。将车辆升起之后，观察三元催化转换器表面是否有凹陷。如有明显的凹痕和刮擦，则说明三元催化转换器的载体可能受到损伤。如图 3-3-11 所示为进行三元催化转换器外观检查。

观察三元催化转换器外壳上是否有严重的褪色斑点或略呈青色和紫色的痕迹，在三元催化转换器防护罩的中央是否有非常明显的暗灰斑点，如有则说明三元催化转换器曾处于过热状态，需做进一步的检查。用拳头敲击并晃动三元催化转换器，如果听到有物体移动的声音，则说明其内部催化剂载体破碎，需要更换三元催化转换器。同时要检查三元催化转换器是否有裂纹，各连接是否牢固，各类导管是否泄漏。通过外观检查，可快速判断三元催化转换器的机械故障。

图 3-3-11 进行三元催化转换器外观检查

（2）背压试验法

在三元催化转换器前端排气管的适当位置上打一个孔，接一个压力表，启动发动机，在怠速和 2 500 r/min 时分别测量排气背压。如果排气背压不超过发动机所规定的限值，则表明催化剂载体没有被阻塞。若排气背压超过发动机所规定的限值，则需将三元催化转换器后端的排气系统拆掉，重复以上的试验。如果三元催化转换器阻塞，排气背压仍将超过发动机所规定的限值。若排气背压下降，则说明消声器或催化转换器下游的排气系统出现问题，破碎的催化剂载体滞留在下游的排气系统中。对有问题的排气管、消声器和三元催化转换器，也可通过测量其前后的压力损失来判断。

（3）真空试验法

将真空表接到进气歧管，启动发动机，使其从怠速逐渐升至 2 500 r/min，观察真空表的变化，如果这时真空度下降，则保持发动机转速 2 500 r/min 不变，且此后真空表读数明显下降，则说明三元催化转换器有阻塞。因为三元催化转换器的阻塞在真空试验中是一个渐变的过程，而此试验是一个稳态的过程（2 500 r/min），真空表读数不会产生明显的下降。如果是在试验室进行一个三元催化转换器阻塞前后的对比检查，三元催化转换器阻塞后，进气歧管真空度会发生明显下降。如果进气歧管真空度下降，并不能完全说明是由三元催化转换器阻塞造成的。当发动机供油量减小时，进气歧管的真空度也会下降。

（4）加热法

三元催化转换器在正常工作状态下由于氧化反应产生了大量的反应热，因此，可通过温差对比来判断三元催化转换器性能的好坏。启动发动机，预热至正常工作温度，将发动机转速维持在 2 500 r/min 左右。将车辆举升，用数字式温度计（接触式或非接触式红外线激光温度计）测量三元催化转换器进口和出口的温度，温度计需尽量靠近三元催化转换器（50 mm 内），如图 3-3-12 所示。三元催化转换器出口温度应至少高于进口温度 10%～15%，大多数正常工作的三元催化转换器出口温度高于进口温度 20%～25%。如果车辆在主三元催化转换器之前还安装了副三元催化转换器，主三元催化转换器出口温度应高于进口温度 15%～20%，如果出口温度值低于以上范围，则三元催化转换器工作不正常，需更换。

图 3-3-12　三元催化转换器温度测量

3. 氧传感器的检修

氧传感器通过检测发动机废气中氧的含量，向 ECU 反馈混合气的浓度信息，它安装在三元催化转换器之前的排气管上。如果氧传感器故障，就会使发动机油耗和排气污染增大，出现怠速不稳、缺火、喘抖等故障现象。氧传感器的常见故障有氧传感器中毒、氧传感器积炭、加热器电阻丝烧断、传感器线路问题，其故障诊断与排除方法见表 3-3-2。

表 3-3-2　氧传感器的检修

故障图示	故障类型	故障诊断与排除方法
	氧传感器中毒	首先检查氧传感器保护外壳上的气孔是否被堵塞，观察氧传感器顶尖部位的颜色。如呈现淡灰色，则表明氧传感器工作正常。如呈现白色顶尖，是硅中毒。如呈现棕色顶尖，是铅中毒。如果氧传感器中毒严重，必须更换氧传感器

续表

故障图示	故障类型	故障诊断与排除方法
	氧传感器积炭	在氧传感器表面形成积炭或氧传感器内部进入油污或尘埃等沉积物，会阻碍或阻塞外部空气进入氧传感器内部，使氧传感器输出的信号失准，导致混合动力汽车发动机控制ECU不能及时修正空燃比
	加热器电阻丝烧断	用万用表电阻挡测量氧传感器接线端中加热电阻的阻值，万用表的红黑表笔应分别与白色接线柱及搭铁连接，测量阻值应符合维修手册规定的标准。测量阻值若为无穷大，则表明加热器电阻丝烧断，应更换氧传感器
	传感器线路问题	将发动机热车至正常工作温度（氧传感器达到工作温度350 ℃或发动机以2 500 r/min的转速运转3 min），用万用表或智能检测仪检测氧传感器的输出电压，信号电压应为0.1～0.9 V

思考与练习

1. 混合动力汽车发动机排放控制装置由哪些系统组成？其作用是什么？
2. 检修发动机排放控制装置时有哪些注意事项？

模块四
混合动力汽车发动机故障诊断与排除

课题一 气缸压缩压力过低的故障诊断与排除

学习目标

1. 能对气缸压缩压力过低的故障进行原因分析。
2. 掌握气缸压缩压力表组的正确使用方法。
3. 掌握气缸压缩压力过低的故障排除方法。

相关理论

普锐斯是丰田汽车公司的一款混合动力车，是世界上首款批量生产也是目前为止最成熟的混合动力汽车。在混合动力汽车领域，普锐斯具有典型性和代表性，市场占有率较大。其油耗低，适合城市使用，环保性能好。本课题将以普锐斯混合动力汽车发动机故障为例，分析气缸压缩压力过低的故障原因，简述其故障排除步骤。

一、气缸压缩压力过低的故障现象

一辆普锐斯混合动力汽车被送到维修站进行维修，驾驶员反映该汽车经过发动机大修后，时常显示动力电池电量低于 50%，发动机动力不足，机油和燃油消耗增大，尾气排放超标。

二、气缸压缩压力过低的原因分析

根据该汽车的故障现象，初步判断是由于发动机气缸压缩压力过低导致。气缸压缩压力过低的主要原因有：

1. 空气滤清器过脏、堵塞，应清洁或更换空气滤清器滤芯。
2. 气缸、活塞环、活塞磨损过大，密封不良，应检修或更换气缸、活塞环、活塞。
3. 气门和气门座工作面磨损或烧灼，密封不良，应检修或更换气门和气门座。
4. 气缸衬垫损坏，应更换气缸衬垫。
5. 气缸盖变形，应检修或更换气缸盖。
6. 气门间隙或配气正时不当，应调整气门间隙或配气正时。

三、气缸压缩压力过低的故障排除步骤

为排除该汽车故障，应首先检查空气滤清器洁净程度。经检查发现空气滤清器灰尘较少，不存在堵塞情况。为明确故障点，进而检查该汽车的气缸压缩压力。

1. 测量各缸气缸压缩压力前期准备工作

（1）使发动机暖机，暖机后停止发动机运转。

提示：发动机暖机后，冷却液温度应超过 80 ℃，发动机机油温度应达到 60 ℃，且发动机转速应稳定。

（2）将发动机置于检查模式下。

（3）拔下进气管，断开空气滤清器盖分总成，如图 4-1-1 所示。

图 4-1-1　拔下进气管

（4）拆下点火线圈总成，如图 4-1-2 所示。

注意：检查过程中切勿断开点火线圈总成连接器，此操作会导致新的故障码存入发动机控制系统。

（5）使用工具拆下火花塞，如图 4-1-3 所示。

图 4-1-2　拆下点火线圈总成

图 4-1-3　拆下火花塞

（6）将气缸压力表连接到软管，再选择与火花塞螺纹匹配的密封接头，组装气缸压力表组，如图 4-1-4 所示。

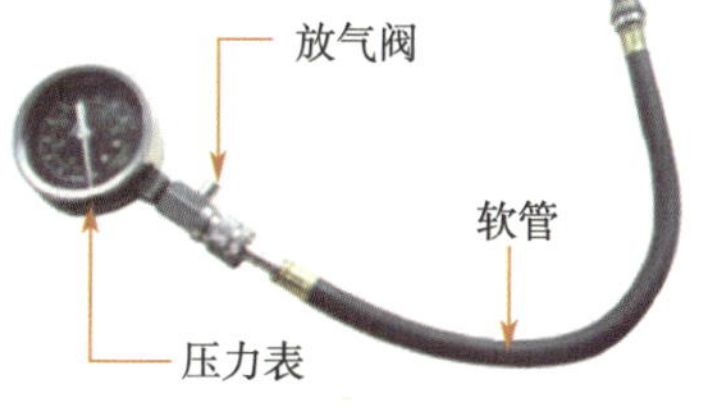

图 4-1-4　完成组合的气缸压力表组

2. 检查各气缸压缩压力

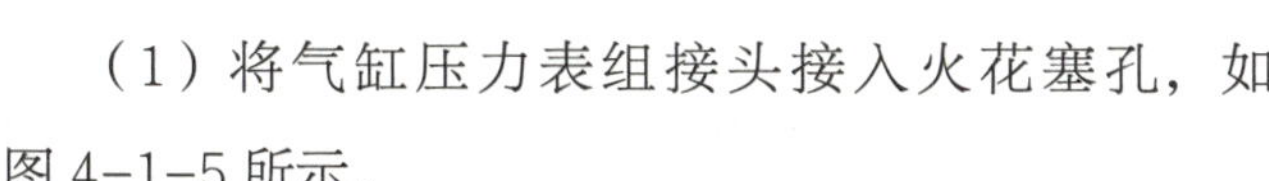

（1）将气缸压力表组接头接入火花塞孔，如图 4-1-5 所示。

（2）将智能检测仪连接到普锐斯混合动力汽车的故障诊断接口，如图 4-1-6 所示。

注意：在数据列表中，检查蓄电池电压大小，以确保蓄电池已充满电。

图 4-1-5　接入气缸压力表组

图 4-1-6　将智能检测仪连接到普锐斯混合动力汽车的故障诊断接口

（3）打开智能检测仪，选择普锐斯车型，按照以下菜单进入车辆检查模式：Powerteain → Hybrid Control → Activ Test → Compress Test → On。

（4）将加速踏板踩到底，同时踩下制动踏板，按下电源键，启动发动机，通过气缸压力表组读取气缸的压缩压力。

通过汽车维修手册查阅发动机气缸压缩压力参考标准值，见表 4-1-1。

表 4-1-1　　发动机气缸压缩压力参考标准值

项目	参考标准值
标准压缩压力	1.36 MPa（13.9 kgf/cm^2，198 psi）
最低压力	0.98 MPa（10.0 kgf/cm^2，142 psi）
各缸之间的差值	98 kPa（1.0 kgf/cm^2，14 psi）

注意事项如下：

1）务必使用充足电的动力电池，使发动机转速达到 250 r/min 或更高。

2）按相同的方式检查其他气缸的压缩压力。

3）尽可能快速地完成该检查。

（5）测得一缸压缩压力约 0.54 MPa，其余三缸压缩压力为 1.25～1.26 MPa，说明一缸压缩压力值过低。通过火花塞孔往气缸中注入少量的机油，并再次检查一缸压缩压力，发现压缩压力依旧过低，如图 4-1-7 所示。进而拆卸发动机气缸盖进行检查。

图 4-1-7　压缩压力依旧过低

提示：

1）如果加注机油后一缸压缩压力增大，说明活塞环或气缸孔可能磨损或损坏。

2）如果加注机油后一缸压缩压力仍然偏低，则有可能是气缸衬垫变形、气环卡滞或气门间隙调节器故障导致。

3. 一缸压缩压力过低的故障排除

拆卸气缸盖后，发现气缸衬垫平整无变形，进而拆卸发动机气门。拆卸发动机气门后，发现一缸液压气门间隙异于其他三缸，所以进行液压气门间隙调节器性能检测。

将专用工具 SST 垂直插入液压气门间隙调节器（见图 4-1-8），把液压气门间隙调节器浸入干净的发动机机油中，使用专用工具 SST 压缩并放开气门间隙调节器柱塞 5~6 次（见图 4-1-9），使干净机油进入液压气门间隙调节器。随后用手压缩进入机油后的液压气门间隙调节器柱塞，应越压越紧，但用手压缩液压气门间隙调节器柱塞 3 次后，其仍能被压缩（见图 4-1-10），说明柱塞密封性有问题。

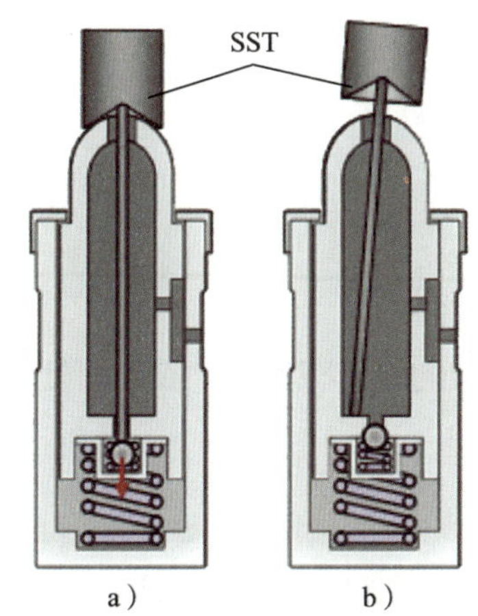

图 4-1-8 将 SST 垂直插入液压气门间隙调节器

a）正确插入 b）错误插入

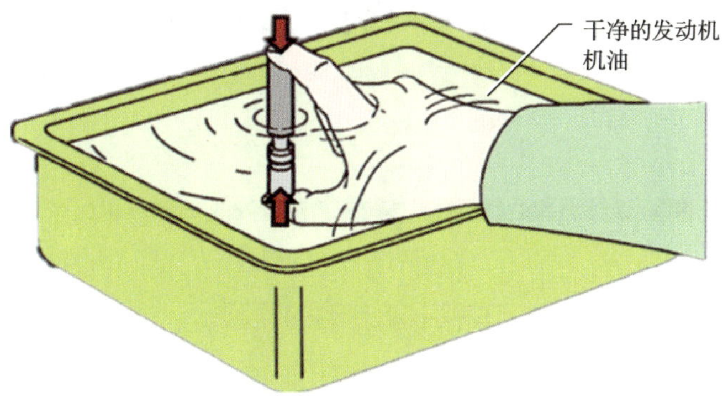

图 4-1-9 使用专用工具 SST 压缩并放开气门间隙调节器柱塞

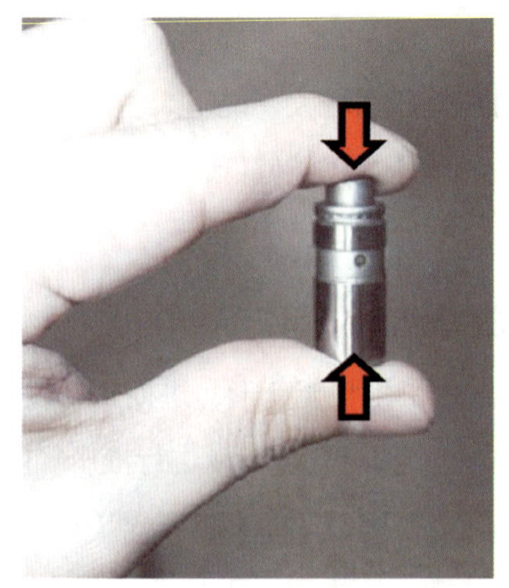

图 4-1-10　用手压缩液压气门间隙调节器

更换新的柱塞后，装复发动机，再次启动车辆后，气缸压缩压力过低故障消失，说明该车一缸压缩压力过低的原因是一缸液压气门间隙调节器损坏，导致混合动力汽车时常出现动力电池电量低于 50%、发动机动力不足、机油和燃油消耗增大、尾气排放超标的现象。

思考与练习

1. 气缸压力表组由哪些部件组成？
2. 发动机气缸压缩压力过低的原因有哪些？应如何处理？

课题二　曲轴位置传感器不工作的故障诊断与排除

学习目标

1. 能够对照故障现象，分析车辆不能启动的原因。
2. 掌握曲轴位置传感器的检查步骤。
3. 能够排除由于曲轴位置传感器不工作引起的故障。

相关理论

一、混合动力汽车不能启动故障现象

一辆普锐斯混合动力汽车被送到维修站进行维修，驾驶员反映该汽车仪表故障指示灯点亮，车辆不能正常启动。

如图 4-2-1 所示为几种常见的混合动力汽车仪表故障指示灯。

图 4-2-1 混合动力汽车仪表故障指示灯

a）HV 蓄电池警告灯 b）HV 系统警告灯 c）车辆动力系统故障灯

二、混合动力汽车不能启动故障原因分析

在普锐斯混合动力汽车中，如果发动机或变速驱动桥齿轮被卡住，或有异物进入发动机或变速驱动桥中，则 HV ECU 就会检测到故障码并启动安全保护控制。如图 4-2-2 所示，曲轴位置传感器故障、ECM 故障或 HV ECU 故障都可能造成发动机不能启动。

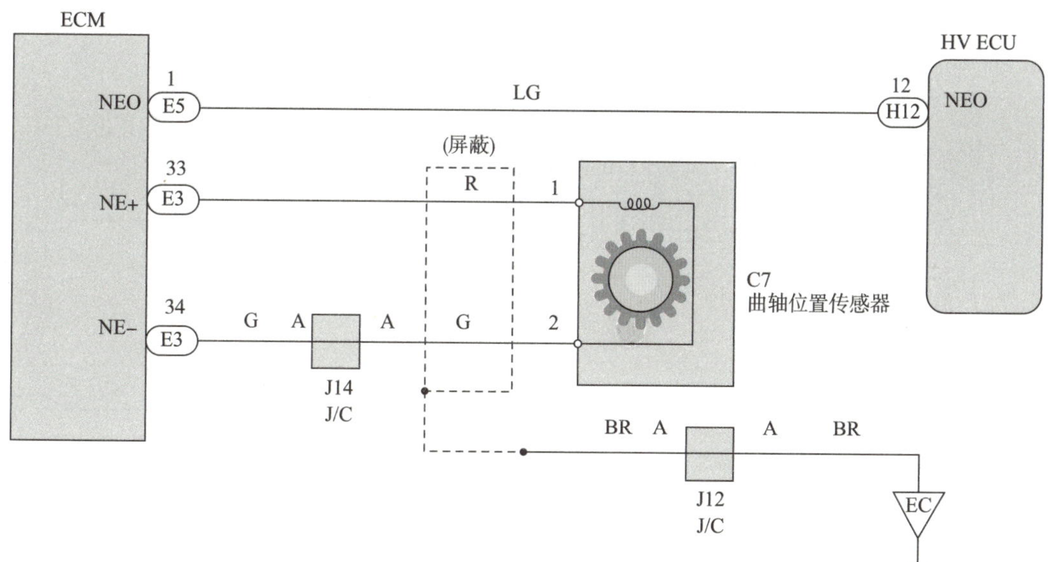

图 4-2-2 普锐斯发动机模块电路图（曲轴位置传感器部位）

诊断关键步骤及参数分析如下：

1. 查阅维修手册并记录普锐斯混合动力汽车 ECM 与 HV ECU 工作原理后，读取故障码。按照以下菜单进入车辆检查模式：Powerteain → Engine and ETC/DTC，读取相关故障码。

2. 检查曲轴传动带轮是否正常转动。

（1）关闭电源开关。

（2）顶起车辆。

（3）手动转动曲轴传动带轮，检查曲轴是否旋转。

3. 检查曲轴位置传感器线束和连接器，其位置如图 4-2-3 所示。

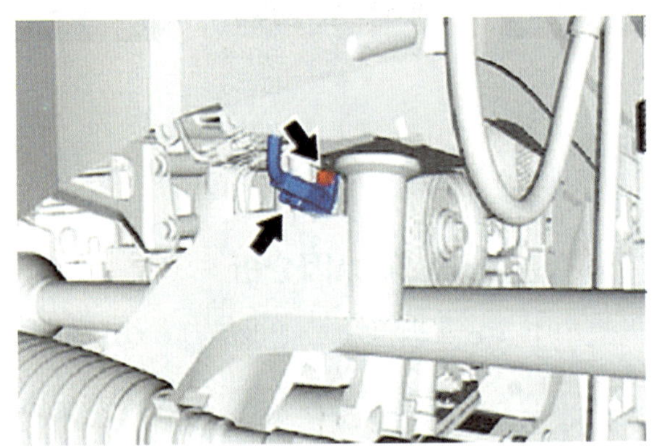

图 4-2-3　曲轴位置传感器安装位置

（1）断开 ECM E3 连接器，如图 4-2-4 所示。

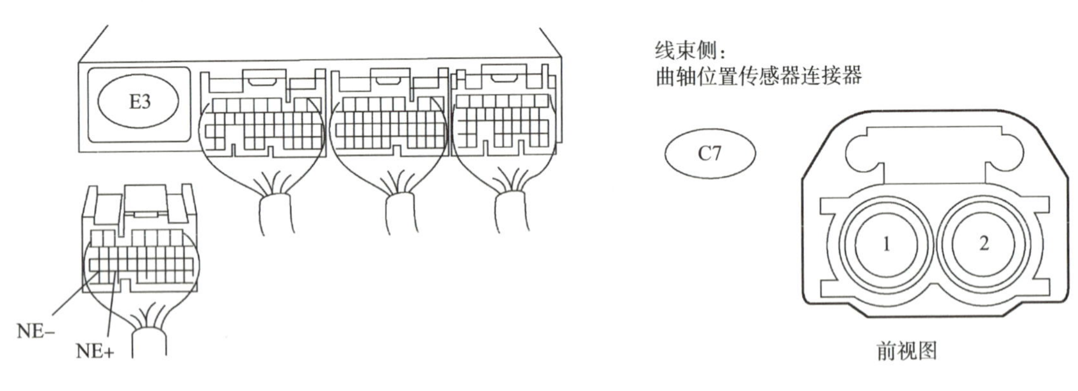

图 4-2-4　ECM E3 连接器与曲轴位置传感器连接器端子图

（2）断开 C7 曲轴位置传感器连接器。

（3）进行 ECM E3 连接器与曲轴位置传感器连接器开路检测，标准值见表 4-2-1。

（4）进行 ECM E3 连接器与曲轴位置传感器连接器短路检测，标准值见表 4-2-1。

表 4-2-1　曲轴位置传感器线束电阻标准值

万用表测量点	标准值
NE+（E3-33）——曲轴位置传感器（C7-1）	<1 Ω
NE-（E3-34）——曲轴位置传感器（C7-2）	<1 Ω
NE+（E3-33）或曲轴位置传感器（C7-1）——车身搭铁	10 kΩ 或更大
NE-（E3-34）或曲轴位置传感器（C7-2）——车身搭铁	10 kΩ 或更大

4. 检查线束和连接器（HV ECU 和 ECM）

（1）断开 HV ECU H12 连接器和 ECM E5 连接器，如图 4-2-5 所示。

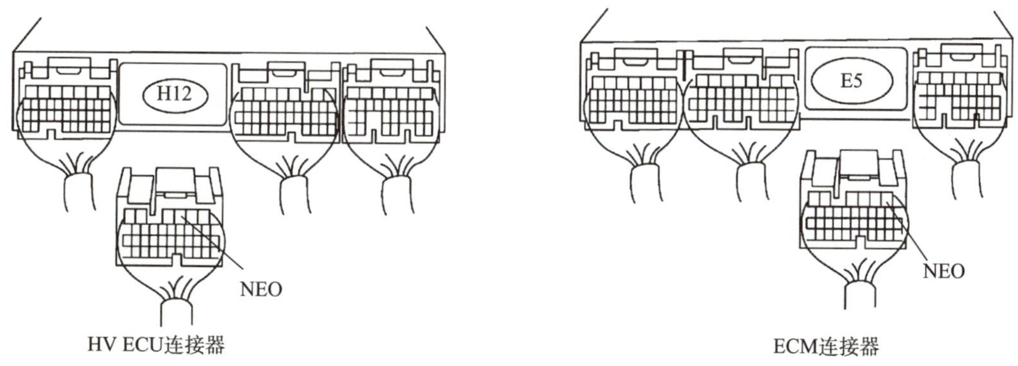

图 4-2-5　HV ECU H12 连接器与 ECM E5 连接器端子图

（2）进行 HV ECU H12 连接器与 ECM E5 连接器线束开路检测，标准值见表 4-2-2。

（3）进行 HV ECU H12 连接器与 ECM E5 连接器线束短路检测，标准值见表 4-2-2。

表 4-2-2　HV ECU H12 连接器与 ECM E5 连接器线束电阻标准值

万用表测量点	标准值
NEO+（H12-12）——NEO（E5-1）	<1 Ω
NEO+（H12-12）或 NEO（E5-1）——车身搭铁	10 kΩ 或更大

5. 重新检查并清除故障码（混合动力控制）

（1）按照以下菜单进入车辆检查模式：Powerteain → Hybrid Control/DTC。

（2）检查并记录故障码、定格数据和信息。

（3）清除混合动力控制的故障码。

6. 检查 READY 灯是否点亮

（1）按照以下菜单进入车辆检查模式：Powerteain → Hybrid Control → Data List。

（2）读取 MG1 转速和发动机转速数据。

（3）打开电源开关（READY），如果 READY 灯不亮，并且诊断仪上的读数显示为故障码 P0A90（HV 变速驱动桥输入故障），或 MG1 转动但发动机不运转，则应更换混合动力汽车变速驱动桥总成。

7. 检查发动机转速是否增大

（1）按照以下菜单进入车辆检查模式：Powerteain → Hybrid Control → Data List。

（2）读取 MG1 转速和发动机转速数据。

（3）在 READY 灯点亮的情况下，把挡位置于 P 挡的同时，踩下加速踏板 10 s。

如果发动机转速不增大，并且专用诊断仪的读数显示为故障码 P0A90（HV 变速驱动桥输入故障）或 MG1 转动但发动机不运转，则应更换混合动力汽车变速驱动桥总成。

8. 检查车轮是否缓慢转动

（1）打开电源开关（READY）。

（2）顶起车辆。

（3）踩下制动踏板，把选挡杆移动到 D 挡，然后松开制动踏板。

如果车轮不转动，并且专用诊断仪的读数显示为故障码 P0A90（HV 变速驱动桥输入故障），则应更换混合动力汽车变速驱动桥总成。

9. 以上检查均正常后，还需考虑以下问题

（1）检查是什么原因导致变速驱动桥和发动机的阻力在转动中变大。

（2）检查发动机润滑系统和变速驱动桥润滑系统情况。

（3）检查发动机冷却液和变速驱动桥冷却液情况。

（4）检查发动机本身和变速驱动桥本身是否有故障。

三、普锐斯混合动力汽车不能启动故障排除步骤

1. 混合动力汽车发动机和动力控制系统故障码的读取与清除

（1）将诊断仪连接到诊断座，如图 4-2-6 所示。

（2）插入钥匙，打开电源开关至 IG 挡，READY 灯点亮，如图 4-2-7 所示。

（3）打开诊断仪，进入系统，单击“与车辆连接”，选择“发动机和 ECT”，或进入混合动力控制系统，读取故障码。检查并记录故障码、定格数据和信息。根据故障码内容进行检修，清除故障码后，再次读取故障码，如图 4-2-8 所示。发现两个故障

码：P3193 燃油用尽、P0335 曲轴位置传感器“A”电路。添加燃油后，“P3193 燃油用尽”故障码消失，故障现象依旧不变，则需优先排查 P0335 曲轴位置传感器“A”电路故障。

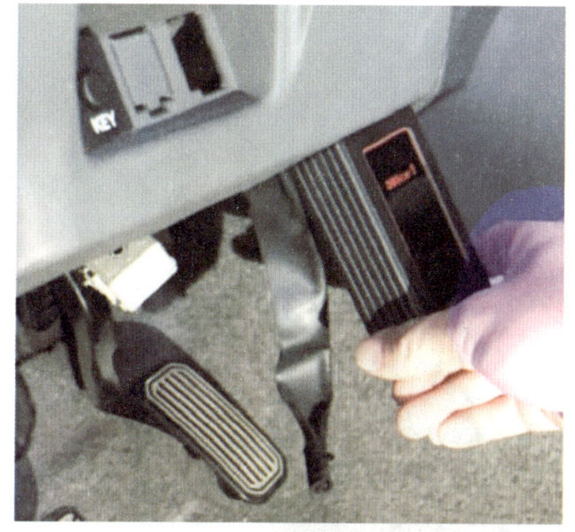

图 4-2-6　将诊断仪连接到诊断座

图 4-2-7　普锐斯汽车仪表盘

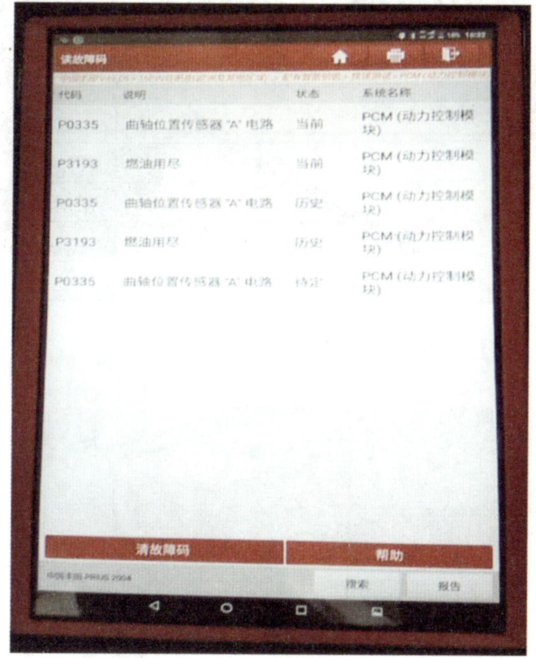

图 4-2-8　用诊断仪读取故障码

2. 线路检测

（1）准备工作

1）查阅 ECM 到曲轴位置传感器之间的线束和连接器电路图。

2）连接万用表，将黑色延长线插入 COM 端口，将红色延长线插入电压电阻测量端口。

3）将黑色探针与黑色延长线连接，红色探针与红色延长线连接。

4）将万用表旋至欧姆挡，将正负两个探针短接，校准万用表。

（2）混合动力控制器 ECU 和发动机 ECM 线路检测

查阅混合动力控制器 ECU 到发动机 ECM 之间的线束和连接器电路图，如图 4-2-2 所示。

1）断开 ECU H12 连接器，如图 4-2-9 所示。

图 4-2-9　断开 ECU H12 连接器

2）断开发动机 ECM E5 连接器，如图 4-2-10 所示。

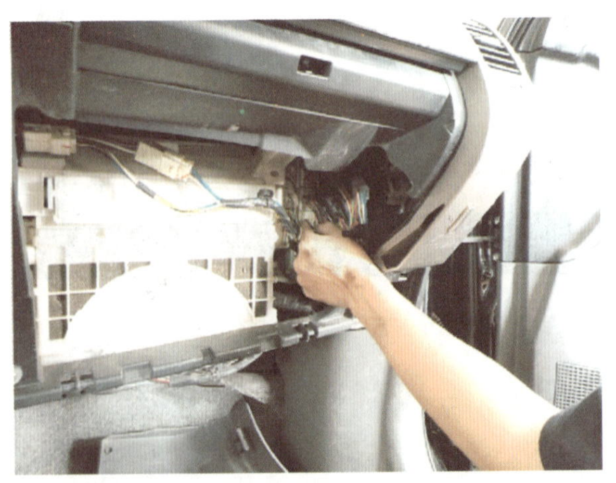

图 4-2-10　断开发动机 ECM E5 连接器

3）将万用表旋至欧姆挡。将负极探针与正极探针短接，校准万用表。将正极探针插入 ECM E5 1 号端子，如图 4-2-11 所示。

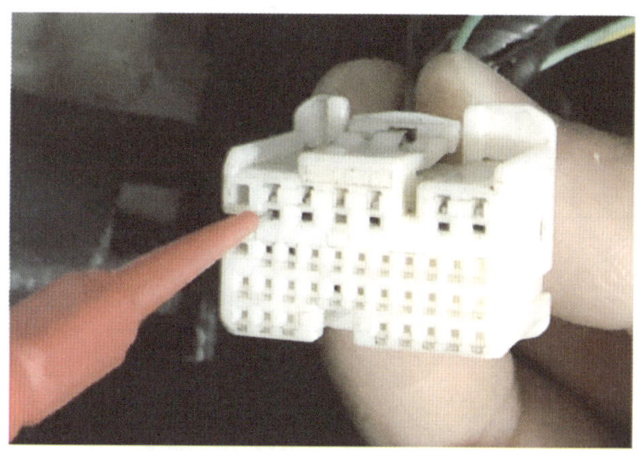

图 4-2-11　将正极探针插入 ECM E5 1 号端子

4）将负极探针插入 ECU H12 12 号端子，万用表显示两端子间的电阻应小于 1 Ω，如图 4-2-12 和图 4-2-13 所示。

图 4-2-12　H12 连接器的 12 号端子

图 4-2-13　将负极探针插入 ECU H12 12 号端子

5）测量线束和连接器间的开路电阻，其电路测量原理如图 4-2-14 所示。其标准阻值应小于 1 Ω，实际测量值为 0.23 Ω，说明该导线无断路，正常。

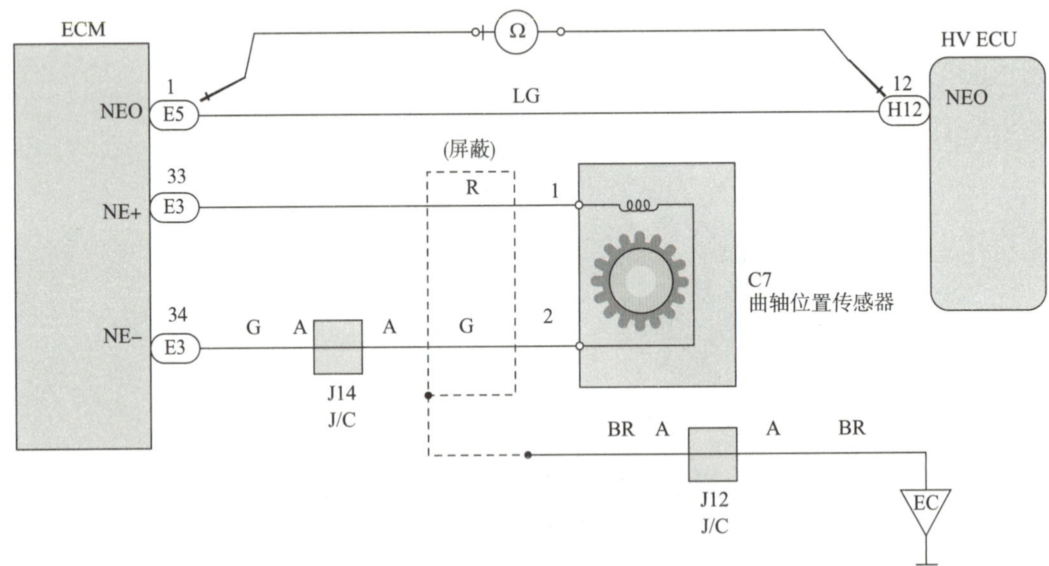

图 4-2-14　ECM E5 1 号端子与 ECU H12 12 号端子阻值测量模拟图

6）打开万用表，将万用表旋至欧姆挡，正负两探针短接，校准万用表。将正极探针插入发动机 ECM E5 1 号端子。将负极探针搭铁，如图 4-2-15 所示，其测量电路原理如图 4-2-16 所示。测量线束和连接器间的标准电阻阻值应大于 10 kΩ 或无穷大，实际测量值为无穷大，说明该测量点无搭铁，正常。

7）上述测量表明 ECU 和 ECM 线路正常，重新连接 ECU H12 以及发动机 ECM E5。

（3）发动机 ECM 与曲轴位置传感器线路检测

1）断开曲轴位置传感器连接器，如图 4-2-17 所示。

2）将万用表正极探针插入曲轴位置传感器连接器 1 号端子，如图 4-2-18 所示。

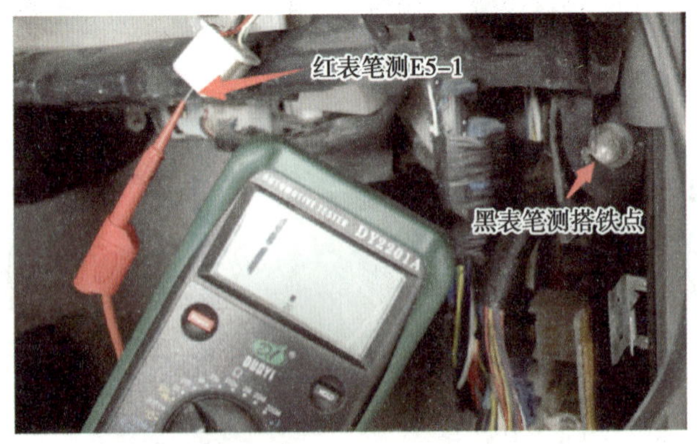

图 4-2-15　测量 ECM E5 1 号端子阻值

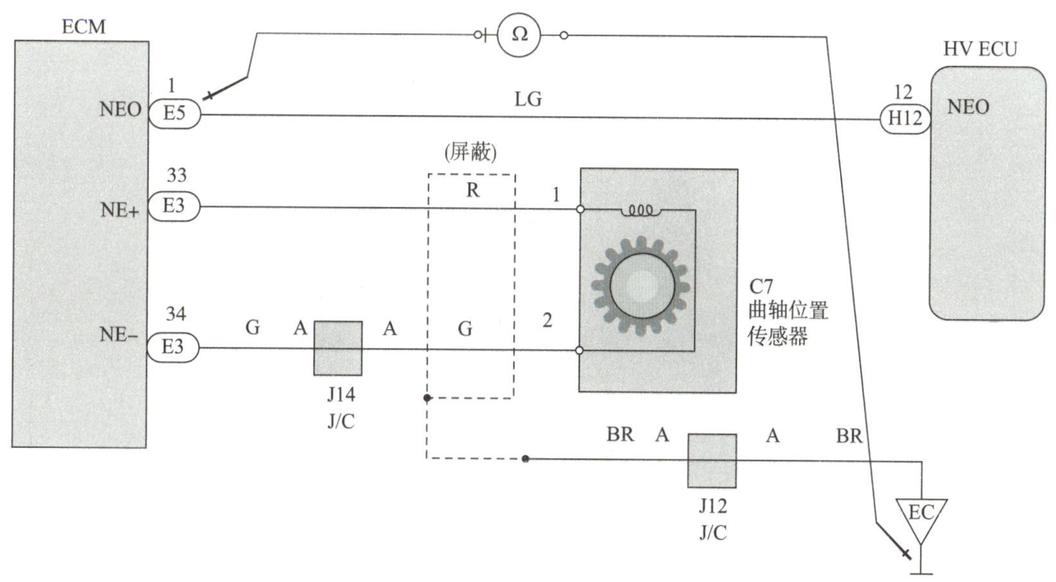

图 4-2-16　ECM E5 1 号端子搭铁绝缘性测量模拟图

图 4-2-17　断开曲轴位置传感器连接器

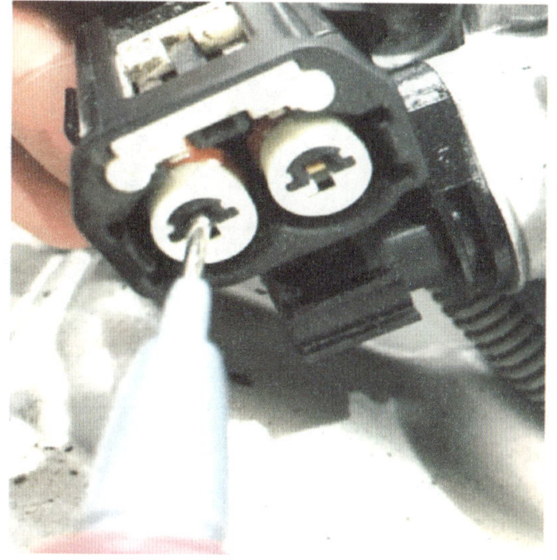

图 4-2-18　将万用表正极探针插入曲轴位置传感器连接器 1 号端子

3）降下车辆，断开 ECM E3 连接器，如图 4-2-19 所示。

4）打开万用表，调至电阻挡，将正极探针插入 ECM E3 的 33 号端子，测量曲轴位置传感器 1 号端子到 ECM E3 的 33 号端子之间的电阻，如图 4-2-20 所示，其测量电路原理如图 4-2-21 所示。其标准阻值应小于 1 Ω，实际测量阻值为 0.15 Ω，说明该线路无断路，正常。

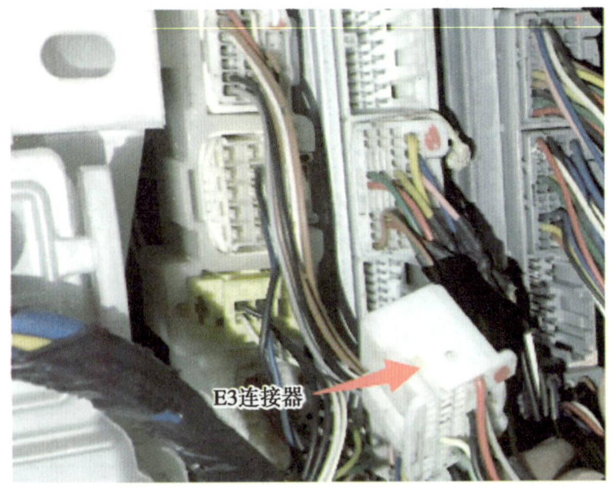

图 4-2-19 ECM E3 连接器

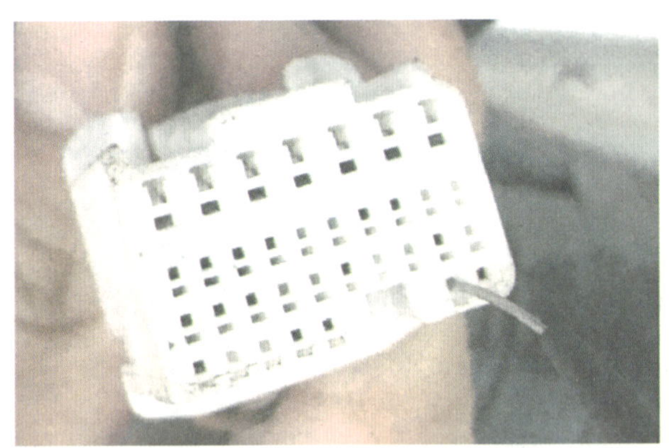

图 4-2-20 ECM E3 连接器 33 号端子

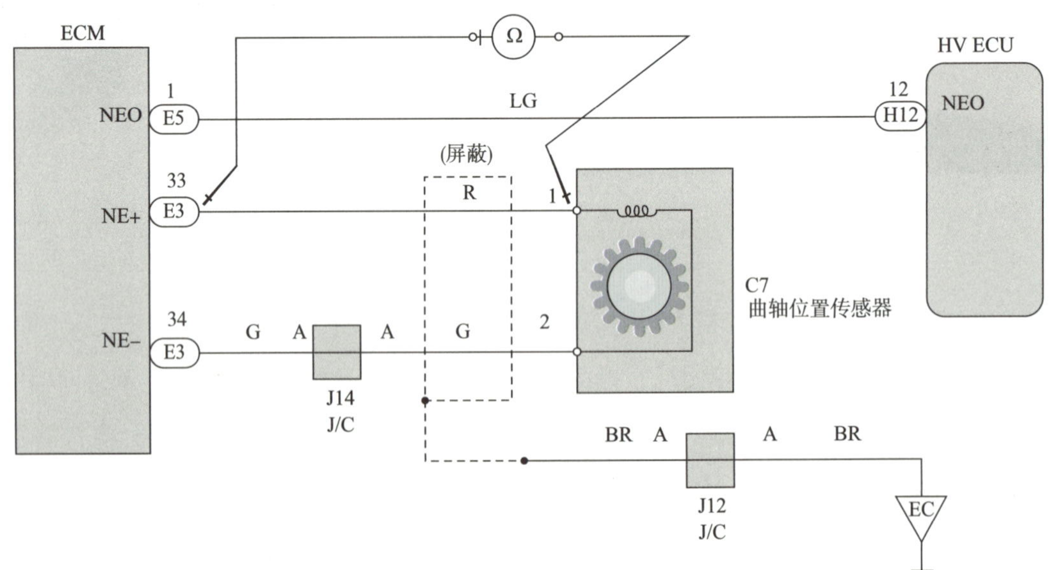

图 4-2-21 E3 连接器搭铁绝缘性测量模拟图

5）将万用表正极探针插入曲轴位置传感器 2 号端子，如图 4-2-22 所示。

6）将万用表负极探针插入 ECM E3 的 34 号端子。测量曲轴位置传感器 2 号端子到 ECM E3 的 34 号端子之间的电阻，如图 4-2-23 所示，其测量电路原理如图 4-2-24 所示。其标准阻值应小于 1 Ω，实际测量阻值为无穷大，说明该线路出现断路，发现该线束中间连接器 J14 断开。

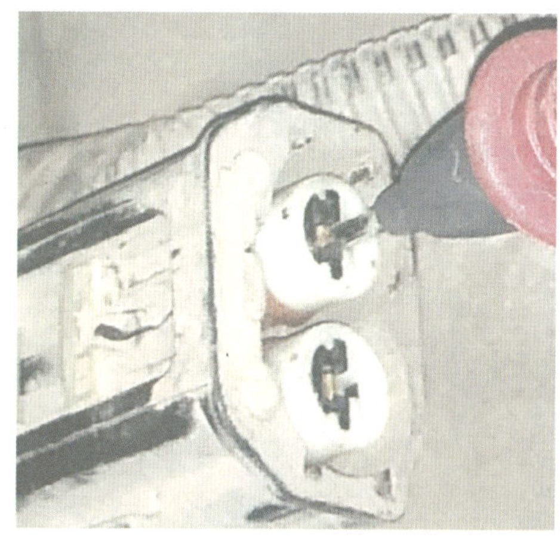

图 4-2-22 将万用表正极探针插入曲轴位置传感器 2 号端子

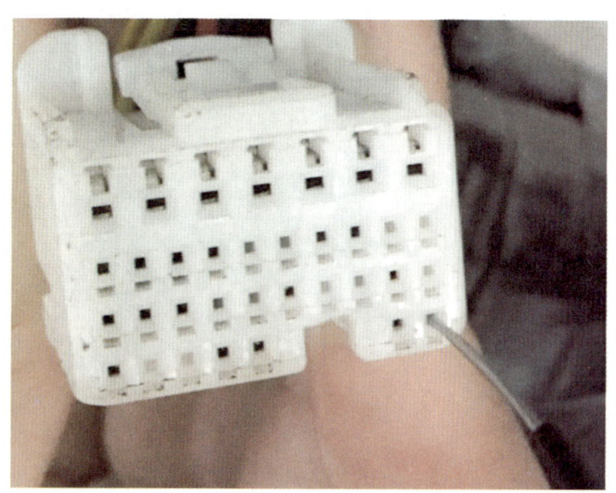

图 4-2-23 将万用表负极探针插入 ECM E3 的 34 号端子

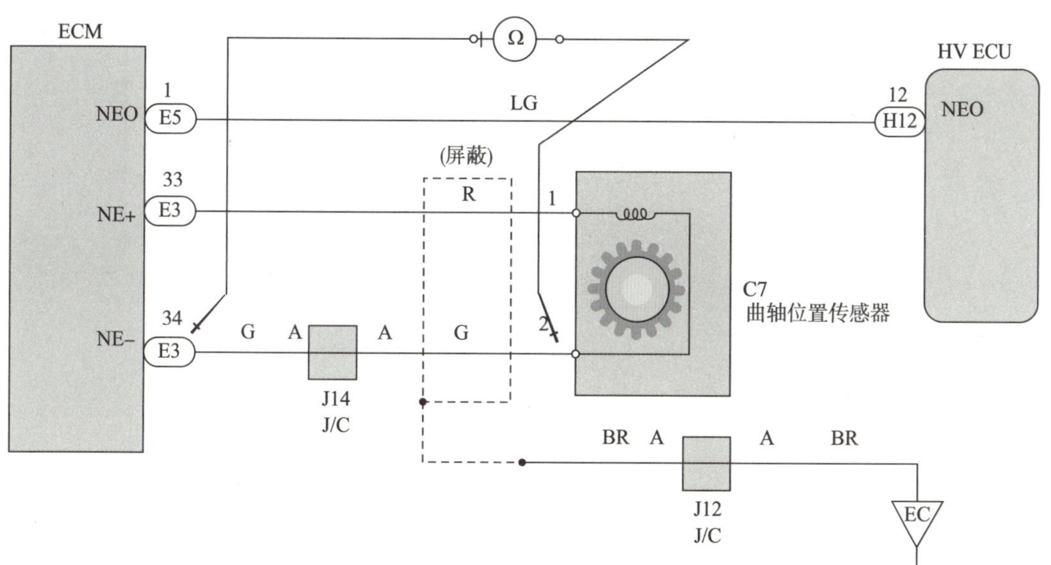

图 4-2-24 ECM E3 的 34 号端子与曲轴位置传感器 2 号端子测量模拟图

7）将万用表负极探针与正极探针短接，校准万用表。将万用表正极探针插入曲轴位置传感器 1 号端子，将万用表负极探针与车身搭铁，如图 4-2-25 所示，其测量电路原理如图 4-2-26 所示。曲轴位置传感器 1 号端子与车身接地之间的标准电阻阻值应大于 10 kΩ 或更大，实际测量值为无穷大，说明该测量点无搭铁，正常。

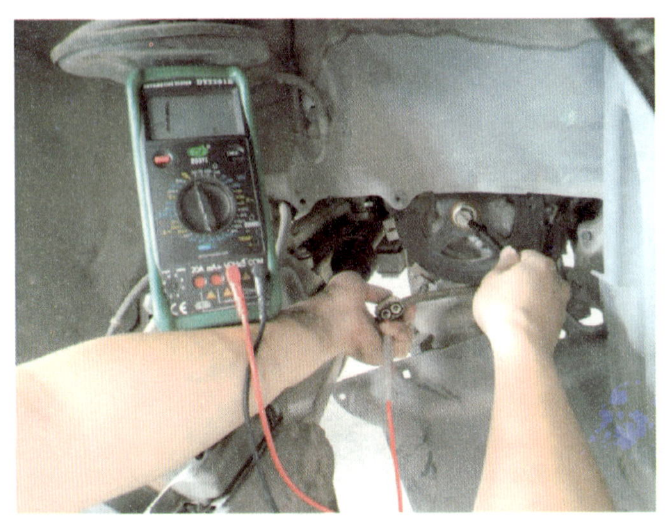

图 4-2-25　测量曲轴位置传感器 1 号端子与搭铁间的绝缘性

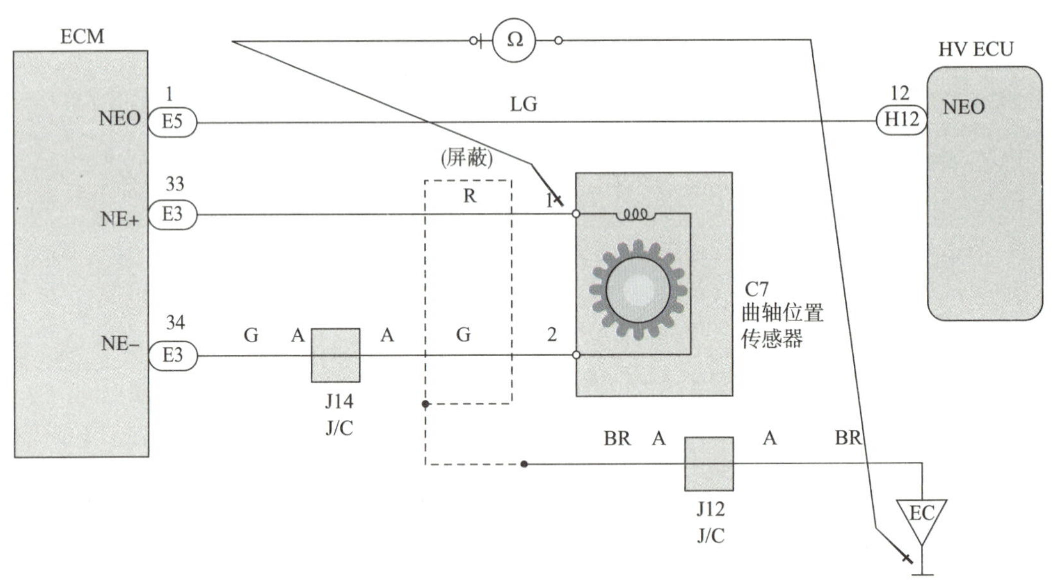

图 4-2-26　曲轴位置传感器 1 号端子与搭铁阻值测量模拟图

8）将万用表旋至欧姆挡，将正极探针插入曲轴位置传感器 2 号端子。将负极探针与车体搭铁，如图 4-2-27 所示，其测量电路原理如图 4-2-28 所示。测量曲轴位置传感器 2 号端子与车身搭铁之间的标准电阻阻值为无穷大，实际测量值为无穷大，正常。

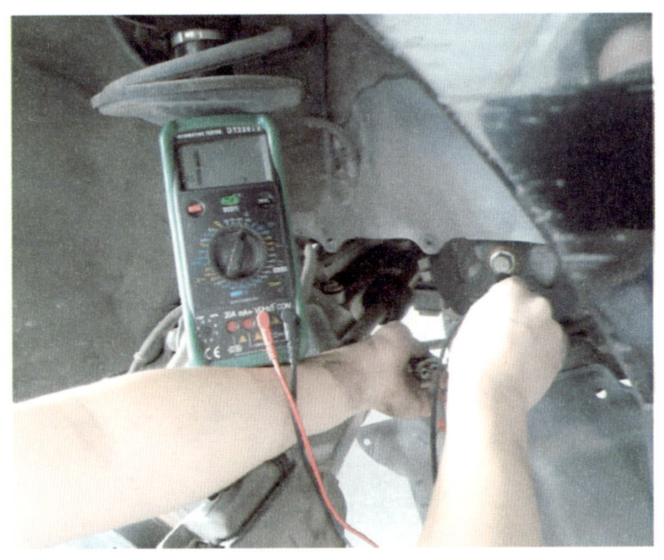

图 4-2-27 测量曲轴位置传感器 2 号端子与搭铁间的绝缘性

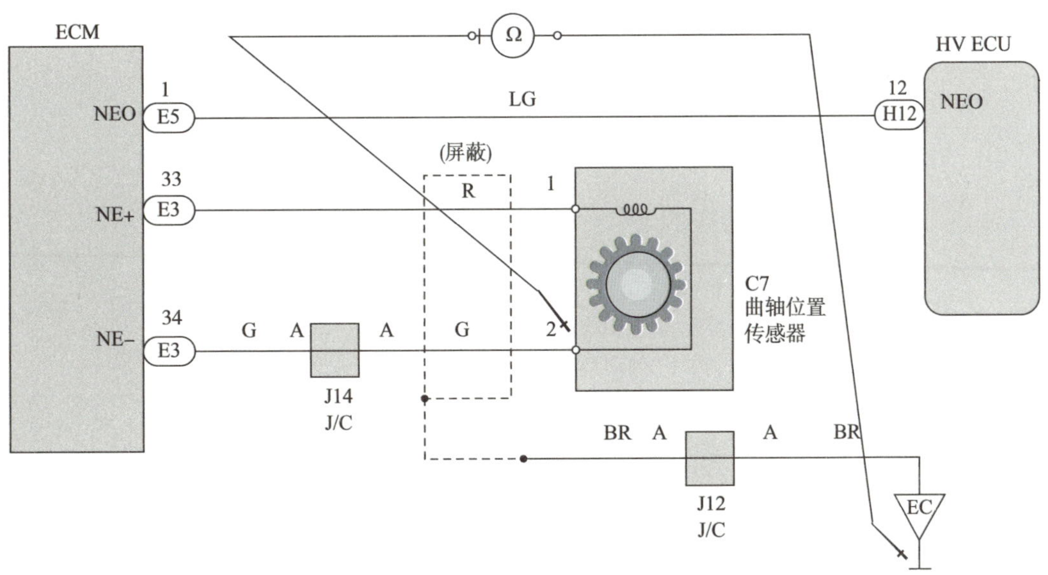

图 4-2-28 曲轴位置传感器 2 号端子与搭铁阻值测量模拟图

3. 曲轴位置传感器线路故障的排除

通过实车排查发动机 ECM E3 34 号端子与曲轴位置传感器 C7 2 号端子断路故障，发现该线束中间连接器 J14 断开，故对中间连接器 J14 进行重新连接。之后再重新连接曲轴位置传感器与发动机 ECM 连接器，并启动发动机，发动机工作恢复正常，故障现象消失，故障排除。

思考与练习

1. 简述车辆不能启动或功率降低的故障诊断方法。
2. 车辆故障代码是曲轴位置传感器故障代码时，应如何检修？